U0450695

本书研究和出版由
教育部人文社科重点研究基地吉林大学东北亚研究中心资助
国家社会科学基金项目
"日本国家经济安全战略转变及我国对策研究"资助
项目批准号：13BGJ012

日本国家经济安全战略转变研究

崔健 著

图书在版编目(CIP)数据

日本国家经济安全战略转变研究/崔健著. —北京：商务印书馆，2023
（东北亚国别与区域研究）
ISBN 978－7－100－21805－4

Ⅰ.①日…　Ⅱ.①崔…　Ⅲ.①经济安全—研究—日本　Ⅳ.①F131.35

中国版本图书馆CIP数据核字(2022)第207353号

权利保留，侵权必究。

东北亚国别与区域研究
日本国家经济安全战略转变研究
崔健　著

商务印书馆出版
（北京王府井大街36号　邮政编码100710）
商务印书馆发行
北京市白帆印务有限公司印刷
ISBN 978－7－100－21805－4

2023年2月第1版　　开本787×1092　1/16
2023年2月北京第1次印刷　印张13½
定价：68.00元

前　　言

　　日本作为战败国，其军事力受到很大限制，但在日美安保体制下，其有机会和能力较早地运用经济力来维护国家安全，无论从实践还是理论来看，日本都是对国家经济安全问题涉足较早的国家。从理论意义来看，日本已经形成了独特的国家经济安全理论和战略，对此进行深入研究必将丰富国家经济安全理论，也有助于从本质上认识和把握日本经济。从实际意义来看，中日两国互为近邻并保持着密切关系，日本国家经济安全战略转变一方面会对中日关系造成影响，另一方面也是中国学习借鉴并制定对策的主要依据。2013年我申报了题为"日本国家经济安全战略转变及我国对策研究"的国家社科基金项目，并获得批准，该书是在项目的最终结项成果基础上完成的。

　　尽管在当前的研究当中把经济安全的主体从国家逐渐扩展到社会、个人的层次，但是，鉴于课题的研究对象和内容，该书主要研究国家层次上的经济安全问题，为了避免概念上的混淆，把之称为国家经济安全。广义的国家经济安全可以分为"安全领域的经济范畴"和"经济领域的安全范畴"两个方面，该书从理论和实践上对这两个范畴进行了分析和补充。

　　理论方面，在"安全领域的经济范畴"中详细论证了经济与安全、经济力与军事力、经济手段与军事手段的关系；"经济领域的安全范畴"主要涉及经济自身的安全性，为了与维护经济自身发展和稳定的宏观经济目标和政策手段相区分，这里提出了"狭义的经济领域的安全范畴"的概念，即从经济与安全（尤其是军事）的关系入手，涉及在资源稀缺的情况下安全与安全化的手段（主要是军事投入）与经济发展的关系，包括国防建设、军事投入、国防产业政策等对宏观经济的影响等。

　　实践方面，日本国家经济安全战略的转变在"两个范畴"上都有所体现。在"经济领域的安全范畴"的表现主要从两方面展开分析。第一，防卫产业及其战略的变化。以往日本防卫省的政策是以应对关于采购的不良事件和有效率取得防卫装备品对策为中心的，从长期视角来看不存在真正意义上的防卫政策。但是，在2015年10月日本成立了防卫装备厅以后，这种情况发生了变化。防卫装备厅建立以来，在防卫产业、技术等方面制定了一系列战略、政策。第二，经济民族主义与日本经济发展的关系的变化。日本的经济民族主义与经济发展之间存在着密切的关系，经济民族主义维护国家生存、力量和威望的动机推动着日本的经济改革，但另一方面，经济民族主义政策使日本各经济主体间的利益矛盾更为突出。在经济民族主义与政治民族主义"困境"中的不同选择对日本经济发展的影响大相径庭，决定着日本政府经济增长优先的战略能否持续下去。在"安全领域的经济范畴"上，日本长期以经济力为主来维护国家安全，所以，经济因素在战后各时期日本国家安全战略的变化当中都起到了重要作用。"冷战"后，以往日本自身在维护国家安全上更多使用非军事手段尤其是经济手段的情况在发生着变化，即日本国家战略中安全与经济因素的关系在变化。大体来看，这种变化表现在两个方面，一是改进而不是抛弃"吉田路线"和综合安全路径；二是抛弃"吉田路线"和综合安全观，选择军事安全路线。这两种表现看似矛盾，其实本质上是同一的。

本书深入探讨了经济与安全的关系，全面补充了"安全领域的经济范畴"和"经济领域的安全范畴"的内容，详细研究了日本学者的国家经济安全理论观点，从而进一步完善了国家经济安全的理论研究框架。同时，客观地介绍了日本国家经济安全战略的历史演变，重点从两个范畴研究了日本近些年国家经济安全战略的转变。该书不仅为了解日本的经济、政治、军事等战略、政策变化提供了新的角度，而且也为我国相关部门针对日本的变化制定有效对策提供了新的思路。

本书的出版并不意味着研究的结束，作为长期从事日本经济研究的学者而言，中日经济关系是一个永久的研究主题。中日关系在经历了一段"冰冻"时期后，在2018年开始升温，改善对华关系已经成为日本政府和社会各界的共识。2018年中日两国实现了高层互访，同时，时隔八年之后在日本东京再次启动中日经济高层对话（第四次）。2019年双方领导人多次强调要共同致力于构建契合新时代要求的中日关系。2020年在新冠疫情世界"大流行"和中美战略竞争加剧的双重影响下，日本的对外经济战略和政策发生了很大的变化。在这样的背景下，日本的国家经济安全战略以及对华战略会发生怎样的转变？目前，新冠疫情在全球肆虐，中国和日本都不同程度地处于疫情之中并受到了巨大的影响，疫情过后，两国会对国家经济安全有何重新认识？两国的经济合作会发生怎样的变化？这些问题今后都需要继续进行密切跟踪并深入研究。

  书中参考了近些年国内外学术界的成果，对相关作者深表感谢！同时，有些遗漏而未能标出之处，也望谅解。由于本人学识有限，书中观点难免有不当之处，敬请读者不吝赐教。

崔健

2021 年 5 月 31 日

目　录

第一章　国家经济安全的概念及范畴 ……………………………… 1
　　第一节　国家经济安全的概念 ……………………………………… 1
　　第二节　国家经济安全的范畴 ……………………………………… 20
第二章　日本关于国家经济安全及其战略的理论研究 …………… 58
　　第一节　20世纪70年代至90年代日本关于国家经济安全及其战略的
　　　　　　理论研究 …………………………………………………… 58
　　第二节　21世纪以来日本关于国家经济安全及其战略的理论研究 … 66
第三章　日本国家经济安全战略的历史考察 ………………………… 81
　　第一节　20世纪50、60年代日本国家经济安全战略的演变 ……… 82
　　第二节　20世纪70、80年代日本国家经济安全战略的演变 ……… 86
　　第三节　20世纪90年代的日本国家经济安全战略 ………………… 89
第四章　日本在经济领域安全范畴上的战略变化 …………………… 94
　　第一节　日本防卫产业及其战略变化 ……………………………… 94
　　第二节　日本经济民族主义对经济发展的影响 …………………… 117
第五章　日本在安全领域经济范畴上的战略变化 …………………… 133
　　第一节　"冷战"后日本国家战略转变中经济与安全关系分析 …… 133
　　第二节　日本国家经济安全战略的选择 …………………………… 144
第六章　新形势对日本国家经济安全战略的影响 …………………… 153
　　第一节　日本国家经济安全战略转变的原因 ……………………… 153
　　第二节　新形势对日本国家经济安全主流思想的影响 …………… 159

第七章　日本国家经济安全战略转变的国际表现及评价 …………… 171

　　第一节　日本国家经济安全战略转变的国际表现 ……………… 171

　　第二节　对日本国家经济安全战略转变的国际评价 …………… 179

第八章　日本国家经济安全战略转变的趋势与面临的问题 ………… 187

　　第一节　日本国家经济安全战略转变的趋势 …………………… 187

　　第二节　日本国家经济安全战略转变中面临的问题 …………… 195

参考文献 ……………………………………………………………… 200

第一章 国家经济安全的概念及范畴

第一节 国家经济安全的概念

一、经济安全的变化与国家经济安全的定义

（一）经济安全的变化

安全可定义为"保护利益不受任何形式的潜在的和现实的威胁"。安全政策的主要特征是其根本上已经并且继续是国家特权，但这不意味着安全问题只关注有关国家生存和国家自身的安全。日本的和平主义研究者和以巴瑞·布赞（Barry Buzan）为代表的一些现实主义者认为必须要用"整体的"安全视角来思考在国家层次之上和国家层次之下的安全，思考如何保证国际体系以及个体的安全。[①]

"冷战"结束后，关于保护谁或保护什么的安全（安全的指示物）以及导致不安全的来源等问题存在很多争论，因而，再定义经济安全这个问题在国际关系和安全研究领域也重新出现了较大的争论。在传统的新现实主义框架下进行安全问题研究的专家基本都拒绝把安全的内容拓展到具有威胁的非军事问题上，比如移民问题、环境灾难、AIDS 和经济衰退问题等，或仅关注个人而不是国家的安全利益。研究安全问题的著名学者斯蒂芬·沃尔特（Stephen Walt）曾经尝试"过分地扩展'安全研究'的风险"，因而，"破坏了其知识的一致性，导致解决这些重要问题变得更加困难"。具有新现实主义

[①] Helen E. S. Nesadurai. Conceptualising Economic Security in an Era of Globalisation: What Does the East Asian Experience Reveal? Center for the Study of Globalisation and Regionalisation (CS-GR) Working Paper No. 157/05, 2005.

传统的安全研究学者一般强调在传统国家安全分析框架下的狭义的经济安全概念。因此，经济业绩和军事支出的关系、包括由资源稀缺导致的暴力冲突在内的安全的含义、发达国家为实现对外政策目标使用经济手段（贸易和援助）等问题在经济安全研究中隐约地出现。经济安全的新现实主义观点可以只被看作是经济安全的一种特殊方法，即把国家看作是安全的指示物在一些外部威胁（对国家首要部门的经济操纵或威胁）情况下保护国家的安全。随着经济力量在国际体制中的重要性提高，20世纪90年代，地缘经济学已取代地缘政治学，成为势力大国的当务之急。

传统上看，主要是从军事和政治两方面来考虑国家安全，一个国家安全的主要威胁是由军事力量、政治上的意识形态和实际或潜在对手的对外政策所施加的。非传统安全的概念产生于对安全的传统观点和国家安全的不满意，研究内容体现在对传统安全的基本概念、相关的理论观点和它们对政策的影响等方面的批评和扩展。一般来说，传统安全触及到安全的五个基本要素，即保护什么或谁的价值；对这些价值的威胁是什么；用什么手段来保护这些价值不受到威胁；谁来提供这些安全的途径或手段；谁来承担提供这些安全的成本。非传统安全在这五个因素上与传统安全有着不同的认识。

第一，安全的传统概念在主流即国际政治学的现实主义当中已占据特殊的地位，这个概念决定军事威胁和军事反应在国家和国际安全政策与分析的中心地位。在这个范例中，环境灾难、食品短缺、资源损耗和经济发展的乏力或扭曲都被归结为"低政治"，也被认为在国家和国际安全政策中是次重要的，因此，很少引起研究领域的注意。但是，随着全球化趋势以及全世界的经济相互依存性日益深化，使得影响国家和人民安全的非军事问题（包括一些国内问题）越来越重要。安全的传统概念的不充分性已经随着诸如经济安全、食品安全、能源和资源安全以及环境安全等术语的发展而表现出来。一些国家已经正式地采用这些概念并将其作为国家安全议程一部分。

第二，安全的传统概念被批评是因为其偏向于对中央政府和社会的特权阶级利益的保护，而忽视普通民众尤其是社会贫困阶级的利益。换言之，传统安全是为服务于发达国家控制目标的意识形态和有利于维持特权阶级的经济社会结构而主张的。结果，就国家安全优先来说，发达国家在国家安全名义下维持的政治、社会和文化制度把个别公民的自由、健康和福利看作是次要的。在发展中国家，传统安全被发达国家批评为少数人控制的和压迫不同政见的工具。国家安全的内容和手段不应这样使用或滥用。

第三，传统安全时常忽视个人的安全和保险。无论是现在还是未来的安全政策都必须把保护人的生命、生活和自由，即人类安全，作为终极目标。在损害个人的生命、健康和物质福利情况下实施安全政策，从根本功能上看是失败的。但是，也必须指出国家安全的缺乏通常暗含着人的安全的缺失。这就是说，国家和人的安全可能不必须是相互排斥的而是互补的。

所有这些都正在发生着变化，"冷战"结束和苏联解体已经消除了或大量地减少了近些年来国家所面对的基本的政治和军事威胁。美国、俄罗斯等国仍保留着大规模的核武器，但是，时过境迁，在争夺世界领导权的斗争中不使用或威胁使用这些武器已变得越来越合乎情理。当然，政治和军事的挑战仍然存在，海湾战争、俄乌冲突等就证明了这一点，在世界上仍然保持的军事力量可能对主要国家的利益产生严重影响，即使这不是针对这些国家本身。因而，现在仍然不能判断国家面临的政治和军事威胁是否已明显下降。

如果主要的军事和政治对手消失，那么是什么仍然在威胁着国家的利益呢？如果两极的军事对抗已不再限制主要国家在世界上能够自由活动，那么又是什么在限制这些国家呢？

肯定地说，军事和政治仍然在世界上普遍发展，在一些地方由于政治和经济对手的存在，国家行动的自由继续受到限制。军事和政治的威胁下降，可以不断地将注意力转移到其他类型的发展上。尤其是考虑到那些阻碍国民追求自由、幸福生活和损害国民财富的外部事件和行动时，经济问题就越发地成为焦点。政策制定者和广大人民好像更少关注突然的袭击更多关心本国工作的丧失；更少关注外国的军事基地更多关心进入外国市场；更少关注与其他国家的政治军事联盟更多关心与这些国家的优惠贸易协定；更少关注关于构筑军事优势的政策设计更多关心构造商业优势的政策安排。总之，当前主流的观点是，对一个国家的利益的主要威胁是经济而不是政治和军事。可以从"冷战"后美国对经济安全的认识变化进一步验证这个结论。随着苏联威胁的消失，一些人认为，美国为追求国家利益，按照美国意愿塑造世界的能力主要是受它自己从事这些活动的愿望和它所承受行动的成本的能力所限制，而这些都受到经济环境的强烈影响。如果经济动荡，那么美国仍然愿意承担为维持世界秩序（或更现实地说，制约对这个秩序的更异乎寻常的威胁）而必须要保持的军事力量的成本吗？如果在本国存在许多未满足的物质需要，美国还会花费资源去支援东欧和前苏联地区的经济改革吗？如果一些美国公民失去了一般的幸福，那么美国还能够保持社会稳定局面来应付国外的挑战吗？努力保护或加强美国在国际领域的经济利益当然不是新问题。美国自建国以来就通过制定政策促进本国进入国外市场、保证重要商品的可靠供给、扩大商业通行权的自由、维护有利的贸易关系、保持国际经济稳定和其他经济利益。同样地，美国的国民也一直认识到他们的经济环境与他们影响国际事件的能力间的联系。尤其是近些年能明显地看出美国政府对国家安全关注点的调整，将注意力主要集中在经济内容和美国国际关系的结果上，换句话说，美国现在更加注意经济安全的事情。进入21世纪以来，美国的经济实力相对下降，美国经济并不是理所当然地比世界其他地方的经济更具有活力和动力。人们日益认识到生活的经济环境并不完全是"美国制造"，其他国家的发展和政策对美国的经济环境也会产生重要的影响。正如对新的军事脆弱性的认识促进了"冷战"期间对军事安全问题考虑的复兴，对新的经济脆弱性和依赖性的认识也逐渐兴起了对经济安全考虑的浪潮。

　　过去的军事挑战和今天的经济挑战之间存在着相似之处：都面临着激烈的竞争。例如，在同一产业中日本企业赢得了美国企业所失去的市场，就体现了这种经济事务上激烈的竞争因素，有时这种国家间的经济利益会导致冲突的产生。因为军事和政治威胁降低，注意力便自然集中在由经济发展导致的潜在威胁上。然而，我们必须谨慎对待把军事安全的比喻扩展到经济领域的情况。我们考虑的国家安全，从军事方面来看，其内容大多数是以战争分析为基础的，即一方赢时，另一方就输了。在军事环境下，要应付的最重要的情况是武装对抗。在这种情况下，保护国家安全利益意味着需要几乎一致抵御外国的行动。如果我们把对经济安全的思考局限在以军事安全为代表的对抗框架中，就可能会错失国际经济联系的一些最重要因素。和军事活动的对抗性不同，经济活动要服务于参与其中的团体和个人的利益，所以，经济活动具有合作性和一致性。例如，只有在至少能提高一个国家的一些人的利益的前提下，这个国家的这些人参与国际经济交易的行为才会发生，进而，才会使大多数经济活动带来商品、服务、收入等绝对量的增加。当然，这种情况无法保证增加的产出、收入或福利可以进行公平地分配，从而使每一个人都更加富裕；有时特殊的个人、企业、社会或国家反而会变得更贫穷。尽管如此，由于经济活动的存在，在竞争的利益中可以分享更多的好的东西。

从这个角度看，经济活动与军事（也许是政治）活动存在差异，能导致供给减少的军事活动几乎不能避免资源的消耗和破坏。经济活动至少能提供所有与利益有关的机会，而军事活动则很少能做到这些。对于一个国家来说，其他国家间的经济交易有可能会也有可能不会增加其利益，但是，不能优先考虑这种交易是对国家利益有害的。虽然还可能在一些特别的事件上存在争议，但也不能说"二战"后国际经济活动的普遍增加没有在国家利益上体现出来。这些特别的经济事件可能对国家利益是有害的，但是还必须将国际经济活动看作是普遍有利的。一味注意潜在经济威胁的做法将冒着错失潜在经济机会的风险。只有自给自足的政策才能完全消除外国的经济对国家经济利益构成的威胁，即使没有人会同意自给自足是国家的利益所在。真正的国家安全和对国家利益的关注不仅需要抵御经济威胁，而且也要识别和抓住经济机会。一般来说，抓住这些机遇需要同其他国家合作而不是对抗。

（二）经济安全主要指国家经济安全

在现实生活中"安全"一词应用十分广泛。据《汉语大词典》的释义，"安"有安全、平安之意，与"危"相对。《现代汉语辞海》中"安全"的解释是，没有危险，不受威胁，不出事故。西方国家一般认为"安全"既指一种主观感觉，又指一种客观状态，即客观上不存在威胁，主观上不存在恐惧。[①] 英国学者巴瑞·布赞等人认为"安全是针对威胁而言的，其往往关乎生存。当一个问题被人们从安全的角度提出，是因为它对一个指涉对象（传统上的国家、合法的政府、领土与社会，但这并不是必然）造成了'存在性威胁'"。[②] 奥利·维夫（Ole Waever）认为在安全分析中需要对指涉对象、安全行为主体、功能性行为主体三种类型单元进行区别。指涉对象是指受到"存在性威胁"或对生存有一种合理要求的事务；安全行为主体是指将问题安全化的行为主体，它能够宣布某事（一个指涉对象）受到"存在性威胁"；功能性行为主体是影响一个领域动力的行为主体。如果不存在指涉对象，或者行为主体以指涉对象名义为安全呼吁，功能性行为主体是一个在安全域界有决定性影响的、意义重大的行为主体。

---

① 陆忠伟：《非传统安全论》，北京：时事出版社，2003年，第11—12页。
② 巴瑞·布赞、奥利·维夫、迪·怀尔德：《新安全论》，杭州：浙江人民出版社，2003年，第29页。

在安全分析中，区别指涉对象和行为主体是最重要和最困难的，而在经济领域，要想准确说明安全指涉对象和"存在性威胁"就更为困难。因为"经济领域的指涉对象十分丰富，它的范围包括从个体、阶级和国家到抽象而复杂的全球生产体系本身。这些指涉对象通常是彼此交叠的"。① 判断安全指涉对象的主要依据是其是否具有"存在性威胁"，不同的指涉对象所面临的威胁是不同的，那些没有面临"存在性威胁"的指涉对象不能成为安全的指涉对象。

对于个体来说，"存在性威胁"主要指是否有足够维持生命的基本必需品，包括足够的食物、水、衣物、住房和教育等。相对来说，在当今世界个体的这些基本需求是很容易得到满足的。现在相对于这种"存在性威胁"，个体更为关注的是法律能否保证个体在经济领域中得到安全，如享有福利待遇、享有稀有资源机会，甚至解决失业问题等。从经济角度来看，这些问题不关乎人们的生存。正是由于缺少这种关乎生存的属性，它们仍然而且只能是经济或政治（或者有可能是社会或环境）问题，而非安全事务。

一般来说，"企业"也缺乏经济安全化所需的关乎生存的性质，对企业造成"存在性威胁"主要包括破产、被判定经营非法，以及使它们不能独立存在下去的法律系统的整体变革。但是，巴瑞·布赞指出："在一个资本主义体系中，并不仅是假定市场行为主体感到无保障；如果它们没有这种感觉的话，市场就不能充分发挥其有效性。"② 这也就是说在市场经济中，企业还是被认为是变化不定的，它们很少试图使自己的生存安全化。巴瑞·布赞认为通常只有两种安全化逻辑可以尝试将企业提升到指涉对象的地位。第一种逻辑是地方的，包括一个企业破产对个体和城镇产生直接的担忧；第二种逻辑是国家的，包括政府对一个企业在该国工业基础定位的态度。"当企业被视为对市场体系自身的稳定性至关重要时（也唯有在这种特殊环境中），企业有可能在一种自由主义体系中被成功地安全化。"

"阶级"作为安全的指涉对象，某种程度上在政治上是有效的，但是从经济安全的角度看它是失败的。例如，共产主义国际在 1914 年对工人和知识分子动员的尝试都失败了，这些工人和知识分子都屈从于作为安全象征符号的

---

① 巴瑞·布赞、奥利·维夫、迪·怀尔德：《新安全论》，杭州：浙江人民出版社，2003 年，第 135 页。

② 同上书，第 129 页。

国家和民族，甘愿放弃自身阶级的安全；尝试过使跨国资产阶级的利益安全化，也被其他自由主义者以市场效率应适合更广阔的共同体而不仅是精英们为理由拒绝。"阶级"不但可能被当作潜在的经济安全的指涉对象而排除，而且迄今为止，这种将"阶级"安全化的尝试一直是争论不断的，并且只有过昙花一现的成功。①

国家作为首要的经济安全指涉对象使企业和"阶级"等其他对象相形见绌，当国家经济安全被合法化地使用时，其认识根据是国家经济利益远远胜于企业。与企业不稳定的本性不同，国家具备（虽然通常并非如此）永久牢固的结构，其在本质上需要安全化。尽管从技术上来看国家不可能破产，也不可能解体，国民更不可能被解雇，国家对某些"存在性威胁"具有特别的免疫力，因为在经济领域中，它能够对其他行为主体施加压力；但是，除了国家原则上（尽管很少在实践上）能够形成一个完全独立的经济体系之外，国家经济安全的逻辑与个体经济安全有几分类似。实际上，同个体经济安全要满足个体基本需求一样，国家经济安全也要满足国家的基本需求，只不过相对个体基本需求而言，国家的基本需求在一国范围内很难满足。当一个国家在人口和工业需要的资源方面不能自给自足时，它就得使用外部供给。如果这种需求受到了威胁，该国的经济显然会明确且合法地被施以安全化。

经济领域中国际子系统和国际体系层次的指涉对象②从具体的角度来看，以"政府间组织"为代表的，包括机制（最惠国协定）、协约谈判（GATT，NAFTA）和永久性组织（世贸组织、世界银行或欧盟）；从相对抽象的角度来看，主要指"自由国际经济秩序"，即关于开放性贸易和金融安排的总体规则和规范的关系。对这些指涉对象构成"存在性威胁"这个问题，只能依据这些有组织的体系原则加以解答。任何会破坏旨在解除对商品、服务和资金国际间流动的边界限制的行为，在现实中都对"自由国际经济秩序"提出挑

---

① 巴瑞·布赞、奥利·维夫、迪·怀尔德：《新安全论》，杭州：浙江人民出版社，2003年，第138页。

② 国际关系研究中五种最常见的分析层次。国际体系：互动或者相互依存的单元的最大集成物，其上没有别的体系层次；国际子系统：国际体系内的单元群，能够被它们各自的特殊性质，或者它们间互动的强度，或者彼此之间的相互依赖从整个体系中区分出来；单元：行为主体构成了各种各样的次集团、组织、共同体，为的是站在更高的层次（例如国家、民族、跨国公司），将多数的个体和充足的内聚力以及独立性从其他单元中区别开来；次单元：单元内有组织的个体集团，它能够（或者试图）影响这个单元的行为和态度（例如，官僚机构、院外活动集团）；个体：在社会科学中它是多数分析的基底。

战。同样道理也适用于政府间组织，像欧盟这样的组织，可能会在现实中受到破坏构成对单一市场的规则和协议行为的威胁。

总的来说，经济领域中通过是否存在真正的"存在性威胁"判断安全指涉对象，主要指的是国家和"自由国际经济秩序"。尽管在国际关系的五个分析层次上都能找到安全化行为主体，但是国家和"政府间组织"的代表的表现却更为从容和有效。"像'自由国际经济秩序'这样抽象的实体，是无力拥有自己声音的，它仅仅可以作为指涉对象出现。"企业、国家和"政府间组织"也能以一种功能性安全行为主体的角色出现，影响这个领域内的安全动力，它们往往以欠发达国家经济救世主或者魔鬼的身份出现。[①]

综上所述，从经济安全的行为主体、指涉对象乃至功能性行为主体上来看，国家还是处于最主要和最常规的地位。安全问题主要以国家为中心，这是因为在不同层次的安全间，国家传统地作为主要媒介发挥作用，进行调整和调解；同时，国家是一个能够聚集和运用力量形成一个持续的、安全政策的行动者。自中世纪以来，通过合法的武力手段控制和提供正义及安全已经成为国家的核心责任。尽管国家对武力的垄断逐渐被蚕食，武力手段也在"平民化"（最具有代表性的是当前的恐怖主义现象），但国家仍然拥有最有力的军事武器并保持着对外负责军事安全和对内制定政策的功能。同样地，尽管认为国家在经济领域的功能相应地被蚕食，类似跨国公司这样的具有影响的竞争者在崛起，但在经济安全事务上主要国家继续作为最大的经济主体（无论从个体还是从集体来看）也会因此具有支配优势。这并不意味着国家是经济安全中的唯一行动者，也不意味着其他非国家的和经济的行动者会被排除在外。即使国家保持在制定安全政策上的领导者地位，但它们也需要与诸如跨国公司或者非政府组织的非国家行动者密切合作，或者"分包"给它们一些安全功能。尽管如此，从某种意义上说，经济安全主要指国家经济安全。

目前还没有一个统一的国家经济安全定义，一种普遍的观点认为，国家经济安全是指国家的根本经济利益不受伤害。具体内容主要包括：一国经济在整体上基础稳固、健康运行、稳健增长、持续发展；在国际经济生活中具

[①] 巴瑞·布赞、奥利·维夫、迪·怀尔德：《新安全论》，杭州：浙江人民出版社，2003年，第140页。

有一定的自主性、自卫力和竞争力；不至于因为某些问题的演化而使整个经济受到过大的打击和（或）损失过多的国民经济利益；能够避免或化解可能发生的局部性或全局性的经济危机。[1] 俄罗斯学者认为，可以把经济安全的本质规定为经济和政权机构的一种状态，在这种状态下，国家利益的捍卫、政策的社会目标、足够的国防潜力，甚至在内外过程发展不利的条件下都能得到保障。换句话说，经济安全不仅仅是捍卫国家利益，而且还是政权机构建立旨在实现和维护本国经济发展的国家利益，保持社会政治稳定的机制的决心和能力。[2] 在前面分析的基础上，本书认为国家经济安全从客观状态上看，是国家（安全行为主体）通过建立相应机构（功能性行为主体）和机制保护本国经济不受"存在性威胁"，即捍卫国家的根本经济利益（指涉对象）。从主观感觉上看，是指国家或政府通过建立维护国家根本利益的机制和能力消除对"存在性威胁"的恐惧。

以前，安全主要指的是国家安全，即占优势的体制或政治制度、肩负责任的政府及其支持者的生存的安全是极为重要的。现在，国家经济安全不否认个人或者个体的安全。由于物质上得到满足的个人或者个体一般来说会减少对国内外破坏的脆弱性，所以，国家经济安全与个人或者个体安全之间存在着密切的关系。在这种密切关系中，国家经济安全与个人或个体的安全不总是平等和一致的，有时也存在主次或者矛盾的关系。最近的研究表明，国家领导者更加注意解决公民的利益、需要和恐惧等问题，但是，从某种程度上说这仍不能明确地认为这是一个向以人为中心的安全思想和实践的深度规范化转换的信号，只能够证明，以人为中心的方法日益受到关注是由对政治和体制稳定的关心所驱动的。通过经济发展，国家经济安全使国家具体化为主要的安全指示物和安全的主要提供者。重视经济发展也不必然意味着在社会内的集团和个人的不安全会自动地减少，特别是当国家的经济发展导致环境恶化、经济脆弱性增加以及需求和利益与国家经济利益背道而驰的个人进一步边缘化时，以国家为中心的安全方法可能会与个人的安全和利益存在冲突。

---

[1] 雷家骕等：《国家经济安全理论与方法》，北京：经济科学出版社，2000年，第7页。
[2] B. K. 先恰戈夫：《经济安全：生产、财政、银行》，北京：中国税务出版社，2003年，第4页。

(三) 国家经济安全与其他宏观经济目标的关系

国家经济安全与传统的宏观经济四大目标——经济增长、充分就业、物价稳定、国际收支平衡组成了宏观经济管理的目标体系。这些目标之间存在着密切的联系，但同时也存在着一定的区别。总的来说，在不同的经济发展阶段，在不同的国家和不同的国际背景下，政府宏观管理的重点和优先发展的目标是不同的，但是，国家经济安全是认识其他目标的最基本的前提。这里重点涉及国家经济安全与经济发展和稳定的关系。

1. 国家经济安全与经济发展和稳定的联系

（1）国家经济安全是经济发展和稳定的基础

安全是一个实体在内外威胁，以及在不可预见的难以预测的因素作用的条件下，在系统内生存和发展能力的状态。寻求国家经济安全最终将实现经济的健康稳定发展。经济利益是国家与民族赖以生存、发展和昌盛的根本利益，在所有的国家利益中居于主要地位，国家经济安全就是保证根本经济利益不受伤害。一个国家能否赢得并保持在国际上的适当地位，相当程度上取决于该国经济整体上的安全程度。所以，对国家经济安全的认识影响着政府决策者的战略判断和抉择，只有在对国家经济安全状况的正确认识和判断的基础上，政府才能制定出有益的切实可行的经济发展与稳定战略或政策。如果一个国家经济不安全或对经济安全认知出现偏差，就会导致一国资源的巨大浪费，乃至引发灾难性后果，就不可能有理想的经济发展和稳定。如"冷战"期间，苏联不顾其经济安全与经济实力，与美国搞军备竞赛，结果耗尽国库，拖垮了经济，致使国家分裂，国家权力（国力）衰弱。总之，经济安全是国家安全的基础，经济不安全的国家总是难以摆脱政治、经济的动荡不安。

（2）经济发展和稳定是国家经济安全的关键

经济发展是保障经济安全的基本要素之一，如果经济没有发展，那么经济的生存能力、抵御和适应内外威胁的能力就会大大降低。因此在维护国家经济安全过程中，一定要处理好安全与发展的关系。不少经济安全问题往往伴随着经济发展而产生。经济风险与经济安全问题是因经济发展与运行中的某些不确定因素所致，决策者往往在危机爆发前很难觉察，或者不愿意正视危机的存在。如"二战"后，西方国家在推动工业化进程中，忽视了环境保护。出现环境问题后，当权者又以"先发展、后治理"来掩盖问题的严重性，结果该问题成为威胁经济持续发展和公民身体健康的不安全因素。再如，美国经济学家克鲁格曼（Paul R. Krugman）曾在东亚金融危机前大胆预言，东亚经济增长模式不可持续，建议改变发展战略，调整经济结构。但其忠告并未引起相关国家政要们的重视，直到金融危机爆发，人们才意识到问题的严重性，并采取改革和治理措施，所付代价高昂。

经济的稳定性反映了它的各要素之间和系统内部的纵向、横向和其他联系的稳固性和可靠性，反映了承受内部和外部"压力"的能力。宏观经济的波动必然会给经济安全带来负面影响，经济体系（例如，部门之间的结构），生产资本和银行金融资本之间的相互关系等越稳定，经济就越有生命力，对经济安全的评估就越高。如果体系各要素之间的比例和联系遭到了破坏，必然导致体系的不稳定，是经济从安全状态转化为不安全状态的信号。

2. 国家经济安全与经济发展和稳定的区别

（1）主体的差别

目前，随着非传统安全问题的兴起，传统的国家安全为主要内容的安全研究受到越来越多的挑战。认为安全研究在关注国家安全的同时，还必须关注个体安全、群体安全、国内社会安全、国际社会安全、人类安全，等等。这里的个体、群体、国内社会、国际社会和人类都是安全的行为主体，它们明显不同于国家，因此，人们习惯于将它们统称为非国家行为体。本书认为，非国家行为体在如社会安全、环境安全以及政治安全等安全领域中可能成为行为主体，但如前所述，在经济领域，把"存在性威胁"与安全的行为主体、指涉对象和功能性行为主体结合来看，国家还是经济安全最为适合主体，从某种意义上说，经济安全主要指国家经济安全。

国家经济安全强调国家经济利益不受伤害，一国整体是国家经济安全的主体，代表国家根本经济利益的中央政府是维护国家经济安全的主体机构。地方政府和中央政府在根本经济利益上应该是一致的，但由于地方政府主要代表的是地方经济利益，而在任何国家，其国家经济利益和地方经济利益存在区别是不可避免的，故地方政府不能作为维护国家经济安全的主体。同样，企业经济利益和国家经济利益也有很大差别，企业也不能作为维护国家经济安全的主体。

经济发展和经济稳定也是国家对经济进行宏观管理的主要目标，当然离不开中央政府的宏观调控，但是，除了国家和中央政府的行为主体外，地方政府、企业、个体、政府间组织以及国际市场也都是参与的主要主体。从世界各国的经济发展和经济稳定的政策和实践活动来看，能否充分发挥除国家和中央政府外其他主体的作用对宏观目标的实现有很大的影响。例如，我国为了更好地实现经济发展与稳定的目标，适时地制定了"西部大开发"和"振兴东北老工业基地"的战略，这些战略能否顺利实现，除了依赖于国家的政策与投入外，地方政府、企业以及外资的主体作用的体现与发挥也是至关重要的。

（2）目标差别

国家经济安全是同"存在性威胁"密切相关的，其目标是当国家的根本经济利益受到某些事件的威胁或影响时，具有保卫国家或加强自身利益的能力，解决生存性问题。国家经济安全强调国家的根本经济利益，即国家的经济主权利益、生存利益、发展利益、战略利益不受伤害。国家经济安全和经济风险概念不是同一范畴。在国家经济安全范畴中，企业倒闭不能称之为安全问题，即使一个行业面临严重衰退，也必须具体情况具体分析，未必属于国家经济安全问题。经济安全说明经济的一种状态，而经济安全化是指动态的过程，主要包括为实现安全而出现的一些行为和措施。安全威胁的特殊性质，证明了为安全而使用非常措施完全正当。安全化不仅仅通过打破规则（可以建立制度的规则），也不仅仅依靠"存在性威胁"的出现来推进，而是以"存在性威胁"出现为理由，以宣布打破规则为合法来实施安全化的。国家经济安全化的运作可能会造成这样一个后果："为了压制反对派和运用权力控制更多的机会，使以国内意志为由利用'威胁'来要求支配某些事务的权力，使国家仅仅被很小一部分国内力量统治和主宰。所以，安全并非越多越好，基本上，安全应当被视为消极的，作为常规政治处理问题的一种失败而不得已采取的措施。"[①]

而经济发展和经济稳定等宏观经济目标则主要是针对常规性经济问题的，

---

① 巴瑞·布赞、奥利·维夫、迪·怀尔德：《新安全论》，杭州：浙江人民出版社，2003年，第40页。

并不一定涉及生存性问题。不管是否存在"生存性威胁",它们都是一国所追求的,并且这些目标在能够达到的前提下定的越多、越高对一国就越有利。在某种程度上说,政府认识和判断经济发展与稳定的问题时,都是以客观存在性为依据,政策的制定也主要是依据本国自身的状况而量身制定,受其他国家的干扰相对较小。而"研究安全可以是既接近客观性(一种真正的威胁的存在)又接近主观性(一种意识的威胁存在),没有什么能将这两种方法排列起来"。在现实中,更多的表现是"安全事务不但因为一个真正的'存在性威胁'的存在,也因为这个问题作为一种威胁被提出来"。并且,行为主体对一种安全化合法性做出怎样的判断,受到与其有一定联系的其他行为的安全主张的影响,"安全化过程,即一个行为主体适应其他行为主体对一种'真正'威胁内容构成的认识,正塑造着国际体系内的安全互动"。① 由于目标差别,有时候经济安全与经济发展、经济稳定会出现矛盾。例如,美国学者罗伯特·雷兹(Robert Reich)曾作过一个调查,他问学生:"给你们两种选择:一种是每个美国居民都比现在富25%,但每个日本人都比美国人的平均水平富有;另一种是每个美国人只比现在富10%,但都比日本人的平均水平富有。你们选择哪一个?"大部分学生都选择了后者。显然,从经济发展的角度,选择后者是没有道理的。"一些美国人愿意为了保持领先于日本的地位而牺牲部分可观的经济利益,"② 这个事实正反映了经济安全的目标与其他宏观经济目标相比,具有优先的地位。

(3)涉及的范畴存在区别

宏观经济目标主要涉及经济领域,而经济安全却不仅仅局限于经济领域。狭义上,可以认为国家经济安全仅仅只是经济领域的问题,不涉及政治和军事领域,只是寻求经济的"安全性",而且保障经济安全的手段最好只限于经济手段。在被称为"经济领域内的安全范畴",国家经济安全与国家宏观经济管理目标是重合的,即保障经济发展的可持续性,保障国家未来的经济高于一个可接受的最低水平,保障经济领域自身的根本利益不受到外来和内在因素的威胁。它强调经济发展的速度和发展的稳定性。除此之外,"国家经济安全"还存在一个内涵更加广泛的定义。在广义的国家经济安全中,经济安全

---

① 巴瑞·布赞、奥利·维夫、迪·怀尔德:《新安全论》,杭州:浙江人民出版社,2003年,第43页。

② 转引自王永县:《国外的国家经济安全研究与战略》,北京:经济科学出版社,2000年,第9页。

首先是作为国家安全的组成部分而存在的,它与国家安全的其他范畴共同来构成国家安全的框架。巴瑞·布赞在总结经济安全的特点时曾指出:"尽管真正的经济安全事务相对来说非常少,但正常的和被政治化的经济活动常常会进入其他领域,在这种情况下,就会造成安全后果。"[1] 在这个意义上,国家经济安全还包含了用经济手段来保证国家安全的内容。这被称为"安全领域内的经济范畴",在这里国家经济安全的范畴大大超过了国家宏观经济管理目标的内容。这个范畴内的主要内容是用经济手段取代、补充或加强军事手段的方法,即关注经济措施和经济政策对国家安全的影响,利用经济手段达到国家安全的目的。其次,它还包括军事技术商业化及其潜在收益的内容。经济手段作为安全政策的一部分,可以通过如下方法来影响别国的行为:给对方一定的经济利益,提高对方的成本,或者以此来威胁对方。可提供给对方的经济利益包括经济援助、军事援助、技术支持等。

二、对经济安全更广泛的认识

传统的经济安全概念没有考虑经济全球化盛行的结构环境,使其脱离现代生活的现实。许多研究全球化的学者都认为现代经济全球化在带来经济繁荣的同时,也表现出一个经济易变和不确定的时期,这意味着在全球化过程中面临着如何保护国家、社会和个人的安全的问题。因此,当经济安全的利害关系在许多国家的议事日程中的重要性大大提高时,人们并不感到惊讶。

在研究全球化和经济安全的关系时,必须要弄清楚在日益一体化的全球市场经济中有什么危险,要通过什么手段保护谁的安全?当探讨这些问题时,为了不使在相互依存的世界经济中和为长期没有竞争力的企业提供保护的合理化中的政策设计变得复杂,很重要的一点是要避免使经济安全的内容扩充到包括每一个经济风险和经济混乱的实例中,要更加仔细审慎地定义经济安全。

前面提到的经济安全主要立足于现实主义和新现实主义的观点,除此以外还有许多学者从其他社会科学理论观点提出了经济安全的概念,这里为了

---

[1] 巴瑞·布赞、奥利·维夫、迪·怀尔德:《新安全论》,杭州:浙江人民出版社,2003年,第148页。

更好地进行区分把基于现实主义和新现实主义观点的称为国家经济安全,把基于其他社会科学理论观点的称为经济安全。经济安全最好看作是旨在保证一系列经济价值只受最小破坏的安全的一种不同形式,这个观点的出发点是大卫·鲍德温(David Baldwin)给安全做出的一个普通的定义,即"破坏已得到价值的一个最低可能性"。从这个一般的特征出发,能够清楚地对经济安全的不同方面进行更为详细的说明,这应该包括"安全是为了谁""为什么有价值""来自于什么威胁"和"用什么手段"四个较重要的方面。

为了发展经济安全的概念,一个与时俱进的方法是吸收更广泛的社会科学理论观点,且不能拒绝现实主义者对经济安全的认识。应该依托国家和它的社会历史、政治和社会环境,以及它能自我发现的战略环境,承认对经济安全问题还有其他的理解和反应。

(一)政治经济学的认识

传统的经济安全概念往往以"经济是国家权力的来源或手段"为基础,而事实证明,经济不仅是国家权力的来源或手段,往往也是国家权力追逐的目标。在国际关系、国际政治经济学理论中经济安全往往是以超级强权竞赛的国际背景进行研究的。还有些理论吸收了政治经济学观点,认为与国家和社会更相关的是把经济不安全直接看作是来自资本主义生产的本质和在国家内部产生的冲突的不断增加。不断发展的安全的内容不仅包括对国内分配政治学上的认识,还可以看作是全球化的外部结构内容。20世纪90年代加速的全球化产生了经济危机、生态灾难等问题;阶级对抗、土地和财产权利分配的不公在很多社会也引发了冲突。

与一些西方经济学者主张市场必须对所有人都有利的规则不同,马克思和卡尔·博兰尼(Karl Polanyi)关注市场天生就有的政治本性。市场也可以看作是一个由权力机构凭借其控制市场的规则和法律在不同的集团间分配权力和财富的政治概念。市场的这种解释至少在研究经济安全条件下有两种含义:一种含义是分配的冲突是资本主义市场经济的一部分;另一种含义是形成市场规则的方式对控制经济安全的利益十分重要。

西方资本主义早期的历史揭示了这种现象。市场资本主义多次表现出对社会的分裂,包括商业竞争、地区竞争、阶级斗争以及国家间冲突。这些历史表明,我们必须密切注意资本主义经济产生分裂的各种类型,以及这些分裂对由社会的个人和集团以及国内、国家间冲突产生的不安全的意义。在一定条件下，这些不安全能够破坏一个国家内部和谐统一的思想，甚至导致暴力冲突。最终，这种冲突可能突破国家界限，导致国家间的关系紧张。

20世纪90年代许多关于冲突的研究表明，打开国家的"黑箱"探索其与经济学的联系的重要性。南斯拉夫种族冲突的根源来自于从1973年石油危机开始的经济混乱，财富分配不平等在南斯拉夫联邦的各共和国中不断增加，导致国家债务增长；国际货币基金组织（IMF）强行施加严厉的计划，导致20世纪90年代发生了包括长期种族冲突在内的分裂国家的政治对抗，导致了社会及个人的不安全。1994年墨西哥南部开始的恰帕斯州当地人民的武装起义，与当地人民的土地分配和财产权利问题密不可分；在此之前的制度保护由当地人民占有的公社的土地，但在世界银行的结构调整计划下，墨西哥政府被迫实行土地私有化政策，这也是墨西哥加入北美自由贸易协定（NAFTA）必须做的一件事。

上述案例说明管控的重要性：一方面，政府机构应该如何处理由分配问题引发的国内斗争；以及为了减少上述斗争——更根本地，应该如何构建管控机制。另一方面，国家权力机关在保证个人和社会安全的手段上应该处于何种地位，必须要认识到不同社会应该采取不同的方法处理国内的不安全和斗争，核心问题是被赋予特权或统治的集团在争夺权力和财富的斗争中如何产生维护经济安全的分配的附带结果。有些地方可能通过镇压，有些地方可能通过更先进的管理机制，包括民主改革、按照劳动者和其他弱势群体来分配权利、社会福利体制、针对国内冲突建立可信的国内制度。

在这种背景下，安全是在国家与公民之间的社会契约的一部分。如果社会契约能使社会的不安全明显减少，它也将被看作是安全实践的一种特殊形式。最近通过重新建立国内社会契约努力减少导致经济不安全的国内社会冲突已在许多发展中国家体现得非常明显。

（二）人类安全的认识

人类安全的中心问题是"谁的安全"。人类安全的思想强调个人作为安全的指示物，起源于1994年联合国计划开发署（UNDP）的"人权报告"。需要从两类基本威胁上保护个人的安全：摆脱恐惧的自由和摆脱欲望的自由。在UNDP的概念中，人类安全包括七个方面内容：经济安全、食物安全、健康安全、环境安全、个人安全、社会安全和政治安全。人类安全可以更准确地概括为"保护日常生活方式（无论是在家庭、工作还是社会）不受突然的和有害的破坏"以及"使不受诸如饥饿、疾病和镇压等长期威胁的安全"。

虽然在UNDP的方法上经济安全被明显地认为是获得人类安全的方式之一，但是一些学者也指出在概念上这两种方法是矛盾的。更明确地说，如果把经济安全看成是就业、收入和一定水平消费的安全，那么个体的经济安全就会通过反对市场经济逻辑和随之破坏国家经济增长前景而大大降低国家社会的集体经济安全。一些学者指出，在人类安全与经济安全之间的这种负面关系依赖于被使用推断这些关系的经济模式的类型。例如，从新古典主义的观点来看，个体经济不安全的出现刺激了人们寻找工作，而从资本主义发展的熊彼特模型来看，个体经济不安全是"创造的破坏"的一个必需的副产品。从新古典主义和熊彼特的观点来看，国家社会（国家经济增长方面）的安全通过一定程度依赖于个体的经济不安全的过程获得。进一步来说，任何试图保证个体安全的努力会干扰产生更广泛经济增长和发展的每一个过程。

国际政治经济学和经济社会学提供了一些关于市场经济的不同认识，从而形成了对经济和人类安全关系的不同认识。国际政治经济学关于市场理论的中心原则是市场被嵌入社会当中，并且为了有效地和公平地发挥功能需要一个制度和法律支持框架的思想，这与新古典主义非社会化的市场秩序的观点相反。从经济社会学来看，尼尔·弗雷格斯坦（Neil Fligstein）表示，从根本上看市场是社会结构，在这当中市场行为者把稳定作为首要目标。因而，经济社会学提供了一个与新古典主义和熊彼特模型更加不同的理解。经济行动者的目的是促进企业生存，并最终使他们能够稳定地与竞争者、供应商、劳动者、消费者和政府相互作用。没有这个更广泛的稳定社会关系的网络，企业就不能得到机会成为有效率的生产者，赚取利润，在激烈的市场竞争中生存。因此，从这个角度来看，经济行动者为保持竞争力，获得可观利润，依赖于更广泛社会安排的稳定，经济安全和人类安全之间的关系是相互巩固的。

由于很难判断市场充分运行所需的社会安排的稳定程度，必须清楚在市场稳定和促使国家经济向前发展的部分经济活动"破坏"之间存在一定程度的平衡。具体来说，经济安全既要一定程度表现出保护主义的重要性，同时又要避免使企业作为安全的指涉对象甚至保护其远离"正常的"市场竞争所导致的对有益的经济活动产生的威胁。

在经济生活中"保护不受突然和有害的破坏",避免经济安全概念的滥用以及表明多大程度的安全问题在市场中是非常重要的。在这里要分清"正常的"市场风险,如特定企业或经济部门的衰落与突然甚至持续的泛经济领域的经济破坏之间的区别。正确认识这种差别有助于在概念上界定经济安全,但运用这个概念来证明保护主义的正当性变得更加困难。

(三) 保护社会和人的经济安全

1. 保护市场完整性

有明确的案例证明经济安全和人类安全是互补的,因此,作为经济安全的一个重要指涉对象,个体是重要的,在宏观层面上对市场的保护也是同等重要的。可以认为保护市场的完整性就是保护财产权利和契约的"市场制度安全"。赫尔南多·德·索托 (Hernando de Soto) 提出,西方国家之所以在经济上成功,是因为它们具有更先进的财产权利制度,这种制度可以使个人得到更多的能获得收入的资本,从而满足需要。同时索托指出,这种制度被亚洲、非洲和拉丁美洲部分贫穷地区所排斥,在那里人们很少或不能得到给他们带来收入的潜在的资本资源,比如土地或其他资源等。这种对财产权利制度的缺乏和弱化,加剧了经济和社会的分裂,破坏了经济增长的潜力。因此,保护财产权利安全对更广泛的经济群体和个体经济福利来说都是重要的。但是,财产权利可能在被认为是不公平、不公正或加深生态破坏的方式下进行分配的,财产权利的分配不只是一种技术实践。因此从根本上看,这是一个政治问题,不仅要强调财产权利的分配,而且要强调怎样进行分配。

发展经济学家丹尼·罗德里克 (Dani Rodrik)[①] 除了提出财产权利外还提出了四个其他形式的制度支持市场:调节制度、宏观经济稳定制度、社会保险制度、冲突管理制度。这些制度一起发挥作用能在宏观层次上提高经济安全的程度。与在巨大的经济困难期间表现的紧急问题不同,支持市场的制度上安全应该看作是更基础的东西,任何一个市场经济的基本制度都应该能够使个人和企业合法地和没有恐惧地开发在不同经济体制中产生的经济机会。

[①] 转引自王东升,丹尼·罗德里克:"相同的经济学,不同的政策处方",《公共管理评论》,2010年第9卷,第194页。

因此，这些制度互补的本性对加强社会和个体的经济安全是很重要的，有弹性的劳动力市场有利于增强宏观经济的经济竞争力，社会保障机制有利于减轻人们面对市场经济裁减的不安全感。全球化的背景使得预知未来结果的可能性很低，尤其是在缺乏规制的金融市场上，这种不确定性更大，因此，在这样的全球化结构条件下，这些制度对保证经济安全就变得至关重要。

2. 保护分配平等

保证最低水平的分配平等对市场机制的正常运行和人民福利的保障同样重要。尽管当经济遇到严重困难时会明显加重社会的不平等，但不能在遇到困难时才将分配平等看作是经济安全的一部分。

分配平等有利于保证市场经济安全，这种思想具有广泛的来源。亚当·斯密在其著作《道德情操论》中强调，自由市场经济之前，最低水平的平等在社会中是很重要的；他在《国富论》中具体阐述了这个思想，使得这种观点得到了进一步发展和推广。很早之前，发展经济学家就指出了分配的重要性，即在资产和收入上得到最低限度的平等是维持增长的关键，也是提供人类福利的关键。经济学家们越来越同意，在初始就拥有相对平等的财产和收入的国家，其经济要比那些初始没有拥有的国家增长得要快。进而，再分配增长战略已显示出，在减少贫困和不平等方面，比在 20 世纪 90 年代以来已成为发展政策一部分的分配中立政策更为优越。因此，《经济学家》总结道，即使是最民主自由的制度也已认识到分配平等的突出作用，并提倡利用"混合经济"的方法来发展资本主义，这其中就包括对安全网络、公共服务和持续发展的资本主义的适当再分配。

（四）广义的经济安全

在全球化的背景下，国家和社会应该把三个核心经济价值列为保证安全的目标，一是为了基本的人/家庭需要而必须的收入和消费流动；二是市场完整性；三是分配平等。以国际政治经济学、发展经济学和经济社会学等学科为基础，这三个价值构成的经济安全概念，可以适应全球资本主义的背景，以面对其国内及国家间由分配不均造成的冲突和不安全的现实。

在这个概念中，可以明显地看出经济安全既包括微观内容也包括宏观内容。微观上，把个体作为安全的指涉对象，在涉及人类安全的观点中，经济安全的目的是保证个人或家庭所需要的收入达到一定消费水平的安全。宏观上，保证市场对经济增长和社会福利的完整性及活力。这些可以通过必需市场制度而实现，在这种制度下，可以给个人提供公平的获取经济的机会，以保护财产权利和契约安全。经济安全也可以通过保证分配平等而实现，这种实现经济安全的途径，是确保市场机制、提高人类福利和保证资本主义政治正确持续运行的关键。

第二节　国家经济安全的范畴

国家经济安全可能意味着（至少）两个极端的方面或者被狭义地理解为军事力量的经济基础；或者被看作是在经济自身范围内安全的内容或维度。[①]前者可称为安全领域的经济范畴，与之相对，后者可称为经济领域的安全范畴。

一、安全领域的经济范畴

（一）经济力与国家安全的关系

1. 经济力是国家安全的基础

尽管早期重商主义和自由主义在许多问题上有不同的看法，但在国家对追求财富和权力的长期协调上，两个学派却有着相似的认识。传统的重商主义强调财富的积累，最终财富转化成购买武器及对军队的支付权力。而自由主义则从根本上改变了对财富的理解，认为财富不是表现在金银上，而是表现为生产能力，例如，弗里德里希·李斯特（Friedrich List）指出"创造财富的力量比财富本身要重要得多"。后来，对传统重商主义产生异议的新重商主义也开始在这个问题上信奉自由主义的逻辑。如此以来，生产能力是军事

---

① Bjom Moller. The Concept of Security：The Pros and Cons of Expansion and Contraction, Paper for joint sessions of the Peace Theories Commission and the Security and Disarmament Commission at the 18th General Conference of the International Peace Research Association（IPRA），Tampere，2000.

力量依靠的基础，在这个观点上几乎没有异议。一旦生产能力被认为是军事力量的基础，很多问题就立刻被提到日程上来。为了战争，国家必须要重视产业能力、钢铁生产、能源获得（特别是石油）、技术能力和支持现代国防建设等所需要的其他要素，获得和可支配的金融资本也被看作是国家安全的一个关键因素。最终，因为军事力量及其影响要依赖于经济力量，经济稳定和增长便成为国家安全内容的一个核心。从长期来看，这种认识是毋庸置疑的，但从短期来看，为了安全的目的所制定的各种各样的决策并不一定能使财富最大化。尽管如此，国家在追求财富和权力之间的根本上的协调是比较明确的，并且在现实中二者的关系是如此紧密以至于很难在国际关系中把国家的政治和经济目标分离出来。

财富与权力是紧密相联的。不仅是因为要支付大量经济成本来维持军事力量，利用高科技手段来保证尖端武器的军事供给，而且，在国际事件中施加影响的其他方式（维持大使馆的运营、提供对外援助、为国际组织做贡献、促进贸易等）也需要大量的经济成本。财富与权力的关系是如此密切，以至于一些分析家把一个国家的GDP（总财富的指标）看作是衡量其权力的最好的单一手段。在传统模式中，国家的权力（一般是根据其军事能力和支撑这些能力的经济资源来衡量）是与其安全紧密相连的。

新的安全模式强调不同的经济联系。例如，财富、权力和安全是联系在一起的，贫穷、弱小和不安全是联系在一起的。最近的国际形势充分表明了贫穷国家倾向于扩展不安全。"9·11"恐怖袭击后，在《美国国家安全战略》第一版中，乔治·布什总统提出"贫困、虚弱的制度和腐败使弱小国家容易受到恐怖组织和贩毒集团在其境内的破坏"。这个观点又被"9·11"委员会再次强调，在其最终报告中提到，"恐怖主义不是由贫穷引起的。实际上，许多恐怖分子来自于相对富裕的家庭。但是，当人民失去希望、社会分崩离析、国家分裂时，就产生了孕育恐怖主义的土壤。"恐怖主义与贫穷的联系不是安全领域所关注的唯一事情。但是，自从"二战"以来，世界上大多数武装冲突都发生在世界最贫穷的地方，因为贫穷本身就是不安全的一种形式，所以在贫穷和不安全之间存在一种更直接的联系。世界上的许多人由于饥饿和可预防的灾难（与贫穷相联系的威胁）生活在持续的死亡威胁当中。①

另外，从国家安全战略的实施与经济预算约束的关系来看，如何制定一个最佳的大战略（指导设置优先权以及使目的和手段相协调的实践的战略），化解有限的资源对在危机或战争时期实施这种大战略的限制，也是安全研究的核心问题。实际上，引人注意的两个核心内容是经济增长和大战略，也是经济学领域根本的基础问题，即增长的原因、有效的布置和分配得到的资源。根本上来说，大战略的形成是一个经济问题，这是因为国家的预算会限制其权力及运用，能否正确理解和认识这些限制通常会影响对外政策的成功与否。在危机或战争背景下，国际偿付能力（特别是国际收支平衡）、社会动员和获取资源能力、国内经济稳定，这些问题普遍存在，维持这些对大战略的形成与成功实施很关键。例如，在美国内战期间，金融问题困扰联邦政府；在苏伊士运河危机期间，为了减轻英镑的压力，英国被迫放弃了对苏伊士运河的经营；经济限制导致英国和法国在"二战"初期的绥靖政策，都反映了在危机或战争中这些限制影响大战略的形成与实施。

2. 经济力的变化对国家安全的影响

经济活动和国家安全保持密切联系的另一种途径是通过全球经济变化影响个别国家的权力和地位。首先要厘清国家在不均衡经济增长过程中的国际政治含义。某些国家比另外一些国家更快速地扩张，这些国家的财富分配开始转变，随着财富方面的转变，政治权力的分配也发生了变化。处在上升通道中的国家开始寻求提高地位的方式，处在下降通道中的国家要努力保持以前的优势，这种变化通常伴随着大规模的骚乱甚至战争。在研究战争的经济原因的理论中，这个问题被更好地说明。早在19世纪曼彻斯特学派的经济学家就看出了自由贸易与战争间的负面关系。很多人把冲突的出现归因于国家间对市场和初级原材料的竞争，被人广为接受的观点像吉尔平（Robert Gilpin）指出的，"在资源稀缺的世界中，存在的根本问题是能够获得资源的剩余分配。"苏珊·斯特兰奇（Susan Strange）也把"冷战"后的时期归结为"为了世界财富的份额进行了更直接的竞争"。还有些学者强调在国际体制

---

① Jonathan Kirshner. Political Economy in Security Studies after the Cold War. Cornell University Peace Studies Program Occasional Paper，20，April，1997.

中权力和优先权之间的平衡很重要，他们认为，在经济相对增长的变化会导致战争。根据这一学派的思想，由于各国家经济增长的速度不同，存在一个自然的推动力，使国际体制脱离平衡；又因为权力基于基本的经济能力，增长较快速的国家感到其权力和国际强弱次序中的地位不匹配，故被迫改变现状，通常通过战争的方式解决。①

"二战"以后，经济资源的分配在世界范围内已经发生了实质性的变化。虽然美国还是世界上相对富裕的国家，但其他国家发展得更加快速，在世界经济中美国的相对支配地位已经大幅下降。因为"冷战"的存在，美国为其盟友和贸易伙伴提供军事保护，没有一个西方大国真正想挑战美国作为中心角色的领导权。即使那些变得更加富有和强大、更倾向于获取更大权力的国家，为了大局着想也不愿意选择挑战美国，结果，经济变化的政治结果相对减弱。

"冷战"的结束打破了以往保持的联盟，加速了国际政治体制的重新建构；苏联解体松弛了当时将西方联盟联缔结在一起的纽带，使"二战"后的德国和日本作为主要的、更加独立的世界大国重新成为可能，经济上的成功使这两个国家能够在"冷战"后更加容易地发挥政治作用。国际秩序从双极体制正在向多极体制转变，但是，这种转变以及构建中的新体制能否保持像双极体制下的稳定尚待观察。在过去，财富分配的变化一直是伴随着军事能力分配的转换，很大程度上表现为国家所拥有的保护自身利益安全和施加政治权力的能力变化。当前，德国和日本的经济地位与它们的军事能力之间严重脱钩，这些国家军事能力的变化将会是影响新的国际政治体制稳定的主要因素。

经济力量正在改变的不仅是国际体制结构而且还有其运行的方式。"冷战"后，因为交通和通信日益便利，不同发展层次的国家越来越紧密地相互联系在一起，经济全球化趋势日益明显。通过贸易的传统纽带，或通过巨大、快速的金融流动和信息技术以及人员等的交换、在所有形式下的外国投资的增长、大公司生产工厂的世界范围分布、跨越国界的商业联盟的形成等方式，国家之间的联系越来越紧密。经济与安全两个相联系的领域影响个别国家安

---

① Aaron L. Friedberg. The Changing Relationship between Economics and National Security, *Political Science Quarterly*, Vol. 106, No. 2. 1991, pp. 265-276.

全,这种趋势已经开始显现,主要表现为以下两种。

一是,曾经只有少数国家有能力开发和生产最尖端形式的军事武器,现在具有这样能力的国家在增加。能够组装大规模杀伤性武器(无论是核武器、化学武器还是生物武器)的国家的数量在增加。由于越来越容易与友好的国家、外国科学家和企业进行合作,同时也越来越容易从自己国内的资源上获得援助,从坦克到战斗机再到弹道导弹等军事武器,有更多的国家获得了制造这些武器的能力。

二是,全球化凸显的军事能力扩散使一些"第三世界"国家给它们的邻国带来更多的危险,它们较少受到外界的影响或来自外部力量的干涉。随着武器和设备有更多潜在的来源,未来的交战国在改良装备上较少地依赖任何单一的国家,大大减弱了以中断供给为威胁的外交压力的脆弱性。非参战国也将不得不长时间地、仔细地考虑是否干涉"第三世界"国家的冲突;若干涉,可能将使它们的军队、海外工厂甚至它们本土(或盟友的领土)暴露于毁坏性攻击的风险之下。

(二) 经济力在维护国家安全中的具体表现

关注经济力作为安全政策的重要内容不是一个新现象,这种关注可以追溯到美国军事战略在越南的失败。20 世纪 60 年代末和 70 年代初,尼克松政府明显地认识到在越南花费的军事成本正在削弱美国的实力和国家安全的基础,1969 年尼克松政府在"关岛主义"的指导下压缩美国对亚洲军事投入的规模,寻求彻底从越南撤兵的方式,并通过 1970 年"新经济政策"优先恢复美国的经济力。在 20 世纪 70 年代末到 80 年代末的"冷战"第二个时期,关于"经济主导"和经济力的这些信念只是隐含的且未受到怀疑。苏联入侵阿富汗、里根政府在格林纳达和利比亚使用传统军事力取得有限成功,使政策制定者的注意力远离经济安全问题,重新回到军事安全上,这种变化并没有停止从 20 世纪 70 年代就开始的全球经济相互依存的趋势,或者说,没有改变经济力作为在国家权力建设中一个关键的、"多维的"因素的根本重要性。由于信息技术的发展,贸易、投资、金融市场的全球化更加便利,这意味着国家财富越来越表现在这些军事力不能抢占、损毁、控制的无形的经济力上。相比较国家领土的占领和初级原料的控制而言,国家和每个公民的安全越来越多地是由经济活力和市场份额的控制所决定。

即使在"冷战"后经济力不能一直作为安全政策的唯一的或首要的工具，但至少可以明确的是，从重要性和效用性方面来看，经济力与军事力同等重要，在其使用上需要同等的政策制定活力和创造性。[①]

1. 间接经济力

自20世纪70年代以来全球政治经济的相互依存日益明显，在全球经济中，一个国家能够提供的经济分量和存在被船桥洋一称为超越其他国家之上的潜在力（latent power），即一个国家不必须运用经济力有意识地服务于国家政策，但其经济联系的规模和范围（通过国际市场、经济体制和机构来表达）能够足以形成在国际体系中控制其他国家的局势、政策选择和行为的能力。克劳斯·科诺尔（Klauss Knorr）把这种类型的权力称为"非强制性影响"，罗伯特·基欧汉（Robert Keohane）和约瑟夫·奈（Joseph S. Nye）在解释复合相互依存理论时将其定义为"控制结果"。但约瑟夫·奈后来关注于"软权力"思想，并将其看作是美国霸权得以维持的原因，通过控制信息流动、制定诸如自由贸易和跨国公司管理实践的世界经济规则、传播普世文化等得到证明。这种通过对其他国家的经济渗透使国家能够间接地得到权力并实现国家目标的观点，与苏珊·斯特兰奇的"结构权力"的说明具有最大程度的理论一致性。斯特兰奇把"结构权力"定义为一个行动者"没有明显地直接施加压力而使其他行动者公开改变其选择"的能力，更具体来看，这是"塑造和决定其他国家、政治结构和企业运行的全球经济"的力量。

把非强制性权力概念进行归纳总结，可以统称为间接经济力，即一个国家有意或者无意地通过经济联系的规模和多样性获得能力，通过建立其在当中运行的环境和可能的行为范围来间接影响另一个国家的行为。本质来看，就像鸭武彦（Kamo Takehiko）所认为的，这是一个国家建立"游戏规则"以及对其他国家的行动准则的能力。

从安全效果来看，一个国家形成超越另一个国家的间接经济力是以一定程度的经济相互依存和一体化为特征的，以此提高国家间不合作和冲突的经

[①] Bjom Moller. The Concept of Security: The Pros and Cons of Expansion and Contraction, Paper for joint sessions of the Peace Theories Commission and the Security and Disarmament Commission at the 18th General Conference of the International Peace Research Association (IPRA), Tampere, 2000.

济成本，节制国家的社会、政治和军事行为。当然，国家间相互依存的增强也能够引起新的紧张关系，就像美日贸易摩擦那样。但是，国家间的相互依存程度高通常意味着争端可以通过政治谈判而不是军事威胁的方式来解决。

2. 直接经济力

经济力的另一种类型可以归类为船桥洋一的"明示力"、科诺尔的"强制力"、斯特兰奇的"关系力"，这些概念可以统称为直接经济力，即通过一个国家有意地运用经济力资源，直接影响另一个国家的行为或者改变另一个国家非正常地根据自己的判断力所采取的行动的能力。因而，直接经济力呈现出运用经济说服和压力实现国家利益的特征，采用一个国家给另一个国家提供积极的或消极的经济诱导或经济制裁的形式。

直接经济力所期望的安全效果是积极的经济诱导和经济收益（例如一个国家对另一个国家的贸易和援助特权的扩展）能够促进国家间的合作；反之，消极的经济制裁和经济成本（例如威胁取消最惠国待遇国家的身份或实施经济禁运）能够迫使一个国家顺从其他国家的利益。

3. 安全政策的概念和经济力类型的联系

经济安全政策的第一个概念是通过消除经济不稳定或紧张关系的源头有意地阻止冲突的爆发，直接和间接经济力都可以导致这些结果。实施积极的经济制裁和促进国家间的经济交流能够产生合作的关系，之后会产生相互依存的联系和间接经济力的稳定效果。某种意义上，欧盟完整的计划设想是以某种方式把该地区的国家结合到一系列直接和间接关系当中，由此消除由两次世界大战爆发引起的、关系紧张的经济和政治源头。在次区域层级，欧盟积极诱导土耳其，扩展贸易特权明显是通过扩展直接和间接力联系土耳其，使其内部经济和政治形势稳定，消除欧盟东部边界潜在的不安全。

经济安全政策的第二个概念是发生实际冲突时保护国家的方式，可细分为两种类型。一是，要保护国家免受利益剥夺以及对社会与政治稳定可能产生的负面影响。直接经济力明显地在这个方式中发挥了重要作用，它允许国家为了应对政治、经济或军事安全危机的威胁而有效地组合和再分配经济资源。间接经济力也发挥了一定作用，因为国家经济的分量和其在国际经济体系中多样性的联系允许其从可供选择的来源中获取经济资源。美国能够克服从20世纪70年代以来石油危机的影响不只是因为具有开发新能源的能力，也因为其在全球能源市场中的核心位置，这迫使生产方不得不让利于美国。二是，通过向其他国家施加经济成本，迫使其停止一系列被视为威胁的行为。直接经济力在这个方式中承担了最突出的作用。直接经济力允许一个国家操控经济资源和实施诸如禁运等方式的消极经济制裁。间接经济力也能够提高一个国家调动直接经济力的能力，例如，美国极力利用在国际金融体系的统治地位在1979年革命之后对伊朗的资本流动实施了惩罚性制裁。

4. 脆弱性和决定经济力效力的因素

运用经济力服务于安全政策的效力是由国家间经济联系的深度及其已知利益所决定的，或者反过来说，是由来自于损害或没有成功创建经济联系所产生的实际或潜在成本的程度所决定的。复合相互依存理论和脆弱性的概念有助于解释经济成本的程度以及经济力在改变国家行为上的效力。脆弱性是指一个行动者或国家承受外部力量强加的成本的能力（抑或反之，没能力），进而具有高脆弱性和低经济"疼痛门槛"的这些国家最可能在长时期内改变经济、社会、政治乃至军事行为，从而应对与其他国家在直接和间接经济力关系上的变化。

船桥洋一提出了可以表示脆弱性水平和能为国家经济提供韧性的四个要素。[①] 第一个要素是"弹性"，是指一个国家应对经济联系减弱所产生的最初冲击和承受不改变其经济行为就要有随后的长期利益剥夺的能力。例如，伊拉克政府就在其甘愿忍受从1990年开始的联合国制裁当中表现出显著的弹性。第二个要素是"调整力"，是运用国家自己的资源来弥补经济联系和利益损失的能力。例如，发达国家应对突然的供给短缺而采取的产品储存战略。第三个要素是"替代性"，是指通过国内生产替代的形式来应对拒绝参与经济活动和无法获得经济资源的能力。例如，伊朗、朝鲜和俄罗斯曾经和正在遭受经济制裁，但却不同程度地表现出自己国内的生产能力。前三个要素表明国家拥有"自给性"。船桥洋一的观点与现实主义政治学家在研究中提出的"自给自足"的概念相符合，他们提出国家寻求减少脆弱性以便能够抵抗经济压力。但是正如船桥洋一所指出的，更高程度的自给性和避免依赖于其他国

---

① 船橋洋一：『経済安全保障論』，東洋経済新報社，1978年，第194頁。

家的经济关系可能最后具有负面的结果。一个国家致力于自给自足会使其丧失来源于外部联系和竞争的经济活力，削弱其经济力；更高的自给性和封闭性会把这个国家推到不得不变得更加依赖其他国家的地位。第四个要素是"可获得性"，是指一个国家在被某些国家拒绝时创造可选择的经济联系形式的能力。从 1960 年美国实施禁运以来，古巴已经确保了可获得性的要素，通过在"冷战"期间形成的与苏联集团的贸易联系以及后来与欧洲和亚洲国家多样化的贸易联系。

5. 经济力的组成部分

基于经济安全政策、经济力和控制它们效力的脆弱性的分析，为建立一个可以分析直接和间接经济力关系的框架，需要把经济力的内容进行分类。

（1）生产

农业和工业生产是实际财富创造的来源，也是所有社会形成的物质基础。财富创造赋予国家资源、利益和公共产品，在国内层面是国家稳定和支持的基础，在国际层面可以转换为直接和间接的经济力、政治力和军事力。因而，在生产和财富创造结构方面的任何变化都可能伴随着国家内部和国家之间的权力关系变化。

随着工业化的发展，从 19 世纪末开始，大多数国家生产结构发生巨大变化，主要表现为生产国际化和跨国公司兴起。跨国公司可以定义为：在两个或两个以上国家拥有或经营的经济单位，包括三个主要类型：采掘、制造和服务。在经济全球化带来的对国家主权的各种形式和各种途径的侵蚀和挑战中，最具根本性的是来自非国家因素的主体性侵蚀。随着外国直接投资的发展和跨国公司的壮大，跨国公司对国家主权尤其是发展中国家主权的影响越来越强烈。

跨国公司的兴起淡化了国家公共权力和公司私人权力之间的界限。传统意义上的"主权"概念专指国家的权力，但是公司权力一旦形成其"治理结构"，就与国家权力非常类似，所以"主权"概念的外延应该包括公司治理结构所带来的权力。在这个意义上，主权就是决定产权、解决纠纷和监控绩效的集体权力，对国家的公共权力和公司的私人权力来说都是一样的。为了便于区分，把公司的权力称为"工业主权"，而把国家权力称为"国家主权"。①

　　这里用"工业主权"概括跨国公司在其发展过程中凝聚起来的强大经济力量以及由此衍生出的巨大权力，并不意味着跨国公司的权力（影响力）已经成为绝对的权力而不受任何约束，以至于达到国家权力的程度，仅限于说明跨国公司确实拥有着（垄断着）不可小觑的有组织的力量，并以此影响其所处社会（社区）的公共行为，影响国家的政治行为，进而侵蚀国家主权。这一力量的运用在很多场合是合法的，甚至是合乎道德规范的。至少，运用工业主权这个概念描述跨国公司权力对国家主权的侵蚀这一现象是合适的。

　　母国的跨国公司通过对外直接投资、设立子公司和合资企业方式对东道国进行经济渗透，在经济上产生具有明显权力含义的相互依存关系，实现生产国际化。跨国公司由于拥有新技术、资本，能够进入国外市场，这种特殊的提供者地位使其在一定程度上可以控制东道国的财富创造结构，因而也能够影响东道国的经济和政治行为及其各种层级政府。跨国公司具有间接经济力效果。通过对外直接投资的方式，可以为跨国公司带来外部生产联系，把东道国一体化到跨国公司母国，形成一种将国家政治经济成为一体的财富创造模式，因此跨国公司在一定的经济和政治领域可以支配东道国的行为。跨国公司的直接经济力效果表现在为了实现对外政策和其他目标，母国利用和操控跨国公司对东道国进行经济渗透。美国政府很久之前就努力与以美国为基地的跨国公司勾结或者强制它们参与国家的安全政策，其中典型的案例是里根政府在20世纪80年代极力给跨国公司施压，要求其拒绝为苏联提供建设跨西伯利亚管道所需的技术。

　　跨国公司和对外直接投资的直接和间接经济力以及它们对经济安全政策的贡献积极，但被国家政策制定者有效利用方面存在一定限制。首先，跨国公司能够在它们自己的权利范围内独立地与国家进行外交谈判。例如，20世纪90年代日本汽车制造商直接就在英国和法国寻求吸引外资，与国家进行谈判。其次，跨国公司的管理人员及生产活动的"多国化"意味着对其母国的国家目标忠诚度削弱。随着在全球范围内进行生产和融资障碍进一步降低，跨国公司不仅可以逃避母国的诸如根据利润缴税的经济义务，而且在一定程度避开了母国要求其跟随安全政策目标的法律手段的约束。结果，母国的政

---

①　唐勇：《跨国公司行为的政治维度》，上海：立信会计出版社，1999年，第45页。

策制定者只能说服这些具有合作商业利益的公司，把跨国公司看作是母国安全政策上的盟友，利用其生产的直接和间接力。当国家的政策制定者需要采取措施消除母国和东道国之间经济交易的障碍时，便鼓励跨国公司完善经济互补并进行对外直接投资，这时最有可能建立起跨国公司的直接和间接经济力与母国的安全利益之间的联系。

相反，对生产力量的限制是由东道国对对外直接投资的态度和脆弱性水平所决定的。东道国的精英集团通常把对外直接投资看作是自身利益的一种威胁，害怕它代表着"新帝国主义"，会侵犯其主权，而且大量引进外国直接投资容易把国家赤裸裸地暴露在外部经济和政治影响下。因此，印度曾极力选择和限制对内投资的流动，中国也曾经努力把外商直接投资集中在沿海经济特区。另外，国家可能为了抵抗跨国公司的势力，采取将外国所属的子公司收归国有的方式，例如，1969年卡扎菲夺取利比亚政权时就几乎没收了所有的外国资产。更加封闭的国家可能会设法完全拒绝外国直接投资。

（2）金融

金融机构中介信贷的创造和流动对所有发达和发展中的经济功能来说都是必需的。信用能够为投资和消费提供借贷，使资本向财富创造以及国内和国际经济中最有生产力的地区流动。贷款和债券是创造信贷的典型使用手段。

信用的创造和流动对国家权力的分配具有重要影响。直接经济力来自于贷款或投资，这也使得债权人和债务人建立起了相互依存的关系。理论上，一笔贷款能够给债权人提供控制债务人的直接力，在私人机构和国家层面都是如此。这是因为债务人要依赖债权人才能得到必需的贷款，债权人有能力设置贷款条款，如果债权人认为这些条款没有被执行还可以终止贷款。如果在A国的私人银行贷款给B国的私人银行或政府，那么A国就取得了削减或扩大B国信用的能力并可能影响B国的经济和政治行为，可以认为A国的私人银行拥有直接经济力的手段。虽然是通过以其领土为基地的私人债权者为代理的，但是这种安排为A国政府提供了直接经济力，在某种程度上，私人银行或债权人可能受制于A国的法律和规制。如果A国能够使用这种规制力量对债权人施加控制，就可以通过代理人提供自己的直接经济力影响B国的行为。

间接力来源于一个国家在国际金融体系中的分量以及该体系是如何为其利益运行的。斯特兰奇指出，欧洲复兴开发银行设立的目的是援助在欧洲的非社会主义国家经济改革，即使其设立的初衷与美国的关系不大，但银行的贷款战略被设计的与美国财政部的程序一致，并且欧洲复兴开发银行只有在美国的参与和指导下才能有效发挥功能。这个案例说明，在国际金融共同体中美国是如何影响欧洲国家独立行动的，也说明了美国和欧盟的金融政策非正式地捆绑在一起的间接经济力的综合效果。

实践上，国家从金融的组成内容中汲取的直接和间接力由于脆弱性和控制的问题变得非常复杂。从20世纪70年代开始的金融自由化和全球化，以及速度和数量上有本质变化的信用流动，意味着国家自身越来越不能控制金融体系以及利用其为安全政策服务。1992年末几个欧洲国家的中央银行为了避免交易汇率机制实际上的崩溃同货币市场博弈，最终并未取得成功。这说明相对于有效的规制，私人金融机构发展得太快，甚至可以比国家运用更强大的集体经济力。如果国家现在不能轻易地回溯到以往的政策，严格控制金融使之服务于它们的安全利益，那么国家可能就要努力使用政治和外交手段处理金融流动问题，这会影响间接经济力的流动方向以及这可能带来的安全利益。

相似地，尽管一笔贷款的启动可以创造出债权人和债务人之间相互依存的条件，但由于债务人脆弱性的多样化水平，不能自动地为债权人产生直接力。债务人可能拒绝偿还贷款并运用国家弹性化解可能损失的本来可以获得的更多信贷。在极端案例中，债权人的直接力可能被突破或完全倒转。例如，债权人由于把其资源的绝大部分用于贷款，导致其自身过分扩展，可能会鼓励债务人利用债权人对自己金融系统崩溃的担忧，无法偿还贷款，迫使债权人重新谈判贷款条款。这种明确会对经济造成破坏的威胁可以把直接力从债权人转向债务人，20世纪80年代初债务危机的案例在某种程度上就印证了这种情况，当发展中国家具有拖欠偿还债务的威胁时，就会迫使贷方银行重新调整贷款时间。

（3）贸易

贸易是国家与国家间相互影响的最古老的方式之一，就其本身而言，贸易是一个内在的政治过程。纵观历史，国家通过贸易税收上的权力获取金融利益，并力图在对其有利的方面进行贸易谈判。在这个谈判的过程中，组成贸易伙伴的国家可以获得其他国家的资源、市场和技术，实现财富创造。主导贸易条件的国家也能够获得超过其他国家的权力，贸易关系的不均衡也会产生国家间贸易相互依存的不均衡。

直接力表现为为了影响其他国家的经济和政治行为而积极地利用双边和多边贸易条件，为其他国家提供积极支持或消极制裁。提供最惠国身份是积极贸易支持的一种形式，这也被称为对外贸易的"胡萝卜"。在诸如人权等问题的合作上，克林顿政府明显地把最惠国身份的更新作为合作的一种手段，此外，为保证朝鲜在核检查问题方面的合作，提供贸易的"胡萝卜"也曾作为主要手段。

间接力由能够建立国际或地区贸易秩序的国家获得，因而需要把其他国家纳入可以长期遵照的经济和政治规则以及相互依存贸易关系当中。美国通过关税及贸易总协定（GATT）和世界贸易组织（WTO）建立起可以被广泛接受的自由贸易规则，以保持能够对美国企业开放的市场。美国已经获得了在国际层面上的间接力，美国政府也曾经通过促进亚太经济合作组织（APEC）的方式持续地在地区层面传播这些规则。美国政策的最终目标不只是定期地使用贸易支持或制裁来奖赏或惩罚其他国家，更重要的是把这些国家永久地嵌入地区和国际贸易框架的体系当中，把这些国家与美国相互联系在一起，形成更大的政治、经济国际共同体，从而控制这些国家的安全行为。

国际贸易通常包括物质产品交换，这种流动能够以国家边界为限进行物质上的控制，比对外直接投资和资本受到更严格的规制。但是，控制贸易流动的潜在能力并不是一直都能转化成直接力，因为许多国家已经意识到相互依存的贸易关系会形成施加消极制裁的自身经济成本，而且无法停止贸易流动，因此在可行的政策选择中需要尽量避免使用消极制裁的方式。对多数国家来说，绝大部分对外贸易由民间企业和跨国公司所操作，它们可能反对政府作为一揽子贸易制裁的一部分而努力增加或减少同其他国家的贸易，除非有证据证明这么做能够提高或至少不能严重损害它们的商业利益。因而，国家发现不是设法使用直接经济力来阻止贸易流动，而是通过支持贸易和最终能带来的相互依存的稳定联系会更有利于安全目标。

来自贸易的间接和直接力的有效性也依赖于每个国家的脆弱性水平。关键资源和市场获取程度不高的国家能够运用弹性应对贸易，但如果它们感到这与自身的经济和政治利益相冲突，则可能选择拒绝进入贸易体系中。

（4）交通与通信

交通与通信的经济成分包括陆地、海洋和空中运输体系以及大众媒体、通信网络（诸如卫星联系、收音机、电视、互联网）。运输体系输送人员、物质产品和信息，对经济活动和财富创造来说至关重要。尽管通信网络不能运送物质经济资源，但它们能够加快经济信息传播，促进资本流动。

国家可以通过拒绝或提供其他国家进入运输体系和通信网络的能力，获得交通与通信的直接力。消极的交通制裁最极端的例子是经济禁运和关闭一个或多个国家与另一个国家贸易的边界。国家间会开辟新的交通和通信联系，促进经济相互依存的协定，积极的手段包括1994年美国设置与朝鲜直接电话联系的协定。

国家通过统治运输市场或其独特的地理位置保证其间接力。例如，美国几乎完全垄断民用喷气式飞机的生产和设计、国内市场的规模、他国承运者的中心运输节点的位置，美国拥有航空运输市场上的间接力。更为重要的是，从国家间信息传送的运输体系和通信网络会衍生出认识判断和信仰演变，就像斯特兰奇提出的，"通过它们会影响价值判断、政治和经济决策和政策"，这可能也是美国等发达国家如此期望看到互联网和相关电子媒体自由化的一个原因。通过信息自由化，全球的网络使用者不得不在一个本质上由美国为首的发达国家所统治的环境下运行。即使消费者可能并非有意识地与具有西方价值观或影响的互联网联系，但他们使用英语并接受为了运营网络而把基地设在美国等西方国家的公司所设定的标准，这意味着在某种程度上已经潜意识地接纳一系列西方标准。这些强化了美国等西方国家的"软实力"，有助于这些国家和其他经济体的经济融合，带来间接力以及相关的安全利益。

由于对国家能够控制运输体系和通信网络到什么程度存在诸多疑问，所以交通和通信的直接力是有限的。虽然国家能够通过关闭其领土、领海和领空控制运输体系，但现实中许多消极的经济制裁或阻止毒品走私失败的案例证明：国家边界是可渗透的，并不足以规制私人企业为了寻求经济开发无视政治边界的行为。通信体系的复杂性使其难以受到国家的控制，媒体和通信网络的控制也不确定。一方面，互联网的快速发展和信息革命的深化带给个人的权力越来越大；另一方面，政府在官网主页公示的政策和信息表明政府通过互联网控制也增加了权力，就像过去政府用同样的方式控制铁路、电报和卫星等新交通与通信体系一样。

除此以外，由于脆弱性水平不同，交通与通信对权力的影响具有不确定性。例如，朝鲜、伊朗等国家通过极力限制互联网和卫星电视的进入，减少由此带来的他国政治影响。有些国家则通过寻求可获得性保证本国的经济安全，例如中亚国家通过建设新的跨里海运输通道减少对俄罗斯的依赖。

（5）能源

任何经济的正常运行都离不开能源。能源的生产和供给对工业生产、运输体系的运转、满足国内使用者对光和热等的需求都至关重要。缺乏稳定的能源供给甚至导致国家陷入严重安全意义上的经济崩溃。自工业时期开始，对能源重要性的认知使任何国家都想要极力控制能源的供给，国家间的竞争和冲突不断。海湾战争就是这样一个例证，发达国家一直期望通过一场战争来确保自己的石油供应。一些观察者预言，东亚地区对能源需求和供给的变化，可能会成为该地区的一个新的冲突源。

来源于能源的直接力表现在国家有意识地控制其他国家能源供给和生产能力的能力。向其他国家提供能源供给，有效增加能源生产以及经济发展的技术是典型的积极支持；限制向其他国家提供能源供给和新能源技术则是消极制裁。能源储备在全球能源市场规模所占比重可以让一个国家获得能源的间接力。美国作为世界最大的单一能源消耗国明显地具有影响其他国家的力量，美国对能源资源的需求增强会导致其他国家能源价格提高，影响能源输出国的政治和经济政策。

国家控制能源的直接力的手段多样。为了强制一些国家改变其国内和国际政策，国家通常对其他国家实施能源禁运。但是，在国际机构赋予合法的多边制裁的范围外，国家或国家集团长期控制能源供给的能力存在问题。20世纪60年代末至70年代，根据石油输出国组织（OPEC）数据，生产者能够利用抬高石油价格保证日本和欧洲等依赖石油进口的国家做出外交让步。当前，由于石油输出国组织内部政策分歧对石油市场的控制已经被生产者、跨国公司和市场所瓜分，石油输出国组织对石油价格的影响能力下降。对国家来说，这种混乱局面意味着为了控制能源供给（无论是作为生产者还是消费者），国家需要再次与非政府企业合作。许多公司仍然以国内为基地且部分由政府拥有，国家可以在法律和金融上控制有实力的公司，因此对其他国家能源生产技术提供的控制更明显。需要特别提出的是，核能技术具有明显的安全意义，因此国家通过严厉限制海外出口、《不扩散核武器条约》、国际能源机构等方式坚决控制核能技术。

所有国家对能源供给的剥夺都是脆弱的，但能够利用一定程度的弹性、适应性、替代性和可获得性来应对。因此，第一次石油冲击后，日本就已经开始寻求减少总能源需求的方式，通过储存化石和核燃料、研究可选择的能源供给和增殖反应堆技术，努力减少对外部能源供给的需求，通过多样化能源供给尽可能摆脱对中东石油的过度依赖。

（6）经济援助

外国援助是"资源从一个政府特许转向另一个政府"。通过诸如欧洲复兴开发银行（EBRD）和亚洲开发银行（ADB）等国际机构，双边地或多边地转移产品、设备或技术形式的资源。经济援助可以分为两类：旨在为短期减轻自然和人为灾难的人道主义援助和旨在为长期增长和经济稳定的经济发展援助。提供援助的条件包括"捆绑"和"不捆绑"：前者指接受国有义务把援助使用在特定项目上，且该项目需采购来自于援助国的企业产品和服务，后者则包含较大的赠予成分。

因为援助国能为接受国提供消极的经济制裁和积极的经济支持，从而把其拖进一种依存关系，因此经济援助会产生直接力。相似地，在经济和政治危机中，人道主义援助能作为一种积极经济支持来加以运用，发展援助则可看作是用于减轻和平息许多冲突和安全问题的根源性的经济原因。

援助普遍地存在于政府的"赠予"当中，因此援助成为国家为了安全结果而最容易积极使用的经济力之一，但在实际援助过程中，国家在双边基础上分配援助的自由可能会受到限制。有些国家由于公众和非政府组织可能反对援助那些被认为是安全的威胁或在人权等方面有不良记录的接受国，例如，20世纪90年代公众的主张是限制日本援助朝鲜的因素之一。援助国在双边基础上为了安全目标操纵援助的灵活性，为了与在国际机构内的影响程度一致也要受到诸多限制。20世纪70年代，美国能够利用其在世界银行中的权力阻止给智利萨尔瓦多·阿连德政府提供援助贷款，但其他国家在国际机构中的地位可能无法形成这样的影响。援助国缺乏接受国的相关文化和援助形式的专业知识，或接受国不情愿接受来自外部政府的直接援助，也可能使实施援助面临困难。在这些情况下，国家可能不得不利用中立的非政府组织的专业知识支持和分配援助，努力把这些援助纳入安全政策当中。最后，国家为了安全政策利用援助的能力还取决于援助国承受长期提供援助成本的意愿。援助确实能够获得接受国的好感，同时也能够激起接受国更高的期望，援助国会发现在持续援助的基础上很难达到接受国满意的程度，援助本来有机会为接受国的经济发展和稳定发挥作用，但在这之前明显地缩减援助，就可能意味着其安全效果很快消逝。

限制援助的经济力发挥效力的其他因素主要包括脆弱性，以及国家可能利用弹性拒绝援助，从而避免明显依赖其他国家或不得不牺牲其可预见的安全利益。比如，1998年初，面对日本制裁威胁时，印度和巴基斯坦仍然继续它们的核试验。自1994年以来，朝鲜政府就已经接受了各种形式的援助，如果它相信援助增强了其对邻国的依赖，就会准备放弃接受援助并忍耐饥荒的条件。有些国家可能利用可获得性寻求可选择的援助提供者，例如，在"冷战"期间，为了接受建设阿斯旺水坝的援助，埃及在20世纪50年代把对美国的依赖转向了苏联。

（三）维护国家安全的经济手段

1. 经济手段的本质特征

在良性发展的国际经济背景下，经济手段作为政治经济与安全之间联系的结果，在维护国家安全中发挥了更大的作用。根据国际经济影响程度、国家平衡财富增长和安全最大化的做法，国家可分为不同的类型。一般来说，国家越大，对国际经济的影响以及经济与安全的关系的感觉越不明显，超级大国最不显著。在"冷战"期间，经济与安全的关系没有被看作是典型的"高度安全问题"。"冷战"结束，随着国际经济的持续扩张以及国际体制中国家的数量日益增加，出现更多小国，更为重要的是所有国家与过去相比都像"小国"，因此，在国际经济影响程度日益深化的背景下，经济与安全的关系也越来越密切，经济外交在国际关系中发挥越来越重要的作用。一方面，随着东欧剧变和苏联解体，传统军事威胁极大减弱，西方盟国之间的冲突增加，这些争端大多围绕着经济或与经济有关的内容展开。另一方面，国际体制中规模较小、对市场更敏感的经济体的数量大大增加，它们面临经济手段时相对较为脆弱。另外，美国、德国和日本等世界大国既要保持全球利益，又不愿意武力解决大多数冲突，经济手段在维护国家安全中的作用就更为突出了。

（1）惩罚与激励

"冷战"结束后，作为惩罚或阻止由某些国家导致的潜在不稳定行为，特别是在涉及核扩散行为上，经济制裁和激励外交政策手段被频繁使用。但是，经济惩罚和经济激励产生效力的条件这一问题上存在很大分歧。

加利福尼亚大学的伊特尔·索林根（Etel Solingen）是较早对经济制裁进行深入研究的学者。她认为，单独的制裁通常不能带来期待的行为上的变化；制裁不是战争的替代物，通常可视为武力干涉的前奏；即使相对较小的国家也能抵制制裁。以上述观点为代表的传统理论基本支持经济制裁"不起作用"的观点。但是，鲍德温则认为，经济制裁"不起作用"的认识是建立在许多错误基础之上的。他认为由于缺乏考虑经济制裁被实施的原因、成本比较、背景分析，导致了低估制裁的相对效用。

被设计用来惩罚某一国家并改变其行为的经济制裁还有可能因为其他原因被实施。其中，一个重要的原因是发出信号，即经济制裁能够向外界（包括友国、敌对国和中立国等）发出制裁实施方反对的行为和将采取的惩罚或阻止步骤的信息，警告其他企图从事相同不良行为的国家，起到震慑作用。经济制裁的成功与否很大程度上依赖于政策被设计的适用范围所产生的结果。

认为经济制裁"不起作用"，通常存在与维护国家安全的其他手段如军事手段的不明确比较。军事手段"起作用"吗？这是一个古怪但根本的问题，明显地，军事手段经常失败。维护国家安全的成功以政治结果来衡量，例如，成功的政治收益必须要超过维护国家安全的某种手段（政治和经济的）的成本。现实中，存在许多军事手段不成功的例子，甚至有更多的案例说明军事手段的使用成本高于成功的政治收益。依据此类比较，可以得出军事手段"不起作用"的结论，但事实并非如此。其实，抽象意义上认为经济（或军事的）手段"不起作用"是没有意义的，在考虑选择与不同手段相联系的收益和成本时，应该重点确定何时采用何种手段会更加适合国家的"最理想"的政策，即没有能够保证成功的战略，只有适合"最理想"的政策实施的策略选择。

一项特殊制裁的绝对力量无法评价。制裁取得成功的预期依赖于被制裁者愿意牺牲的程度，情况不同结果各异。不能简单地说，国民生产总值（GNP）减少10%的贸易禁运是否"起作用"。最有可能的情况是存在着其起作用的情况，也存在着其不起作用的情况。经济制裁是否发挥作用还要取决于在两个过程中所体现的关系——被迫接受的经济制裁与被制裁国家经济困难水平之间的关系，以及被制裁国家的国内的经济困难与其政策变化之间的关系。经济制裁不起作用通常意味着面临两种情况之一：制裁不能导致经济困难，这种困难不足以改变政策。

目前，围绕如何衡量经济制裁的有效性和相对效力、经济制裁相对于军事力量的成本标准以及经济制裁的发展趋势等问题仍然在激烈争论。但是，在加强经济制裁效用的主要因素方面还是存在一些共识，即清晰的目的、多边或集体的执行、被制裁国家内部反对力量的支持、军事力量的威胁与实际使用。①

学界基本都认同，在"维护国家安全的经济手段"的使用上积极诱导的"萝卜"比消极强迫的"大棒"更为有效。伊特尔·索林根强调目标国家身在其中的"国际化联合"的重要性，认为通过经济与政治一体化和全球化提供充分的激励能克服来自反对全球经济和不扩散条约的"对抗联盟"的抵制。保罗·斯戴尔斯（Paul Stares）关于激励成为多边或单独制裁的替代政策工具问题，提出了很有吸引力的观点。他认为，激励本质上比惩罚更具有吸引力，施加较小的压力，采用温和的手段也有可能更具直接作用；它能被单边使用，廉价使用，可能更有效反对非国家行动者。不足之处在于评估有效性方面存在困难；如果成本不被分担，免费搭车者可能得到好处；道德风险的认识和目标国家地位可能不知不觉地增强。

（2）影响与依赖

比惩罚和激励更为微妙的是"影响与依赖"的政治经济关系。依赖来源于经济关系上的不对称，这种不对称某种程度会改变国家的优先选择。阿尔伯特·赫希曼（Albert O. Hirschman）在《国家的权力与对外贸易的结构》(*National Power and the Structure of Foreign Trade*) 中研究了德国战争期间的贸易关系，论述了德国如何培养了同东南欧洲小国的一系列不对称的贸易关系，作为其"二战"前重要组成部分。在不对称经济关系中，小国参与者对"影响与依赖"比相对大国的合作方更加敏感。赫希曼以德国和保加利亚间的贸易为例，双边贸易德国占保加利亚贸易总额的一半以上，保加利亚只占德国贸易总额的2%—3%。很明显，保加利亚对贸易依赖相对德国更为脆弱，这为德国提供了相当大的杠杆控制保加利亚。

---

① Scott Snyder. Economic Instruments to Achieve Security Objectives: Incentives, Sanctions, and Non-Proliferation, CGP-SSRC SEMINAR SERIES, 2000.

但是,影响与依赖不主要体现为杠杆或威压。与约瑟夫·奈提出的"软权力"类似,它不强迫他人做你希望做的事,而是"让他人想你所想的事"。包括歧视贸易协定在内的经济关系或区域货币等改变了每个参与国的政治经济,在不对称的背景下,这种变化几乎完全发生在小国,小国的利益聚合到支配国家的利益中。主要原因体现在三个方面:贸易合作中,从中获益的国家相对于没有获益的国家来说得到了增强,这种增强转化为政治力量。国家颁布新的贸易协定时激励格局被改变,行动者能对应这些激励,通过形成政治联盟提高利益。建立在激励基础上的决策会支持企业持续参与国家政治活动,企业也会把政治力量运用到国家的政策目标上,中央政府的利益在超出国内政治压力的影响下被重新塑造。

当前,经济手段实现政治目标的国家不断地通过强化"影响"而培养"依赖"。与依附性不同,在依附性中权力被用来强化经济的榨取,而依赖关系能使小国从绝对和相对方面获得经济上的益处,这恰恰是大国产生"影响"的来源。[①]

(3) 自治

全球化的国际市场力量以各种方式挑战国家权力——作为自治行动者的国家行使职责的能力。自治与自治中的"影响与依赖"不同,自治的问题主要指国家同非国家力量——市场、企业和个人——相比的权力。这些国际市场力量能够限制和压制政策,侵蚀所有的国家权力。

日益增加的、对国家自治的挑战表现为不断扩张的国际金融网络、庞大的外汇市场、愈加复杂的国际企业内贸易、向外国投资的竞争、大规模的人口迁移流动等。这些市场力量给国家带来三个问题:民间行动者可能会从事与政府政策目标产生分歧的活动,对一些重要政策形成政治障碍。应对跨国民间行动者时,政府是否具有法律权力或实践能力执行其选择的政策,还涉及国防自治,国家能否控制与国家安全相关的关键产业。金融、外汇和外国投资领域产生市场反应,会削弱甚至迫使国家撤销首选政策。国家对政策可能导致的资本外逃、针对本国货币的投机活动,阻碍外国投资可能性应该保持高度敏感。

---

① Scott Snyder, Economic Instruments to Achieve Security Objectives: Incentives, Sanctions, and Non-Proliferation, CGP-SSRC SEMINAR SERIES, 2000.

金融全球化增强，缩小了宏观经济政策的自治权，影响了国家增加国防支出、动员军事力量的能力，甚至会从事被认为具有战争风险的行为。宏观经济政策自治权的有限性不仅局限于小国，例如，20世纪80年代早期，法国在无法容忍持续的资本外逃和18个月内法郎连续三次贬值后，密特朗政府被迫改变了方针，放弃了其扩张性的宏观经济政策，引入了比他的保守派前任更具有限制性的严厉措施。在这个案例中，虽然法国的国家安全没有受到威胁，国防政策也没有针对明显的威胁，但由于金融全球化还是相对容易地出现了金融风险，产生了波及国家安全的可能性。

当前，国家自治（主权）日益受到来自不同方向的挑战，政策的选择也越来越受到限制。在这个问题中所有的国家正在变成"小国"。虽然这些全球市场力量能导致国际关系多种模式，但是对安全的不断增加的经济影响是不可避免的。如果国家对正在扩张的国际市场力量的反应是再次主张自治，那么对国际经济的可能认识将会增强"影响和依赖"的意义。如果市场是未加限制的，那么对政策自治的限制将变得更加常规。①

2. 经济手段的表现②

日本学者长谷川将规根据战略目标，把维护国家经济安全的经济手段划分为八种类型（战略）：信号、强化、遏制、强制、收买、抵消、榨取、诱导（对这八种类型的经济手段的详细阐述见第二章第二节）。这里重点分析维护国家安全的八种经济手段与一般意义上的经济手段的关系。

（1）与经济制裁的区别与联系

维护国家安全的经济手段首先想到的类似概念是经济制裁。所谓经济制裁一般指通过经济损害或造成这种损害的威胁的方式来努力使目标国改变其政治行为。有些研究认为，除了可以改变政治行为外，经济制裁的目的还包括推翻目标国政权、表明决心和增加不快感等。如果从广义上假设经济制裁的目的，经济制裁基本上与"消极的经济手段"意义相同。

直到20世纪90年代初，在国际政治学中关于经济手段的研究大多数关

---

① Scott Snyder. Economic Instruments to Achieve Security Objectives: Incentives, Sanctions, and Non-Proliferation, CGP-SSRC SEMINAR SERIES, 2000.
② 長谷川将規:『経済安全保障——経済は安全保障にどのように利用されているのか』，日本経済評論社，2013年，第28—47頁。

注经济制裁作为消极的经济手段的利用。"维护国家安全的经济手段"在很长时间让人立刻联想到的手段便是经济制裁。

但是，经济制裁与经济安全绝不能等同，二者之间存在不能忽视的重要差别。首先，经济制裁的目的未必仅局限于国家安全（减少针对本国核心价值的威胁和恐惧）。例如，尽管本国的核心价值未受到侵害（即尽管作为国家安全的性质不明显），但为了考虑特定行业的利益采取禁运等措施。

其次，经济制裁一般表现为"消极的经济手段"，经济安全还包括"积极的经济手段"和国家自身的努力。经济制裁是通过禁运和资产冻结等手段向目标国施加经济损失或者产生类似损失的威胁，主要依赖于消极的经济手段。经济安全不仅体现为消极的经济手段，还包括提供资金和给予最惠国待遇、在扩大经济交流和货币操作方面的合作，给目标国带来经济利益的积极的经济手段，以及通过促进出口和经济增长的方式提高本国的经济、军事能力，或者通过多元化贸易伙伴关系和经济的地区主义使来自于外部的经济不良影响得以缓和的自身努力的经济手段。

如果把经济制裁限定在维护国家安全的目的加以利用，经济制裁就构成了经济安全的重要组成部分（"强制"、"遏制"、"消极"的信号）。但是，经济制裁只是经济安全的一部分，经济制裁的概念不能代表"维护国家安全的经济手段"的全部。

经济制裁某些场合被定义为对违反国际法的国家施加经济损害使其停止违法行为的行为。这个意义上的经济制裁只是假定为与经济安全不同的消极的经济手段，目的主要是阻止违反国际法的行为，未必限定在维护国家安全的目的。

（2）与经济战的区别与联系

经济战是与经济制裁同样被广泛使用的专有名词，但其含义在不同研究者之间存在差别。经济战是使敌对国的经济、军事力量弱化的行为，所有的研究者在这一点上都达成共识。但是，在针对这一问题所要采取的手段上，有的研究者认为有经济手段和军事手段，有的研究者认为只局限在经济手段。

克劳斯·科诺尔认为，所谓经济战是指"在与本国相比的情况下，使敌对国的军事（以及经济）力量的经济基础弱化"的行为，"弱化敌对国实力的经济基础"是其"直接目的"。他提出不仅要使用经济手段，还应包括海上封锁和对工厂的空中打击等手段。

迈克尔·马斯坦杜诺（Michael Mastanduno）认为，经济战指"通过夺取国际上经济交易的利益而使目标国的经济或经济潜力弱化"的行为。他提出"国家为了最终使敌对国的军事力或者军事潜在力弱化，作为能使敌对国的经济潜在力弱化的手段可能会利用经济战"。罗伯特·佩普（Robert A. Pape）认为经济战指"在平时的军扩竞争或者战争时期，为了弱化敌对国的军事力而使敌对国的经济潜力全体弱化"的行为。

马斯坦杜诺和佩普都没有明确说明经济战的手段，但二者都把海上封锁（利用海军力量来阻碍海上交通）作为经济战的案例提出。可见，他们都没有把经济战仅仅限定在经济手段上。

上述学者基本都认为，经济战是为了使敌对国的经济力和军事力弱化的行为，乍一看与经济安全的"遏制"十分相似。但是，与经济安全把手段仅限定在经济手段相比，他们定义的经济战还包含军事手段，在这点上经济安全与经济战存在本质不同。

吴媛莉（音译）（Yuan-li Wu）把手段限定在经济手段上使用经济战这个名词。他认为，所谓经济战是指为了提高本国的相对经济强势或者为了直接或间接地削弱敌对国相较自己的经济强势——敌对国发动战争的经济能力——的所有经济措施。尽管吴所定义的经济战立足于消极的经济手段，但从利用经济援助征服中立国从而停止从中立国向敌对国出口这点来看，没有排除利用积极的经济手段。故吴所定义的经济战与之前研究者的"经济战"的定义相比，更加接近经济安全范畴，包含了经济安全的"强化"、"遏制"和"收买"等。

吴所定义的经济战虽然不排除积极的经济手段，但明显更强调消极的经济手段，且仅针对战争时期的敌对国着重使用经济手段。经济安全想定的是国家从维护安全的角度出发，利用包括积极的、消极的以及自身努力的经济手段，且不仅限于战争时期使用还应该包括和平年代，既针对敌对国也包括友好国。经济安全超出吴所定义的经济战作为焦点的敌对国战争能力的弱化和本国能力的相对提升，包含更广泛的维护安全的目的（如信号、诱导等）。

（3）与经济外交的区别与联系

经济外交一般来说是作为在应对经济问题的外交意义上的名词而被使用，是以解决经济问题为目的，其手段是外交。与之相对，经济安全则以维护安全为目的，手段是经济手段。

经济外交也可以认为是为了实现国家的经济利益，在对外政策上该国政府动员本国的可能资源而进行对外干涉的一种形式，在这个意义上的经济外交是以所有的手段为前提的。经济安全完全是限定在经济手段之上的。经济外交以实现各种经济利益为目的，在这个意义上的经济安全是以维护安全为目的的。在有些场合，国家为了在对外政策上行使具有影响力的经济手段，也会使用经济外交，这种意义上的经济外交与经济方略基本可以等同。

（4）与经济方略的区别与联系

在与经济安全类似的概念中，与经济安全最为接近的是以鲍德温为代表的被广泛使用的经济方略（economic statecraft）。鲍德温把经济方略定义为"主要利用具有以货币为单位的市场价格之类可以看得见的产品，尝试行使影响力"，即通过经济手段行使影响力的尝试。通过经济利益或经济损害使目标国向着实施国期望的方向运动，鲍德温把前者称为"积极的措施"，把后者称为"消极的措施"。丹尼尔·德茨纳（Daniel W. Drezner）、白永辉（Jean-Marc F. Blanchard）、诺林·里普斯曼（Norrin M. Ripsman）等人的观点与认识基本与鲍德温相同。

经济方略将手段限定在积极和消极两方面的经济手段上，从这一点来看，经济方略是与经济安全极其接近的概念。但是，经济方略与经济安全还是存在一定差别。

经济方略具有比维护安全更为广泛的目的（对外政策全体）。经济方略不仅限于维护安全的目的，也可以是为了追求广泛的对策政策目的。例如，一方面，鲍德温提出了实现"抑止战争、获得或维持同盟国、弱化和强化其他国家同盟"等安全目的；另一方面，他也提出了修正其他国家的关税率和对待民间对外投资的态度、改变其他国家的经济增长率和经济体制等与安全非密切相关的目的。马斯坦杜诺也把经济方略定义为"为了实现对外政策目标"的经济手段。

经济手段的内容和对象不同。经济方略想定的是把其他国际行动者作为对象的消极或者积极的经济手段。经济安全不仅如此，还包括为了本国的自我努力，例如，通过本国的经济增长提升（"强化"）本国的经济实力和军事力，通过本国持续的经济增长向国际社会炫耀本国的能力（"信号"），通过本国贸易网的多元化和替代品开发等缓和来自外部的不良经济影响（"抵消"）等。

以鲍德温为代表使用经济方略的研究者把具体手段聚焦在贸易和资本上，忽视其他要素。鲍德温在其代表著作《经济方略》中提出的各种具体手段只包含了贸易和资本，没有涉及货币等其他手段。经济安全不仅包括贸易和资本，还有货币、技术、能源等具体经济手段。

（5）与经济强制和经济刺激的区别与联系

德茨纳认为经济强制指，"被称为发动国的国家或者各国家的联合针对被称为目标国的国家，如果不遵从已表明的政治要求就会断绝经济交流的威胁或行动"；经济刺激指寻求某种让步的行动，即"发动者向接受方的利益转移"。

本质上经济强制和经济刺激的目的是寻求对方的政治让步，但其具体的内容以及是否限定在维护安全的目的，则未必明确。

根据德茨纳关于俄罗斯的经济强制的研究，俄罗斯的经济强制的目的包括俄罗斯军队的驻留（对近邻各国）、确立能源产业的支配权、保护少数派的俄罗斯人、牵制向欧美的靠近等，任何一个都与维护安全相关。德茨纳关于经济刺激的研究发现，美国为了促进以色列和埃及的和解约束两国经济援助，西德为了迫使苏联军队撤出东德向苏联提供资金，日本为了使北方领土返还向俄罗斯暗示经济援助等，都能够解释其维护安全的目的。

假如经济强制和经济刺激是被限定在维护安全的目的上的概念，经济强制与经济安全的"强制"、经济刺激与经济安全的"收买"是等同的。在这种情况下，在维护安全的目的和限定在经济手段这两方面，经济强制和经济刺激与经济安全具有共通性。

但是，即使经济强制和经济刺激的目的能够像上面的假设那样来解释，这样的概念也仅反映了"维护安全的经济手段"的一部分。正如维护国家经济安全的经济手段的八种类型所述，维护安全的经济手段不仅有"强制"和"收买"，还有为达到其目的的其他经济手段。

尽管经济强制和经济刺激的概念被限定在经济手段上，与经济安全具有共通性，但经济强制只包括消极的经济手段，经济刺激只包含积极的经济手段。而经济安全则包含消极、积极和自我努力三种类型的经济手段。与经济强制和经济刺激的对象是面向其他国家行动者所发动相比，经济安全则除了面向其他国际行动者之外还有面向自己国家的自我努力。

(6) 与货币权力的区别与联系

乔纳森·科什纳（Jonathan Kirshner）认为，货币权力是指为了"与维护安全相关联的目的或者其他非经济目的"，利用"对货币的价值和使用以及其他属性产生影响的协定和行动"，"对其他国家的偏好和行为产生影响"。科什纳还通过阿加迪尔危机时期法国从德国撤回资金、第一次世界大战时期美国金融支援（阻止法郎和英镑暴跌）、20 世纪 30 年代后期日本在中国发行傀儡货币、"二战"时期德国伪造英镑等案例，分析了利用货币维护安全的方式。

在维护安全以及限定在经济手段方面，货币权力与经济安全具有共通性，但二者也存在一些区别。第一，货币权力想定为消极的和积极的经济手段，而经济安全除此以外还有自我努力。第二，货币权力的具体手段是专门利用货币，经济安全不仅利用货币，也利用贸易、资本、技术等。第三，货币权力是面向其他国际行动者发动的，经济安全不仅面向其他国际行动者，还面向本国的自我努力。

单纯强调货币的"货币权力"，容易完全排除贸易和资本等其他重要的经济手段。不可否认，在货币经济凌驾于实物经济之上的当代全球经济环境下，货币的利用是有效的经济手段。但是，这不能改变贸易和资本等货币以外的手段仍然是重要经济手段的事实。为了更加综合地考察"维护国家安全的经济手段"，必须包含所有手段的概念。

(7) 与对外经济政策的区别与联系

一般来说，对外经济政策意味着与其他国家的贸易和资本交易相关的经济政策和外交干涉。但是，如果是为了维护安全的目的而被利用时，对外经济政策就是与经济安全具有关联性的名词。

拉尔斯·斯卡尔恩斯（Lars S. Skalnes）把对外经济政策作为与贸易和投资相关的经济优惠政策使用，考察其对同盟关系的影响。斯卡尔恩斯认为，对外经济政策"作为战略工具"具有三点贡献：通过深化经济关系，在同盟国及自己国家内部培育支持同盟的政治势力并强化同盟的关系（"诱导"）；传达对敌对国的抵抗和对同盟国的支持的信息（"信号"）；以及强化同盟伙伴的军事力（"强化"）。

斯卡尔恩斯的对外经济政策明确地意味着为了同盟政策而利用经济优惠政策，即为了维护安全的经济手段。在这一点可以说对外经济政策在目的

（维护安全）和手段（经济手段）两方面与经济安全具有共通性，但二者也存在一些差别。第一，经济安全不仅包括想定的对外经济政策的战略目的（"诱导"、"信号"、"强化"），还具有更加广泛的战略目的。第二，对外经济政策所想定的经济手段是单一的积极的，而经济安全则包括消极的自我努力。第三，对外经济政策把具体的经济手段聚焦于贸易和资本，而经济安全则包括货币、技术、能源等。

（8）与经济联系的区别与联系

兰德尔·纽纳姆（Randall E. Newnham）在研究中使用了"经济联系"（economic linkage），将其定义为"为了实现政治利益而利用的经济手段"。纽纳姆虽然没有明确论述政治利益指什么，但行文中暗示的主要还是指安全上的利益。实际上，他的研究聚焦于德国和俄罗斯的各种安全问题。

纽纳姆还进一步把经济联系区分为"特殊的经济联系"和"一般的经济联系"。所谓"特殊的经济联系"是指为了使目标国采取"某种特殊行为"利用经济，包括利用消极经济手段，例如，为要求苏联从阿富汗撤兵，美国对苏联实行谷物禁运；利用积极经济手段，例如，日本为得到周边国家的承认和更广泛的国际支持为东南亚、拉美和非洲各国提供经济援助。所谓"一般的经济联系"指不是对目标国特殊行为而是对其"全体行为"产生影响利用经济，包括利用消极经济手段，例如，"冷战"期间美国对东方阵营禁止技术出口；利用积极经济手段，例如，在缓和时期美国促进与东方阵营的经济交流。在实施这两种经济联系时，国家会利用融资、关税操作、货币流通、提供先进技术、利用国际组织融资等所有经济手段。

从上述意义看，经济联系聚焦于维护安全上的目的并把手段限定在经济手段上，在这一点可以说经济联系是与经济安全极其相似的概念，但二者还存在一些重要区别。第一，经济联系是为了改变其他国家的行动而进行的，经济安全不仅要改变其他国家的行动，还有提高自己国家的实力（"强化"）、缓和自己国家的经济脆弱性（"抵消"）、向国际社会呼吁抗议目标国家的不正当性（"信号"）等更加多样化的安全上的目的。第二，经济联系想定为积极的或消极的经济手段，经济安全除此以外还包括为自我努力的经济手段。第三，经济联系以其他的国家行动者为对象，而经济安全不仅以其他的国际行动者为对象，也包含面向自己国家的自我努力。

总之，从目的、手段、对象的每个方面分析，经济安全的概念比经济联系包括的范围更广。

（9）与经济诱因的区别与联系

威廉·朗恩（William J. Long）在研究中使用了经济诱因（economic incentives），是指"从贸易、技术转移而得到的经济利益与政治让步的交换"，是"为了促使国家政治行为的变更，通过经济利益的约束或者提供而被行使的权力的一种形式"。

朗恩没有明确"政治让步"和"政治行为的变更"具体意味着什么，但是，通过美国从维护安全的考虑出发为瑞典、中国、捷克斯洛伐克提供各种经济利益这一案例，能够得出其主要指维护安全上的问题这一结论。

朗恩认为，所谓经济诱因指"长期的而且不是明显'强制'的但却是明确地使目标国行为向着期望的方向发展的手段"，即经济诱因是长期地向目标国提供经济利益，以产生长期的影响为目的，与通过提供特殊的短期利益旨在修正特殊的短期目标国行为的政策存在差别。朗恩把后者称为经济刺激，但经济刺激与经济诱因是存在差别的。

朗恩把经济诱因的手段限定在经济手段，目的聚焦在维护安全，从这一点可以说经济诱因与经济安全是共通的。这个意义上的经济诱因与经济安全的"诱导"更为接近。

经济安全与经济诱因存在区别。第一，经济诱因以修正在维护国家安全上重要的目标国的行为为目的，经济安全不仅要修正目标国的行为，而且有着更加多样化的维护国家安全上的目的。第二，经济诱因把经济手段限定在积极的方面，经济安全则包含消极的经济手段和自我努力。第三，朗恩把经济诱因的具体手段集中在贸易和技术转移上，经济安全不仅限于此，还包含资本、货币、能源等所有的经济手段。第四，经济诱因只是想定为对其他国际行动者的作用，而经济安全则还包括面向自己国家的自我努力。

总之，从目的、手段、对象的每个方面分析，经济安全的概念比经济诱因包括的范围更广。

（10）与经济干预的区别与联系

一般来说，经济干预在通过经济交流改变政治关系的意义上使用。例如，通过经济交流在传递友好的意愿和经济利益重要性的信息的同时，在目标国国内培育合力向前的政治势力，并且在国际社会规范下使目标国社会化，据此引导出目标国家的协调行为的政策。

经济干预把手段限定在经济手段，这一点与经济安全具有共通性，如果在维护安全的目的上被利用，则与经济安全的"信号"和"诱导"相当。

在国际政治中对经济手段进行出色研究的马斯坦杜诺也经常使用"经济干预"一词。马斯坦杜诺认为经济干预是指通过"培育经济上的相互结合，即培育作为有意的国家战略的经济相互依存"，产生"目标国对外政策行为上重要且能预测的变化"；"与其说使目标国从事想做的事，不如说使目标国也期望做实施国家所期望的事"，以此运作的"长期战略"。

马斯坦杜诺提出的经济干预在把手段限定在经济手段上这一点与经济安全具有共通性，如果在维护安全的目的上被利用，则与经济安全的"诱导"相当。但经济干预与经济安全存在一些区别。第一，经济干预所利用的经济手段限定在积极的方面，经济安全不仅利用积极的经济手段，还有消极的经济手段和自我努力。第二，经济干预多数意味着主要利用贸易的经济交流，经济安全除贸易以外，还利用各种其他具体经济手段。第三，经济干预是被限定在维护安全上的手段还是从更加广泛的政治目的来被利用并不明确，经济安全则明确限定在维护安全的目的。第四，经济干预是对其他国际行动者的作用，而经济安全不仅针对其他国际行动者，还包括面向自己国家的自我努力。

总之，经济干预与经济制裁同样是构成"维护安全的经济手段"的重要部分，但绝不是全部。

(11) 与经济援助的区别与联系

经济援助、对外援助、经济合作这些名词作为体现经济层面的国际支援和合作被广泛使用，并经常能够互换使用（为了方便论述，后文统一使用"经济援助"）。经济援助的本质是提供资金和技术，现在所指的政府开发援助（ODA）也是一种。经济援助的目的包括受援国的经济发展、确保出口市场和原材料供给、人道主义、强化与受援国的关系几个方面。

经济援助可以提供资金与技术，并依靠经济手段进行，在这一点上，可以说经济援助与经济安全具有共通性。为达到维护安全的目的，经济援助开展的场合与经济安全的"信号"、"强化"、"收买"、"抵消"等相当。例如，通过经济援助，可以体现出友好的意愿（"信号"），支持在维护安全上重要国家的经济基础（"强化"），在维护安全上的重要事件取得目标国家的同意（"收买"），以及缓和受困于经济制裁的目标国家的困境（"抵消"）。

经济援助与经济安全存在重要的区别。第一，经济援助的目的未必限定在维护国家安全，经济安全的目的完全限定在维护国家安全。第二，经济援助把经济手段限定在积极的方面，经济安全不仅利用积极的经济手段，还有消极的经济手段和自我努力。第三，经济援助是对其他国家行动者所发动的，而经济安全不仅针对其他国家行动者，还包括面向自己国家的自我努力。

通过上面的分析可以发现，与相关的类似概念相比，从"维护国家安全的经济手段"的全面性来看，经济安全的表述似乎更为妥当。第一，上述的类似概念都不能把握经济手段的全面性。例如，"经济制裁"、"经济战"、"经济强制"都只是想定为消极的经济手段；"经济刺激"、"经济联系"、"经济诱因"、"经济干预"、"经济援助"都仅想定为积极的经济手段。"经济方略"虽然想定了积极的和消极的两方面经济手段，但主要集中于贸易和资本方面，具有轻视货币等其他具体经济手段的倾向；"货币权力"仅采取了利用货币的具体手段，未包含货币以外的具体经济手段。

第二，这些类似概念都包含着与经济手段不同的手段，例如，"经济战"包含军事手段，"经济外交"更加依赖于外交手段。

第三，多数类似概念没有把目的限定在维护国家安全，把这些概念作为如何利用经济来维护国家安全考察欠妥当。

第四，这些类似概念都只是把其他国家行动者作为发动的方向，不能采取面对自己国家的经济手段，例如，通过经济增长来提升本国的经济和军事力、通过贸易网络多元化和开发替代品缓和经济压力的自我努力的经济手段都未被概念涵盖，完全遗漏了经济在维护国家安全方面实现重要作用的侧面。

如果非要提出与经济安全类似的概念，最为接近的应该是"经济方略"。但就像前文论述的，这个概念的目的未必想定在维护国家安全，在轻视贸易和资本以外的经济要素以及排除自我努力这一点，难以体现为了维护国家安全的经济手段的整体性。

二、经济领域的安全范畴

经济领域的安全范畴主要涉及经济自身范围内安全的内容或维度，单纯寻求经济的"安全性"。广义的经济领域的安全范畴与宏观经济管理的目标基本是重合的。但是，如果仅从经济与安全（尤其是军事）的关系来看，经济领域的安全范畴主要涉及在资源稀缺的情况下安全与安全化的手段（主要是军事投入）与经济发展的关系，主要包括国防建设、军事投入、国防产业政策等对宏观经济的影响等内容，亦可称为狭义的经济领域的安全范畴。鉴于本书的研究视角和篇幅所限，本书主要对狭义的经济领域的安全范畴进行分析。

（一）安全尤其是军事对宏观经济的影响

自从古代雅典向它的帝国征税筹建舰队对抗斯巴达开始，在财富和军事力量之间，即在经济活动与国家安全之间一直存在着密切的联系。实际的军事化（包括维持高水平的军队和稳定的军事生产体制）必然会引起民用经济的消耗。当前过度的军事化会损害将来的经济动员潜力，因为最终还是民用经济反映经济的整体状态。

战争对国家经济发展的影响非常大。"冷战"期间，虽然没有发生大规模的军事战争，但是，美国和苏联两个超级大国仍然为战争做准备，它们被困在规模空前永无止境的军备竞赛中，研制、生产和淘汰了一代又一代的新武器，考虑到这些武器的破坏能力，双方绝不会走向战争。很多分析认为，在两个超级大国的高水平军事支出是反生产力的，从长期来看不可维持，在政治上和军事上"过度扩张"使国家变得更加痛苦，付出更多代价。[①]

在安全的经济可持续发展问题上，军事上"近视"的追求是否会侵蚀国家经济基础，越来越受到关注，尤其在"冷战"期间成为普遍关心的事务。苏联由于其令人惊愕的军事负担呈现军事一边倒的情况，在这种情况下仍担心美国的军事建设会对其经济造成破坏。保罗·肯尼迪（Paul Kennedy）的《超级大国的起伏》认为，超级大国的权力在历史上由于战略过度扩张引起的军事负担膨胀且不堪重负。吉尔平补充道，在成熟的霸权国家中，增加的国防支出压力会导致投资不断减少，导致经济增长率降低。美国沉重的军事负担（特别是与美国盟友如日本相比较时）通常被认为是经济困难和经济业绩

---

① Bjom Moller. The Concept of Security: The Pros and Cons of Expansion and Contraction, IPRA Secretary General Paper for joint sessions of the Peace Theories Commission and the Security and Disarmament Commission at the 18th General Conference of the International Peace Research Association (IPRA), Tampere, 2000.

下滑的源头。巴里·珀森（Barry Posen）和斯蒂芬·范·艾维拉（Stephen Van Evera）指出，"浪费的军事支出本身就是对国家安全的一种威胁，也正因此导致了美国经济的下降。"在国家财政收入有限的前提下，增加军事支出当然会挤占国家在民用部门上的投入，并且军事支出往往会优先得到国家在财政上的支持。

1945年以前，美国依托独特的地理位置，除了发生实际冲突，从未感觉到需要增强和维持强大的国防军队。因此，在"冷战"的前15年，大规模的军事开支产生持续的担忧并不令人惊讶。和平时期，空前的军费支出是否会产生破坏性的通货膨胀、税收或两者同时产生导致国家经济被破坏？但是这种担忧随着时间推移开始减弱，因为美国经济增长趋势健康稳定，国家资源投向国防的份额也普遍下降，虽然20世纪80年代这种趋势又猛烈地反弹。国防建设从20世纪70年代开始到80年代达到高峰，应该与美国国际经济竞争力明显衰退存在一定联系。随着20世纪80、90年代美国贸易和联邦财政赤字增长，人们开始重新审视美国过度扩张的战略，认为美国自身被正在扰乱其金融秩序和破坏其长期经济健康的世界范围的责任所拖累。摆脱这个陷阱的唯一办法就是美国放弃其外部负担，撤回海外军队，大幅度地削减其国防预算。

与美国相比，苏联在"冷战"中的过度军事扩张似乎更为明显，存在的问题也更为严重。"冷战"时期，苏联实际上已经把GNP的四分之一投向国防，是美国所承受负担的四倍之多，远超过一般设想。人们不得不承认过重的军事负担及其对经济发展的负面影响是导致苏联解体的主要原因之一。

但是，军事支出对经济发展的影响有多大？支出多少是"过度"？军事支出的有害程度是多少？这些还存在争议。以美国为例，根据军事支出占GNP的百分比，20世纪80年代前期军事支出增长迅猛，但是这个时期的军事负担低于20世纪50年代和60年代，而且美国的经济发展速度在20世纪80年代要超过美国大多数的盟友。由此产生"冷战"军费支出严重影响美国经济的激烈辩论。一方面，可能是一些人故意将军事负担看作是美国经济困难的首要原因，低估了综合的经济关系的复杂性，忽视了其他因素，而美国经济困难的问题更可能是其他因素导致的，例如过度消费、财政和贸易上的"双赤字"等。另一方面，军事支出的效果（很难衡量和跨国比较）受到诸如一个国家的发展水平和其在商业循环中的地位所影响，很难在国防支出和经济业绩之间做出准确的平衡。国防支出和经济业绩之间的关系仍然是一个复杂且有争论的问题，无论争论的最终结果如何都无法改变国防投入影响国内经济的事实。

军备竞赛如何运用，达到何种程度引发了两个超级大国各自的经济问题是一个重要的历史问题。现实中，关于军事过度扩张的争论还受到突发事件的影响而发生变化，比如，随着苏联的解体和"冷战"结束，争论的焦点从"持续高水平的军费开支的后果是什么"，转移为"实际大幅度削减国防开支对长期经济业绩的影响是什么"。

两个超级大国都面临着如何将国防支出中解放出来的资源重新用于提高产力和刺激增长。对苏联来说，努力把重军事化的、中央计划经济转向功能平稳的、民用导向的市场经济体制，这是关乎生存的大问题。对美国来说，重点不在于通过削减军费节省开支，而在于能否利用削减释放出来的资源提高国家的整体实力，特别是提高其国际竞争力。

问题的关键在于资源投向哪里，这部分地取决于可靠的政治决策。毫无疑问，减少国防支出能够减少财政赤字，实现较低的利率，增加私人投资。但由于预算过程的特定政治活动，节省出来的费用也能用于其他用途，如扩展非国防的政府项目。这些政府项目当中有一些能够提高生产力，如教育和基础设施改善；有些不会对国家长期经济健康做出贡献，如贴补中高阶层的利益。

削减军费——包括与国防相关的研究开发——能够降低高级有经验的科学家和工程师的总体的需求，压低他们的工资收入导致民用企业更容易雇佣他们从事商业研究与开发。民用企业不愿意在研究开发上投入更多有各种各样的原因，其中之一就是在熟练劳动力成本上没有任何举措。仅靠削减国防研究的支出可能效果不明显，还需要其他政府政策（如税法改革）促进商业研究和开发。除非有其他形式，否则，削减国防研究开发经费可能造成短期和长期的后果：短期内导致国家人力资源就业不充分，长期导致高级有经验的科学家和工程师的储备变少。

"冷战"结束为政府应该转变它的优先权和在支持多样的民用部门的国际竞争力上提供了更多独特的机会。如果政府这些年在与国防相关的研究开发方面花费减少的话，就可能有更多的资金花费直接投入到商业应用的研究上，把这种观点与上述的事实相结合，可以认为目前西方国家的政府对民用技术支出不足的原因不是资源的限制,而是因为思想。就像法国的一位研究者已经做出的解释那样,在美国已经存在着广泛的认可,尽管联邦政府部分承担支持基础科学研究和资助直接军事重要性的工作,但"参与商业技术开发不是政府的角色,这是私人企业的事情"。[①]

(二) 国防产业政策

国防产业政策(无论采取歧视性采购还是补偿需求)是当今被运用的最有争议的政策手段。根据各国政府、国际机构、军官以及经济学者等的批评,其中甚至已经声称这些政策是产生经济谬误的主要理由及政治民粹主义的主要支撑,而不是实现增加就业、实现发展和增长的承诺。这些批评认为这些政策减弱了本国在国防市场中的竞争力,降低了国防产业的生产力,政府只能得到二流的国防装备。尽管有这些严厉的批评,国防产业政策在许多国家的安全政策中仍举足轻重,并且近些年来这种趋势越来越流行而不是减弱。基于此种情况,分析国防产业政策的流行性与合理性之间的矛盾——国防产业政策应该被看作是一种可靠的安全战略还是一种经济谬误——显得十分必要。探讨这一问题首先需要重点考察两个问题:通过实施国防产业政策,国家政府想要实现什么目的? 国家政府通过实施国防产业政策来实现这些目的具有什么意义?

1. 国防产业政策概述

与其他大多数产业部门不同,国防部门在国家安全中的角色使其免除了大多数国际贸易协定的约束,且国家政府会为其提供其他产业无法比拟的支持和保护。结果是与其他多数产业相比,大多数国防产业要受到完全不同类型的规制和支持措施。

(1) 国防产业政策的不同类型

国防产业政策表现为多种形式和伪装,没有标准术语和官方词汇描述不同的政策手段。尽管如此,还是能够把国防产业政策大体区分为三个广泛的政策类型:与采购有关的政策(需求方面)、与研究开发有关的政策(供给方

[①] Aaron L. Friedberg. The Changing Relationship between Economics and National Security. *Political Science Quarterly*, Vol. 106, No. 2, 1991, pp. 265-276.

面)、国防出口规制。

与采购有关的政策还可以进一步细分为三种类型：歧视性采购（没有竞争的情况下直接购买）、补偿（对销贸易）、成本或生产共享（多边研发和生产）。这些政策手段共同地使国防权力机构保证其国内国防产业获得合同。但是，国防权力机构提供给国防承包商的利益的表现形式不同：补偿、成本或生产共享倾向于给国内国防企业提供在国外市场的新商业机会，而歧视性采购则倾向于保护国内国防市场免受国外国防企业的竞争。

最为大家熟悉和备受议论的与采购相关的政策类型是补偿。补偿是国家的国防权力机构要求外国国防承包商就其国内国防企业获得能把国防装备交付给它的军队的合同作为前提条件而达成业务协定的一种政策类型。当协定包括利用国内的国防承包商生产国家获取的一部分国防装备时，可称之为"直接补偿"；当协定包括购买与国家获取的国防装备不相关的内容时，可称之为"间接补偿"。补偿在较小的国家被认为是非常重要的政策工具，这些国家需要获得国外市场来维持国内的国防产业。

成本或生产共享是与补偿相关但不相似的政策类型。成本或生产共享合同是在两个或更多国家的国防权力机构间的多边协定，在协定下这些国家同意研发和生产一种新型国防武器。成本或生产共享合同保证每个参与国家的国防产业得到与它们认购的国防武器数量相对称。

歧视性采购是一个国家的政府禁止进口一定水平的国防武器或者命令其国防权力机构从国内供应商购买国防武器，即使外国供应商能够提供更加物美价廉的国防武器的政策。歧视性采购是旨在保护国内国防承包商免受外国竞争的政策，通常在较大国家被认为是重要的，因为它们不依赖于国外市场维持国内的国防产业。

与研发相关的政策通常采取在一个国家的国防权力机构与一个或多个国防承包商之间的合同的形式，国防承包商能够从国防权力机构得到资金支持用于研发新的或改善国防武器。当国防权力机构要得到新的国防武器又想降低一些国防承包商研发新的、复杂的国防武器的风险时，往往会利用与研发相关的政策。

与前两个国防产业政策类型不同，国防出口规制被用来阻止潜在敌对国或"流氓国家"增强它们的军事能力，或者减少武器流向那些已经卷入军事冲突的国家。这种政策的具体表现形式会根据不同的国家和时间不断变化，政府通常要衡量严厉的国防出口规制带来的利益和就业、经济增长方面产生的损失。一般来说，国防出口规制政策被广为认可，争议性较少。

2. 支持和反对国防产业政策的动机

国防产业政策的五个动机：获得进入外国市场、有利于技术转移和溢出、支持新兴国防产业、创造和保护国内就业、减轻外汇短缺。

动机一，获得进入外国市场。 国内国防承包商会因为海外市场的歧视性采购或者考虑该国防承包商的产品在其他国家军队中的质量，被限制出口其产品，但国防权力机构能够利用国防产业政策帮助其克服这些出口障碍，例如，通过要求国外的国防承包商从它们国内的国防企业进口产品的补偿义务抵消外国市场的歧视性采购，通过利用补偿合同为向其他国家的军队的首次销售提供便利并因而建立起能够为它们的产品质量提供担保的国外"参考消费者"名单，从而减轻对它们国防承包商的产品质量的过多考虑。因而，国防权力机构不但能够鼓励出口还有助于维持该国国防产业基础。

国防产业政策的反对者质疑补偿的成本是否要比获得外国市场得到的收益要更高。反对者指出，当国防权力机构需要补偿时，外国国防承包商往往会为其国防武器要求更高的价格。反对者坚持认为，外国国防承包商会带来与执行补偿合同相联系的成本（如与安排补偿交易相联系的交易成本，来自于从更高成本的供给商购买的购买成本等），国防承包商会通过更高的价格把这些成本转嫁给国防权力机构。另外，因为通常买方的工作是保证其能够买到可能的最好产品而不是卖方的政府，所以反对者还认为使用补偿来证明产品质量不可思议。

动机二，有利于技术转移和溢出。 国防权力机构能够利用国防产业政策推进技术能力从外国国防承包商转向本国的国防产业，典型的方法是通过在一个能够被外国国防承包商执行的补偿合同中规定一些技术转移的义务（如建立当地生产工厂）。国防权力机构能够帮助国内国防承包商得到它们一般难以获得的知识、能力和技能，从而帮助它们变得具有更加先进的技术和国际竞争力，最终产生向国家的民用部门技术溢出的好处。

国防产业政策的反对者质疑外国国防承包商是否会完全履行其技术转移义务，以及被转移的技术是否会具有预期的影响。反对者认为，国内企业很难评估它们得到的技术，且外国国防承包商倾向于转移陈旧和过时的技术；

技术不先进的企业可能不会从技术转移中获益，因为这些企业不能完善它们得到的技术，技术转移仅能在竞争力上显现暂时的繁荣。

动机三，支持新兴国防产业。国防权力机构通过利用国防产业政策促进国内企业的销售，使它们能够从"学习曲线"和规模经济中获益，支持新兴国防产业。国防权力机构通过与外国国防供应商的合同提出直接或间接补偿，或者通过在国防权力机构决定国防装备供给合同时偏爱民族国防企业，随着时间的推移会帮助建立起一个更具有生产力和竞争力的国内国防产业。

国防产业政策的反对者质疑这是否是发展幼稚产业的正确道路。他们认为，诸如民族企业偏好主义的政策可能会对国家军队获取国防装备的成本和质量产生不利影响，因为鼓励幼稚产业供给高度保护的市场，一旦补偿交易完成，市场几乎不能提供新的出口机会；另外，补偿政策可能会使幼稚产业依赖于补偿。

动机四，创造和保护国内就业。国防权力机构能利用国防产业政策在高失业率的经济混乱地区创造工作机会，通过规定补偿合同来要求外国国防承包商有义务在混乱地区设置生产工厂或把这些地区的国防企业作为分包商，对国家的整体经济福利做出贡献。

国防产业政策的反对者质疑利用军事生产能否会刺激地区经济增长。反对者提出，许多国家难以把补偿定向到自己的国防产业中并有效率地使用，把补偿定向到特殊地区会遇到更大的问题；生产军事武器需要有形资产和技术能力，而这些恰恰是在经济混乱地区所缺乏的。

动机五，减轻外汇短缺。国防权力机构利用国防产业政策通过使用国内生产的国防装备或产品支付进口国防装备，保持外汇储备，例如，通过规定要求外国国防供应商接受以本国生产的国防武器支付（比如，用本国生产的军火弹药购买国外的坦克）的间接补偿合同。国防权力机构能够保证其军队获得国外先进的国防装备，而又不需要使用政府可能需要用来偿还贷款或获得其他类型的商品的外汇储备。

国防产业政策的反对者质疑补偿能否改善外汇储备。他们认为，某项采购以产品而不是以外汇支付可能会保持国家的外汇储备，但在国际市场上交易这些产品（或者更好的做法是仍然利用这些可获得的资源生产具有巨大国际需求的其他产品）可能会比通过补偿交易保持外汇的做法收益更多。①

综上所述，尽管支持者和反对者针对国防产业政策各执一词，但是无论从正面影响还是负面影响来看，不可否认，国防产业政策对一个国家的经济是有影响的，并且，国防产业本身也是一个国家的产业的重要组成部分，所以国防产业及其相关政策应该属于经济领域的安全范畴。

---

① Arne Martin Fevolden, Kari Tvetbraten. Defence industrial policy—a sound security strategy or an economic fallacy? *Defence Studies*, http://dx.doi.org/10.1080/14702436.2016.1169893, 2016-04-11.

第二章　日本关于国家经济安全及其战略的理论研究

一般来说，广义的国家经济安全可以分为两个范畴来理解，一是"安全领域内的经济范畴"，二是"经济领域内的安全范畴"，前者在于采取合理的经济手段来保障国家安全，后者在于国民经济自身的安全性。① 狭义的国家经济安全主要指安全领域内的经济范畴，即军事力量的经济基础。② 从日本学者对国家经济安全及其战略的理论研究成果来看，20世纪70年代到90年代大多研究者从狭义的国家经济安全概念出发，重点研究实现国家战略中经济手段与军事手段的相互替代、补充或加强的关系，即经济措施和经济政策对国家安全的影响，以及如何利用经济手段实现国家安全。进入21世纪以后，日本学者拓展了研究视野，包含"经济领域内的安全范畴"的广义上的国家经济安全研究成果开始出现。

第一节　20世纪70年代至90年代日本关于国家经济安全及其战略的理论研究

战后日本关于国家安全的讨论呈现出尽量避开军事方面以非军事方面特别是经济安全为中心的特征。特别是在20世纪70年代以后通过提出经济安全或者综合安全的概念和思想，突显与经济领域的关联。日本自身的军事能

---

① 雷家骕主编：《国家经济安全理论与方法》，北京：经济科学出版社，2000年，第8页。
② Bjom Moller. The Concept of Security: The Pros and Cons of Expansion and Contraction. Paper for joint sessions of the Peace Theories Commission and the Security and Disarmament Commission at the 18th General Conference of the International Peace Research Association (IPRA), Tampere, 2000.

力受到限制，尽管在《日美安保条约》的庇护下国家基本安全能够得到保障，但是，日本在维护国家安全方面一直在追求主动性和独立性，为了更好地扬长避短，日本在实践中更多地采用经济手段来维护国家安全，这正好符合"安全领域内的经济范畴"的含义。在日本的各种国家经济安全理论当中，"安全领域内的经济范畴"都是重要研究的内容，在实践当中日本也屡屡利用经济手段来达到国家安全的目的。

一、村上薰的生存安全理论

1973 年爆发的石油危机和 20 世纪 70 年代中后期在全球出现的寒流、干旱等极端气候使石油、粮食严重依赖进口的日本感到了恐慌。因此，村上薰提出"20 世纪 80 年代的国家安全不仅仅是军事问题，对日本来说到了必须考虑'生存安全'的时期"。

村上薰认为，从 20 世纪 70 年代开始到 80 年代的国家安全单纯从军事力的视角来考虑是不对的，军事力是保障国家安全的基础确实是个事实，但是如果没有把外交、经济、技术、教育、思想、文化等其他复合的要素作为综合战略的一环来考虑，维护国家安全的效果就会非常不明显。而在维护国家安全的综合安全政策当中，经济安全又是应该优先考虑的。日本国内资源、能源贫乏，尤其是石油严重依赖进口，石油危机爆发给日本敲响了警钟，如果石油供给不稳定甚至大幅减少，那么别说是经济繁荣甚至国家生存都会面临严重的威胁。问题还不仅如此，受石油输出国石油战略的刺激，其他拥有资源的国家也会萌发出资源民族主义的倾向，美国就曾把粮食作为国际政治武器来使用。20 世纪 70 年代石油危机和粮食控制在时间上是先后发生的，如果石油和粮食同时作为战略被实施，那么日本所承受的冲击就会更加直接，对国民生活会产生破坏性的影响。因此，日本的国家安全必须在战略意义上从原有的老一套做法向新的重大设想转换，即今后在考虑国家安全问题时既要重视军事问题，也必须优先考虑能源、粮食等经济方面的问题。

日本如何来保证经济安全或者资源安全呢？历史的教训证明，重走侵略的道路是不可能也是行不通的。于是，日本要把对侵略防患于未然作为第一要义且对合作伙伴不抱有侵略意图，这是维护国家安全的要谛。如果这样做了，尽早确立粮食、能源、资源等经济安全政策就当然成为日本的国家战略。

在日美同盟的看法上也要有相应的变化,《日美安保条约》无疑是美国远东战略的重要支柱之一,但其也应该服务于日本的利益。除了提供军事保护以外,对日美同盟还应该具有同等重要的考虑是与美国关于粮食、能源等经济问题的关系,呈现出"经济安全"化的日美安全关系。①

二、船桥洋一的权力经济学理论

船桥洋一认为,从重商主义向新重商主义的变化反映了国家的防卫对象从生存或国家名誉等"硬的"方面向经济福利等"软的"方面纵横扩散和重点转移。在战后的经济体制中,政治和经济的关系是美国主导的自由主义思想占优势,进入20世纪70年代,这种思想的基础被削弱,在以往那样的形式上处理政治与经济的关系变得愈发困难了。情况已经变成政治与经济在不断地"共鸣"、混合,即"经济的政治化"越来越明显,这就意味着可能要在与政治相同的程序上来解决经济纠纷。"经济的政治化"现象无非是经济的权力化。

所谓权力是社会中存在"非对称性"产生的,是能够对事物和结果的分配产生影响的能力,是政治、军事、经济、意识形态等相互作用、结合而不可分割的一体,通常只能在过程中相对地体现出来,无法实现绝对的水平。经济权力主要涉及财富与权力的关系,一般来说,财富不能立即变成权力,如果稍微严谨点来说,眼前的财富难以立刻形成自身的权力。财富必须要有某种外部刺激才能开始向权力转换。通过不使眼前的财富最大化而把一部分财富变换成权力并能够置换成产生将来财富的基础。关于财富与权力的关系,美国著名学者约瑟夫·奈曾经提出:不管是为了维护国家安全还是侵略的目的,财富对权力来说都是绝对必不可少的手段之一;权力对获得或保持财富来说是必要的或宝贵的手段之一;财富和权力都是国家政策的适当的根本目标;虽然在特殊情况下为了军事安全或者优先考虑长期的繁荣可能会做出经济上的牺牲,但财富与权力双方的目的在长期上是调和的。20世纪50年代约瑟夫·奈研究权力时,他关注传统的军事权力、纯军事权力,从这点看,

---

① 村上薫:『日本生存の条件ー経済安全保障の提言』,サイマル出版会,1977年,第49—56页。

当时约瑟夫·奈对财富与权力的关系的描述是古典的。船桥洋一认为，20世纪70年代的国际关系中财富和权力不再能体现出上述那样界限分明的分担和排列了，因此他从目的和手段的角度梳理财富与权力的关系（表2.1）。

表 2.1　财富与权力的关系：目的与手段

目的＼手段	军事（政治）力	经济权力	财富
军事（政治）力	▨▨▨	←	←
经济权力	▨▨▨	⇠	←
财富（经济利益）	▨▨▨	⇠	← ▥▥▥

注：斜线背影表格表示：使用军事（政治）力的军事（政治）来获得经济上的利益的政策；竖线背影表格表示：使用作为了实现经济利益最大化的目的的手段的经济（市场），即依靠"经济合理性"的情况；实线箭头表示：在把财富作为手段来使用的情况下，容易发生经济的权力化；虚线箭头表示：在为了获得财富或者经济权力而使用军事力变得困难时，用经济权力来代替的意图会增强。

资料来源：船桥洋一：『経済安全保障論』，東洋経済新報社，1978年，第180页。

表2.1中的斜线背影部分表示把军事（政治）力作为手段来使用，实现军事、经济上的利益的目的的情况。"二战"期间盟军对日本、德国的战略轰炸就是这种情况的典型例子，把轰炸的目的区分为军事上还是经济上基本没有任何意义，主要是用军事力来破坏军事力和经济力的基础，或者是使用军事力来获得这些基础的目的。竖线背影部分表示把经济利益或者财富的最大化作为目的，作为其手段的经济利益最终要依靠遵循市场的"经济合理性"的情况，即在市场原理发挥作用时日常经济交易所具有的全部性质。实线箭头表示在把财富、经济利益作为手段来使用的情况下容易发生权力化。虚线箭头表示为了获得财富和经济利益，由于军事力的性质发生变化且难以使用，寻求用经济权力来代替。

除了把军事力作为手段使用和全面委托给市场的情况以外，把经济作为手段来使用的情况都是这里的经济权力的考察对象。把经济权力作为手段来使用可以实现多种目的，例如，获得经济利益（保证利权、保证融资的返还、保证供给等）、使其他国家的政策变更、增强军事力和经济力的基础等。不仅为了自己国家的目的，为了同盟国的目的、为了削弱敌对国家的经济能力、为了表示外交上的不满意或者"以儆效尤"的效果都会使用经济权力。

船桥洋一不仅将经济权力作为手段的方法，还探讨了经济权力的性质。他认为，经济权力与军事力一样具有攻击力、抑制力和防卫力三种形态。攻击力指经济单位（主要是国家和跨国公司）把其意志强压给其他经济单位的能力；抑制力指国家通过显示出同等的或者在其以上的威胁来防止某种外来的威胁和行动被行使的能力；防卫力指国家防备其他经济单位所施加的某种强制的能力。

在上面分析的基础上，船桥洋一从权力经济学的角度回答了安全应该"保护什么"。他认为，安全是国家能够和愿意拥有的一种价值，这与在国际关系上具有重要性的其他两个价值即权力和财富有相同之处，但财富是由一个国家的物质财产的总量来计算的，而权力是由对他国行动的控制能力测定的。客观上看，安全是不存在对正在保护的价值的威胁；主观上看，是不存在对这种价值受到的攻击的担心。无论从哪一点来看，安全都是在从基本完全的不安定或者不安定感到基本完全的安定或者安定感，即从一个端点到另一个端点的范围内得以实现。

"要保护的价值"已不再单指国家的生存，还包括维持经济相互依存所获得的福利等。"要保护的价值"范围扩展，对其的客观威胁和主观不安随之增强。现在，多数国民经济更加容易感受到他国或以他国为"母国"的跨国公司的经济活动的变化，更容易受到伤害。面对这样扩大的对国家价值威胁的变化，船桥洋一认为，应该主要运用经济手段寻求对策，经济安全是在不排斥经济无效率的前提下，通过强化自己经济的权力基础并充分发挥谈判力的手段，在使自己的经济权力极大化的同时使交涉的其他经济主体的经济权力在不增加新威胁的限度内极小化，经济安全是主权国家的经济目标和政策。①

三、通商产业省的经济安全思想与对策措施

1982年8月，日本通商产业省（通产省）的产业结构审议会发表了题为《以确立经济安全保障为目标》的报告书，全面阐述了日本政府的国家经济安

---

① 船橋洋一：『経済安全保障論』，東洋経済新報社，1978年，第157—297頁。

全思想以及相关政策措施。该报告提出，由于日本经济受到国际因素引起的重大威胁，通过主要灵活有效地利用经济手段加以保护，并推进对此的研究和讨论。在《20世纪80年代的通商产业政策（愿景）》也曾提到，虽然保护日本国家经济安全要以经济手段为中心，但国际政治、文化因素对经济安全影响也很大，所以国家经济安全不仅要从经济方面还要从包含政治、外交、文化等综合的视角考虑，进而提出综合安全的概念。

过去所说的国家安全一般专指军事安全，即把自己国家和同盟国的军事力以及防卫力作为主要手段对国民或者国家主权的侵害行为防患于未然，以及在侵害已经发生的情况下把之排除。现在把国家安全作为更加广泛领域的概念来加以认识，即为了维护一个国家的安全，必须谋求与军事力、防卫力的对应相结合的涉及政治、外交、经济等更广范围的应对的综合安全思想。经济安全的思想也以此为基础。根据日本实际情况，综合安全中经济安全的位置显得尤其重要。

首先，从国家安全的层次，一般来说，维护国家安全的努力可分为三个层次：使威胁本身得以消除的努力，即实现整体良好的国际环境的努力；对应威胁的自助努力；处于前两者中间，理念和利益相同的国家间联合起来共同维护安全，实现局部良好的国际环境的努力。因为这三个层次的努力既相互补充又相互矛盾，所以保持适当的平衡很重要，但是如果考虑到一方面国际相互依存关系正在深化的事实和另一方面威胁一旦成为现实的情况下其影响的深度，一般来说，预防方面的重要性在增大，在预防的层次上经济就会发挥特别重要的作用。

其次，从"维护国家安全的手段"方面。作为专守防卫的国家，日本在军事方面存在制约。因此，在为了世界和平的外交努力的同时，经济安全有着特别重要的意义。

为了维护国家经济安全，日本采取的对策措施主要体现在三个方面：维持和强化世界经济体系的机能；确保重要物资的稳定供给；通过技术开发为国际社会做贡献。[1]

---

[1] 通商産業省産業構造審議会：『経済安全保障の確立を目指して』，1982年，第14—17頁。

四、古城佳子的经济安全理论

（一）国家安全的概念

关于国家安全的定义，一般认为是"国家面对来自外部威胁维护其应该保护的价值"。但是关于应该保护的价值和威胁具体是什么，不同时代不同的人有不同的看法，所以，对国家安全的看法是多样的。有人认为国家安全只是军事安全的认知，也有学者把环境政策等包含到国家安全认识当中。实际上，即使在讨论国家安全的情况下，多数学者也没有涉及国家安全的定义。如果根据上述的定义，一个国家的安全政策应该在"从何而来，为了什么，如何保护？"的逻辑进行理解，即应从"保护什么（目标）"，"威胁是什么（威胁）"，"为了应对威胁而使得的手段是什么（手段）"几个方面分别考虑。根据这一逻辑，"保护什么"应该是国家安全的目标，应作最重点考虑。对目标的最一般的理解是指保护国民经济生活，但是关于国民生活指什么又很容易陷入抽象论，因此具体目标又有多种理解。不可否认，仔细研究这些具体目标是有意义的，但因为工作量之大非一篇论文能够完成，所以古城佳子只对抽象的目标进行了研究。关于威胁，可以考虑分为军事威胁和非军事威胁。直接的侵略被认为是最典型的军事威胁。非军事威胁主要包括致使国民经济生活水平下降的资源供给的中断、国际经济体制不稳定等的经济威胁，以及地球温室效应等环境破坏、人口爆炸等全球化的问题。手段可以分为军事手段和非军事手段。军事手段是以军事力的配备和行使为中心，非军事手段则主要是围绕外交、经济等手段考虑的（表 2.2）。

表 2.2 国家安全的威胁与手段

		威 胁	
		军事的	非军事的
手段	军事的	①为了应对军事威胁而使用军事力的安全政策	②为了应对非军事威胁而使用军事力的安全政策
	非军事的	③为了应对军事威胁而使用非军事手段的安全政策	④为了应对非军事威胁而使用非军事手段的安全政策

资料来源：古城佳子：「『経済安全保障』再考——概念と歴史の考察」，『外交時報』，1991 年 7、8 月合併号，第 74 页。

按照这样的分类，国家安全政策通过威胁和手段的组合可以分为四种情况：①是最狭义的国家安全政策，即军事安全政策；②可以考虑针对经济政策而行使军事力来进行对抗的情况等，例如航线防卫的想法；③与②正好相反，为了封锁军事威胁而实施经济制裁、为了引导发展中国家维持不发生纷争的政治稳定而进行经济援助等；④可以考虑能源政策、粮食自给政策等。关于国家安全政策的层次，古城佳子与前述通产省的产业结构审议会的看法相同，上述分类也考虑了各个层次的政策。

（二）经济与安全的关系——国家经济安全的地位

根据上述分类，在国家安全政策的情况下，如何把握经济与安全的关系？经济威胁被看作"非军事的"范畴，根据表 2.2，与经济有关的国家安全政策大体有三种类型，即为了应对经济威胁而使用军事力的安全政策；为了应对军事威胁而使用经济手段的安全政策；为了应对经济威胁而使用经济手段的安全政策。

一直以来，研究人员就把经济力看作是使保持军事力成为可能的物的资源。近代国家的历史事实表明，军事力的强化与国家财政有密切的关系。在传统的国际政治学中把经济力作为军事力的基础来把握的情况比较多见，例如 E. H. 卡尔（E. H. Carr）认为，经济力通过与军事手段相结合就成为了政治权力的一种手段。摩根索（Morgenthau）认为，天然资源、工业力等经济因素与军事力同样处于国力的基础地位。

在 20 世纪 70 年代以来相互依存深化的背景下，相互依存论的思想兴盛起来，与军事力为中心的国际政治观相对比新的想法不断出现，经济与安全的问题被作为财富与权力的问题来加以考虑。关于财富即经济力在国际关系能否成为权力的问题，科劳斯·克诺尔（Klause Knorr）进行了先驱性的研究，他认为国家为了维护军事的、政治的、经济的、意识形态的价值而行使经济力，把经济力作为维护安全的手段加以关注。但是，克诺尔对经济制裁、禁止进出口政策等不完全具有外交强制力的经济手段对维护国家安全的效果提出疑问。克诺尔重点关注在使敌对国军事力的经济基础弱化的目的上经济手段是否有效，这是对表 2.2 中③进行重点研究的为数不多的成果之一。

基欧汉和约瑟夫·奈的研究提出复合相互依存的概念，认为在国际关系中经济力也能变成权力。研究指出，在相互依存状态下作为强制力的军事力具有局限性，应把经济力置于非军事力的重点位置，他们的研究给表 2.2 中③和④带来了很大的启发。在这些研究之后，经济力与军事力同样在国际关系中作为权力而进行实施的情况逐渐多了起来。

另外，20 世纪 70 年代以来国际经济体制发生变化，国家安全的概念逐渐从军事中心扩大到经济领域。在国家安全研究当中，关于经济领域的威胁，军事威胁作为其中之一同样受到重视，有越来越多的研究专门聚焦表 2.2 中④。日本也在研究国际关系中作为经济力的权力的有效性，出现了关于积蓄经济力与应对经济威胁的国家安全存在密切联系的成果。

综上所述，20 世纪 70 年代以来，对经济力在对外政策或者国际关系中的重要性逐渐取得了广泛的共识，但是分析的焦点多种多样，关于经济手段在国家安全方面，什么样的威胁具有什么程度的有效性这点的理论积累仍然匮乏。特别是，尽管日本在国家安全上把非军事手段作为重点，但对"经济安全"这个名词，有研究认为是"作为维护国家安全的手段的经济力"，有研究认为是"以经济稳定为目的的经济安全"，而关于在国家安全上经济手段的有效性特别是对经济威胁以外的威胁的有效性（表 2.2 中③）则很少研究。[1]

第二节　21 世纪以来日本关于国家经济安全及其战略的理论研究

进入 21 世纪，国家经济安全领域无论从目标、威胁和手段都发生了很大的变化，在原有的关于"安全领域的经济范畴"的研究基础上，一些成果扩展到了"经济领域的安全范畴"。

一、村山裕三从技术政策的角度对国家经济安全的考虑

村山裕三把国家经济安全定义为"经济与安全重叠的领域"，他认为，虽然学术界把经济和安全的领域进行了完全区分，但在现实中却存在两个领域

---

[1] 古城佳子：「『経済安全保障』再考——概念と歴史の考察」，『外交時報』，1991 年，第 73—76 頁。

重叠的部分。图2.1体现了经济和安全关系的一种构想，经济和安全各自存在独立的部分，同时也存在着相互重叠的部分。最典型的例子就是半导体，半导体在家电和通信机器、计算机等民用领域被普遍地使用，作为在军事武器中的核心部件也是不可缺少的。还有GPS、汽车导航是从美国的军事卫星接收信号确定车的位置，同时也能在美军士兵确认自己的位置上加以使用。

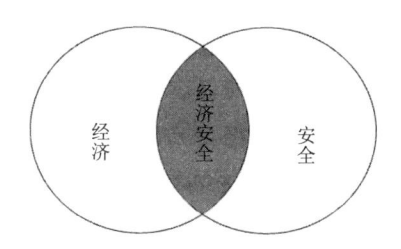

图2.1 经济安全保障的位置

资料来源：村山裕三：『経済安全保障を考える——海洋国家日本の選択』，日本放送出版協会，2003年，第57頁。

村山裕三是从美国的国家经济安全开始自己的学术研究的。克林顿政权时期，重点从重视安全向重视经济转换，开始了所谓的国家经济安全。村山裕三认为，因为日本是一个"军事力没有限制的通商国家"，国家经济安全对日本来说应该是更加重要的领域，必须考虑使用经济力、技术力。

日本是从20世纪80年代"综合安全"概念开始大范围接受了国家经济安全的想法。原京都大学教授高坂正尧曾提出日本的国家安全与其他国家不同，经济安全更为重要，国家安全在狭义上指军事安全，而在广义上应包含经济安全；石油危机以后，"经济安全"就是指为保护日本经济的国家安全。村山裕三的考虑正好与之相反，认为技术、经济能够维护日本的国家安全，这与日本在国际上地位提高，在世界上的存在感等密切相关。以美国为例，"冷战"时期美国国防部投入巨额研究开发费进行武器开发，军事领域引领着民用技术，结果美国培育出了许多技术的种子，因特网等就是典型的例子。进入20世纪80年代开始发生变化，经过90年代的IT革命，民用技术开始引领军事领域。美国把民用技术引入军事领域的趋势，推进军事革命。这是因为利用尖端技术使战争的方式发生变化，发达的信息、通信技术在海湾战争、伊拉克和阿富汗等战争中的作用都很好证明了这一点。现在，虽然可以说美国是军事一极化，但这具有双重意义。一方面，民用领域的IT技术具有绝对的优势，确立了把这些技术融入军事的体系。另一方面，"9.11"恐怖袭击后，美国设立了国土安全部，进一步推进了反恐对策的技术开发。这种军用与民用技术相互重叠、相互转化的观点已经涉及了"经济领域的安全范畴"的内容。

因此，村山虽然提到了国际政治经济学和国防经济学的很多不同研究方法，但真正关心的是图2.1中阴影的部分，即经济和安全的"重叠领域"。他认为随着信息技术的不断发展，民用技术与军事技术能够快速地实现转化。经济和军事相互重合的领域在不断地扩大。对日本来说，这种"重叠领域"不断扩大的趋势，有着非常重大的意义。他认为，维护安全的主体是国家，经济领域的主体是实业界的传统看法应该改变；在"重叠领域"中，掌握强化经济安全基础的关键是实业界，实业界应处于政策的中心位置。

日本首先要摆脱只在经济中使用技术的想法。日本通过卓越的技术拉动了经济，一直以来存在技术提高经济竞争力这样的意识，但这些技术的基础是个人的技术发明。如果立足于更广的视角，还存在着在国际关系中如何有效利用技术的问题。幸运的是，尽管近20多年世界对日本经济的评价有所下降，但对日本技术的评判却没有降低。在日本能否出现拥有优秀技术的同时没有确定其方向性的"技术漂流"的情况呢？村山裕三在这个问题上的考虑与美国等其他国家的方向不同。图2.2显示了科学技术政策在非经济领域的位置。美国等国家的A型表现出在"国家安全"中防卫、攻击处于重点位置，在"安全"这样的领域进行着反恐对策等，日本的B型表现出没有必要发展到"国家安全"的攻击的部分，尽管也要必须考虑并应对防卫问题，但更应该考虑在相对低层次的"安心、安全"的领域中有效利用技术。A型的全球标准是美国，受到各国的效仿。日本塑造了B型的全球标准，被纳入日本政府的科学技术基本计划，2001年在综合科学技术会议上制定了第二期科学技术基本计划，确定了三大支柱：知识的创造、为了经济竞争力的技术、为了"安心、安全"的技术开发。很长时间最后一项在日本并未受到关注，但随着恐怖袭击和犯罪率的增加，这方面的研究活动开始显现。如果在自然灾害、传染病、反恐对策、网络攻击、"防守"的防卫技术等具体领域出现共通的技术，这不就是在塑造日本的B型全球标准吗？

在为了"安心、安全"的技术开发方面，日本具有很大潜力，主要有三个理由。首先，在政治上日本只能这么做。日本与美国要保持良好的同盟国

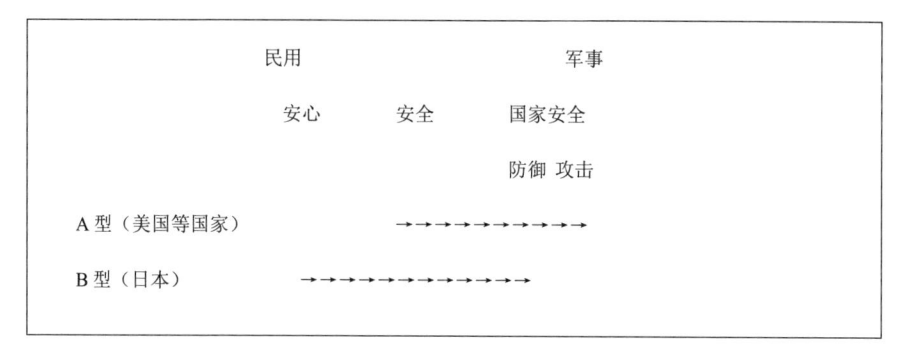

```
             民用              军事
       安心    安全    国家安全
                      防御 攻击

A 型（美国等国家）    →→→→→→→→
B 型（日本）          →→→→→→
```

图 2.2　科学技术政策在非经济领域的位置

资料来源：村山裕三：「経済安全保障を考える——技術政策の視点から」http://www.rieti.go.jp/jo/papers/journal/0404/bs01.html，2004-04。

关系，没有必要与美国对抗，尽管在日本国内存在很多追随帝国化的美国的做法的质疑，但如何能有效地利用美国这样的战略思想更具有建设意义。与美国的同盟关系恰恰要采取 B 型的战略。其次，日本在这个领域拥有技术力。例如，地理探查（Geo Search）公司具有运用机械探查在道路上是否存在空洞的空洞探查技术，因为金属探测器不能探知塑料制地雷，地理探查公司社长成立了非政府组织用来开发地雷探测机械。诺贝尔奖获得者田中耕一的质量分析技术也应用在反恐对策，该技术能够在分子水平分析爆炸物。田中耕一利用这项技术开发出小型质量分析机械，应用在犯罪对策方面。日本无处不在（Ubiquitous）公司的技术也被应用于反恐对策中。美国机场在机票和办理登机手续的行李上都附有无线 IC 标识，确认持有机票的人搭乘后才接收行李，可以马上定位持有机票的人的位置，某种程度上可以用于预防自杀性爆炸恐怖袭击。作为这样的一种技术基础如果能够国际标准化，必然会提高日本的国家技术竞争力。最后，为了"安心、安全"的技术是使人、物、信息的流动顺利进行的技术，是使所谓的交易费用下降的技术。这种技术与日本的国家理想状态相符合。日本在军事力上有限制，又是海洋国家，交易费用降低有利于促进国家间的关系顺利发展。尽管目前存在着海外派遣自卫队的问题，但如果能够携带地雷探查，和平构筑，具备与复兴相关的为了

"安心、安全"的技术，日本的国际印象就会变得更好。①

二、关井裕二的市场化时代的经济安全理论

关井裕二认为，"冷战"结束和美苏军事紧张关系缓解以后，全球开始对安全概念再定义，以往的概念内容发生改变。对经济安全的认识根据不同的研究者的定义呈现出多种不同的观点，在学术上存在不分领域、尚未开拓的状态。

在国家总体实力竞争中自古就存在对内指经济力的情况。在近些年，从经济制裁、政府开发援助、出口管理到在贸易中的产业政策、针对外国的经济进出口和技术国际主义等广泛的对外经济关系，其定义因人而异，各不相同。经济安全中的经济是指目的还是手段这样基本的问题仍然模糊不清，没有形成同一共识。

关井裕二认为，仅从军事方面来把握安全的定义在"冷战"结束后的今天是片面的，现在需要从多方面、综合地考察安全，这使得关于安全的研究活跃起来。他从国外存在的威胁给日本造成的经济损失入手（即集中于经济方面的威胁）研究经济安全问题。以金融危机和能源问题为例展开分析，认为"从 20 世纪末开始全球化现象在世界迅速扩大，在这种思想背景下的'市场经济化'问题对国家内外都产生了越来越严重的影响。现在我们直接面对的较严重的经济威胁就是金融危机和能源问题"。当然，问题还有很多。比如，作为经济威胁，除了金融危机和能源危机是否存在其他威胁呢？为应对全球化，只是调整国家的作用是否过于抽象？为应对经济威胁，调整国家的作用是否有可能产生逆市场经济化的潮流？关井裕二提出要重视国家与地区合作，国际机构则显得没有那么重要。②

三、山本武彦的安全政策与经济方面的"经世济民"政策观点

在当今的国际社会环境下普遍认为，对人们生存来说作为社会集合体的

---

① 村山裕三：「経済安全保障を考える――技術政策の視点から」http://www.rieti.go.jp/jo/papers/journal/0404/bs01.html，2004-04。

② 関井裕二：『市場化時代の経済と安全保障』，内外出版，2008 年，第 4 頁。

国家的自我保护是第一要件，为了国家的生存和维护安全，国家安全政策作为动员国家拥有的资源的政策，无论在哪一个国家都处于最优先的位置。这是保护国家免受来自其他国家主体侵略和攻击的政策，处于保护国家生存最重要的公共政策的位置。在与其他国家的相对力量关系上，国力所占的位置也特别受到重视，特别是，政策决定者更加关心和关注防备其他国家的侵略和攻击以及为此而维持和强化军事力。

现在，各国政府都在绞尽脑汁如何使作为构成国家、国民公共政策重要要素的最常见的军事上"经世济民"政策最优化。这样就不可避免地要在"政府治理"的国际体系中寻求生存，政府治理的必要条件并不充分，国境越来越呈现出"多孔化"的趋势并未改变，把国家安全政策看作为与军事安全政策同一的情况并不少见。原本，"经世济民"是国际关系中的政策概念，大多是作为现实主义政治学的常用概念来使用的。"经世济民"的政策不仅限于国家经营的军事方面，还具有包括经济、科学和技术、文化方面等国家活动和国民生活的综合特征的公共政策。

"冷战"结束后，各国的国家安全政策发生变化，从"冷战"时期向军事上和经济上的"经世济民"政策倾斜逐渐转向包含科学技术、文化方面的"经世济民"政策，呈现出各国除了军事力和经济力的"硬权力"外还重视科学技术要素和文化要素的"软权力"。[1]

（一）经济安全的多元构成

经济上的"经世济民"政策与政治上的"经世济民"政策有着密切的联系。经济上的"经世济民"政策是以工业生产、科学和技术开发、资源与能源开发和生产、粮食生产等与国民经济有关的所有活动为对象。

现代的所有国民经济单位在自给自足经济为前提下组建几乎不可能，无论哪个国家都要制定、实施与其他国家、地区的经济相互依存为前提的经济、产业政策。换言之，政策决定者通常肩负着制定在中长期不危及国家经济生存的战略和不损害国民生活稳定的责任和义务。经济安全政策是国家安全政策的重要组成要素，与军事上的"经世济民"政策密不可分。

---

[1] 山本武彦：『安全保障政策——経世済民・新地政学・安全保障共同体』，日本経済評論社，2009年，第60—64頁。

从 20 世纪 70 年代开始，在经济政策体系中占据重要位置的能源安全政策、粮食安全政策、资源安全政策、产业安全政策、金融安全政策等都不是从其他政策领域中独立出来的单独领域来认识的，是作为在相互依存关系上存在的问题来理解的。例如，2007 年到 2008 年，美国次贷危机问题导致全球金融动荡表现出这些政策领域的强烈相互依存性。

（二）经济制裁的战略性与"强制"

经济上的"经世济民"政策与政治军事上"经世济民"政策相结合，作为对其他国家的"强制"和"诱导"政策来加以使用，这种情况在"威吓体系"为特征的世界体系中表现为赤裸裸的强者理论。体现强制的场合是经济强者针对不遵守国际规范和规则的国家，单独或者多个国家共同对其实施经济制裁，使基于国际法的利益受到侵害的国家和企业在法律上的利益得以恢复，保护国际和平和安全。

戴维·鲍德温在理论上详细说明了经济上的"经世济民"政策，他把惩罚色彩较浓的经济制裁称为"消极制裁"，是迫使被制裁国做出让步而行使的强制手段。山本武彦认为，从包含威吓这点来看这种经济制裁可称为"向后的制裁"，通常暗藏着在某种形式上剥夺被制裁国的经济价值，与制裁实施国之间很可能引起"经济安全困境"的制裁与报复。

（三）经济制裁的战略性与"诱导"

"经世济民"政策的诱导手段也在被使用。一方面引导对象国做出让步，为了获得对本国政策的支持向对象国提供经济援助和给予最惠国待遇的贸易地位，鲍德温把之称为"积极制裁"。与消极制裁相比，带有诱导内容的稳便的风格（色彩），又可称为"向前的制裁"。相对于消极制裁相当于惩罚，积极制裁就相当于报偿。

鲍德温认为，实施积极制裁的场合是 A 国针对不履行国际间规则（X）的 B 国的经济制裁的威吓必须包含如果 B 国履行（X）就给予其报偿的含义；如果 B 国履行（X）就给予报偿的约束也必须包含如果 B 国不履行（X）就威吓的含义。鲍德温的这种理论假设的特征最适合于典型地在政治上的"友"、"敌"的关系被明确体现出来的场合，但也适用于没有政治上"友"、"敌"关系的国家间关系。

（四）"经济安全困境"与"威胁的镜像"

在国际关系上，"强制"和"诱导"交互作用的多数案例表现出在制裁行动中包含的"强制"的外交侧面与"诱导"的外交侧面之间难以设置明确的门槛，因此，在国家间关系上对对象国的意图产生误解、误认和误算的情况并不少见。鲍德温的理论的不足在于，没有对在积极制裁与消极制裁之间的中间领域进行考察。

B 国如果把 A 国为了使 B 国履行（X）而实施积极制裁的政策误认为实施消极制裁，换句话说，如果 A 国采取了 B 国根据状况解释为积极制裁或者消极制裁的内容的"中间的"制裁措施，B 国将会陷入"解释困境"和"对应困境"，产生可能会对 A 国无意的过度反应，会陷入"安全困境"。如果这种"中间的"制裁意图与制裁措施的内容过于模糊，会产生 B 国的误解和误认，导致误算的可能性变大。

特别是，在围绕特定争议的利害针锋相对的场合，完全误读对象国意图的结果会陷入"安全困境"状况，经济制裁的实施也可能会增加"经济安全困境"的可能性，最终双方都可能持有伴随政治关系恶化的"威胁镜像"。在这个阶段上双方在管理上的失败与军事上的紧张会逐步升级，最终可能陷入"囚徒困境"这类最坏的情景当中。

仅从这方面来看，在实施经济制裁时如何在意图和措施之间巧妙地采取平衡，而且在向对象国传递明确意图的同时又不会让对象国对制裁意图产生误解、误认和误算，这些是采取经济上"经世济民"政策的重要条件。换言之，要尽可能缩短在积极制裁与消极制裁之间门槛的距离，制裁实施国要努力支持能够发挥迫使对象国让步的经济上"经世济民"政策妙处的才智。鲍德温认为，作为"经世济民"政策手段的经济制裁与军事力同样是外交和宣传的替代手段。依此观点，政策决定者必须要对经济制裁在危机时期所支付的成本和所获得的收益之间进行明确的战略的计算。[1]

---

[1] 山本武彦：『安全保障政策——経世済民・新地政学・安全保障共同体』，日本経済評論社，2009 年，第 94—96 頁。

四、长谷川将规的国家经济安全战略理论

(一) 经济与安全的各种关联

1. 作为安全对象的经济

成为安全对象的最重要的价值毋庸置疑应该是国家的生存和独立。如果不能确保自己的生存和独立,国家也就无法追求其他什么价值了。但是,经济(可以说是从属于生存和独立的)也从古代开始就是国家的核心价值,是国家安全的对象。正像卡尔所指出的,"从文艺复兴时期开始到18世纪中叶的主要国际战争都是围绕贸易的战争",国家屡屡为了经济而发动战争。在战争成本高涨的今日,在替代战争的背景下,通过对主要企业的支援、贸易和投资的自由化或规制、关税同盟、统一货币等,国家在为经济繁荣而努力。

现在,在经济全球化背景下,经济竞争愈演愈烈,经济作为国家安全对象的重要性进一步提高。经济繁荣是评价政府能力的主要尺度,左右着政权的稳定,所以,无论什么样国家的政府在维持国民支持的政权上都必须要重视经济。

2. 作为权力源泉的经济

经济作为权力的源泉与国家安全有着密切的联系。经济繁荣使经济力、技术力、军事力这样的国力得到充实,反之,经济严重的衰退会动摇国家的生存和独立。

特别重要的是经济增长与军事力的关系。一般来说,富裕的国家会拥有强力的军备,这是因为国家富裕就有能力在军事上进行更多的投入。从另一方面看,各国经济增长的差距会成为以军事为中心的权力转移的源泉。

经济繁荣也会充实国家的经济手段。具备充分经济力的国家能够通过经济制裁和援助对其他国家施加影响力,并有能力抵制来自其他国家的经济制裁和经济诱惑,从而能够减轻伴随国际经济混乱而产生的损害。

3. 关于军需品自给和依赖的"二难选择"

自己国家的军需品在多大程度上依赖国外市场,换句话说,自己国家的

防卫产业要受到多大程度的保护，这个问题就是经济与国家安全的接点。

通过军需品的自给维持和保护自己国家的防卫产业的做法具有减弱与对国外市场依赖相伴而生的脆弱性的有利方面，但是，固执地坚持自给而保护没有竞争力的防卫产业的做法又会妨碍获得与自己国家制造相比更加具有优良性能的军需品，也会因为导致经济无效益而使国家财富（军事力的源泉）减少，当然就会使维护国家安全的能力降低。

能否不保护自己国家的军需产业而专门依赖国外市场呢？这样做会获得国外的优良军需品，也能提高经济效益，但是，这也可能会导致自己国家的防卫产业衰退甚至消失，如果出现了敌对国阻碍进入国外市场以及由于国外市场的混乱而使供给网断裂的情况，就会存在巨大的脆弱性。在全球经济下的国家在面临这样的自给与依赖之间的"二难选择"时必须要设定并不断调整适度的平衡点。

4. 为了国家安全政策的经济调整

国家在追求各种各样的国家安全政策，但却不能无拘无束地为此动员资金和资源。政府在实施军事力、经济制裁、制衡（为了牵制、抑制威胁国家而强化军事力和同盟）等时，与对象国具有生死攸关利益经济关系的国内利益集团就会感到紧张并强烈反对，可能会阻碍政府的经济动员和制裁措施。因此，政府如果期望上述的政策能够顺利实施，就必须在经济上对这些国内利益集团给予理解和包容。另外，即使国内利益集团没有反对，政府在努力提高国内防卫产业和国外制造商的设备生产率的同时，还有必要对为了不使自己国家经济全体发生恶劣影响而遭受损害的产业提供补助金。

在各种各样的国家安全政策实施当中要对必需的资金和资源进行筹措、动员、分配和调整，要确定增税、发行国债、出卖政府资产、为特定产业提供补助金等经济方式并调控其程度。这些都体现出经济与国家安全是重要关联的。

5. 经济对信誉和名声的影响

经济与国家信誉与名声（他国对自己国家的评价）有着密切的联系。例如，汇率通常象征着一个国家的国际地位，1967年英镑贬值就给内外带来了英国衰落的印象。高经济增长率象征着一个国家的发展速度和优越性，正因如此,"冷战"时期的美苏都为了炫耀自己国家经济体制的优越性而重视经济增长的实绩。最近,中国、印度等新兴国家由于经济增长和潜在的劳动力人口等因素而大大提升了地位,美国、日本等传统发达国家则因为经济危机和自身经济问题等原因呈现出权力衰退的迹象。

信誉和名声左右着一个国家的"影响力"(使对手向希望的方向运动的力量)。例如,国家 X 把"自己的权力"(军事力、经济力等国力)转换成"对国家 Y 的影响"的前提是 Y 要认识到 X 的权力。一旦 X 的信誉和名声受到损伤就可能给 Y 带来"X 没有权力"的印象,这时即使 X 实际上还拥有权力,但把之转换成对 Y 的影响力也是非常困难的。国家从这样的观点出发重视信誉与名声就不能忽视经济实绩对此产生的影响。

6. 为了经济的军事手段

国家为了经济利益会在各种形式上利用军事手段。例如,通过军事力产生威压以及直接行使军事力。日本黑船事件就是军事力产生威压的典型例子,18 世纪英法两国因土地和贸易扩张在北美和印度争夺殖民地,多次发生战争,两国为了保护贸易和资源利益而行使军事力。国家为了经济利益还会依赖合作伙伴的情况。例如,20 世纪 60—70 年代在对美国军事依赖的背景下,美国抑制德国美元黄金交换的同时,使欧洲各国在贸易和金融管理上接受美国的要求。

经济繁荣要以一定的和平和秩序为前提。如果失去这个前提,就不能实现稳定的经济活动。国际社会的和平和秩序根本上还是由军事上的力量来保证。"在和平的经济增长时代忽视军事安全的作用就像我们忘记了氧气在生命中的重要性一样。"

在分析了上述这些国家安全与经济相互作用的基础上,长谷川将规重点分析了经济与国家安全之间存在的其他两个最重要(特别是对当前亚洲的安全来说更为重要)的交叉点,即经济相互依存与和平的关系以及经济与威胁国的经济交流。

(二) 经济相互依存与和平的关系

经济相互依存能够抑制国家行使军事力从而带来和平,围绕这一假说(通商自由主义)已经进行了多次论争,并且这种论争还在进行中。如果通商自由主义是正确的，那么我们就能够乐观地看待亚洲的安全，因为在今日亚洲日益深化的经济交流使将来的军事纷争逐渐远离。但是，如果像部分学者所主张的，经济相互依存反过来会导致军事纷争，就可能会出现像存在密切经济交流的1914年的欧洲所暗藏的不乐观的未来。

关于经济相互依存与和平的因果关系主要存在五种理论主张：经济相互依存会提高关系中断情况下的经济机会成本，从而限制国家行使军事力（通商自由主义）；经济相互依存会增强对经济脆弱性的恐惧心理，从而会增加国家为了克服这样的脆弱性而行使军事力的诱因（现实主义）；经济相互依存会诱发期待惧怕经贸中断的机会成本的对象国应该做出让步的边缘政策，结果可能会导致军事纷争；与战争相伴的经济机会成本并不大，经济相互依存不是抑制军事纷争的充分要因，国家在战争中可能也会与敌对国继续进行贸易，如果战争结束贸易量就会恢复；经济相互依存是否与和平（或者战争）相联系不能先验地被决定，要受各种因素影响。

最后一种理论中所提到的各种因素，不同学者有不同看法。**一是关于特惠贸易协定**，认为在缔结了这种协定的情况下，对贸易的将来利益期待就会提高，国家的军事行动也就会受到抑制；**二是关于民主的政治体制**，认为民主国家因为对追求经济增长的国内舆论较为敏感，与其他国家开展贸易会弱化军事纷争的诱因；**三是关于守成国家与修正国家的经济关系**，认为只有在守成国家间经济关系密切且守成国家与修正国家经济关系淡薄的情况下，经济相互依存才能促进和平；**四是关于将来贸易动向的预想**，认为在对之悲观的情况下，国家对经济脆弱性的恐惧心理会高涨，军事行动的诱因也会随之增强。

如果考虑到"二战"后的西欧和日美在经济相互依存下既能看到和平也能感觉到战争，就像第一次世界大战时英国和德国所表现的那样，上述理论中的前四种观点都缺乏决定力，现实中存在各种各样的影响因素，长谷川将规认为经济相互依存与和平的关系在先验上是未决定的，并把经济安全作为最重要的影响因素来考虑，即"相关国家如何利用什么样的经济安全类型"这个因素左右着经济相互依存下的战争与和平。例如，（A）如果经济相互依存下作为"强制"和"遏制"而滥用禁运，就会使对经济脆弱性的恐惧心理增强，提高行使武力的诱因。但是，作为表示自己国家决心的"信号"，禁运如果在适当的时机被成功地利用，就可能导致武力行使的回避。或者，（B）

如果稳健的守成国家在使贸易和投资扩大的友好的"信号"和"诱导"上获得了成功，维持和平的诱因就会增强。如果贸易和投资被扩大了，可经济安全的手段却以失败告终，就可能会出现在经济相互依存下的战争。基于上述的观点，通商自由主义（或者现实主义）所主张的和平（或者战争）的原因的经济相互依存，（A）的情况是能够利用各种经济安全类型的"条件"，（B）的情况是与经济安全类型相伴而生的"结果"。

（三）"与威胁国的经济交流"的二难选择

当前的国家关系与"冷战"时期存在很大的不同。"冷战"时期，安全上的威胁与主要的经济伙伴能够明显地分离出来，但是当今，重要的经济伙伴同时也可能是安全上的威胁，这样与威胁国的经济交流就会在两方面的意义上产生安全上的担心。

1. 经济收益的军事转用

威胁国通过经济交流获得经济收益和战略物资，这些被利用在增强军事力上就可能出现威压和侵略。这种担心不是当前所特有的，从18世纪左右开始就广泛存在。就连自由贸易论的鼻祖亚当·斯密也从抑制、削弱荷兰的海军力量这样的安全理由出发，称赞以排斥荷兰舰船为主要目的的《航海法》。

还有些研究认为，在对象国行使武力的可能性较小且军事威胁不严重的情况下，这种担心会减弱。国家通过贸易所得到的经济收益不能全部转为军用，并不是所有的贸易商品都具有直接的军事重要性。即使对象国的经济收益转为军用，但如果自己国家也增加了相应部分的军费，问题就解决了，也就不必如此担心了。

2. 威胁国利用经济安全的类型

在与威胁国的经济交流上具有重大经济利害的国家可能会陷入对威胁国有利的"非对称依赖"（自己国家对威胁国的依赖超过威胁国对自己国家的依赖）。威胁国就容易对这样的国家实施经济安全的"强制"和"诱导"（经济制裁及其威胁，通过在对象国国内培植靠向威胁国的利益集团来控制对象国）。

根据上述两方面的论述，是不是应该停止与威胁国的经济交流呢？当然，在依赖威胁国所拥有的不可替代的重要资源的情况下，答案是否定的。但是，即使在这样的情况以外，与威胁国断绝经济交流也会损害自己国家的安全。即使停止了与威胁国的经济交流，威胁国所失去的经济收益也会在与其他第三国的经济交流中得到补偿（特别在威胁国拥有充满魅力的巨大市场和稀缺资源的情况下更是如此）。如果这样，自己国家不仅不能减少威胁国的经济收益，本来能从威胁国得到的经济收益也会被第三国夺走。被第三国夺走的经济收益如果不能在替代市场上得到补偿，自己国家所得到的经济收益与威胁国和第三国相比会相对变少。把从威胁国得到的经济收益让渡给第三国的选择会招致自己国内势力强大的企业集团的反对，导致政权不稳定。

于是，国家面对着"二难选择"。一方面担心会使威胁国更加富裕，从而培育起强大的国家，另一方面又担心在不能抑制威胁国的经济和军事崛起的前提下，由威胁国实施经济安全手段自己国家可能会失去经济收益而被削弱，因此国家在这两种担心之间左右为难。这样的"二难选择"在当今经济全球化下国家安全中逐渐显现为一个重要问题。①

（四）经济安全战略的类型

长谷川将规认为，把国家安全的构成要素、目标、威胁、手段的每个当中加入经济要素的情况就可称为经济安全，而且在维护国家安全上利用经济要素的情况是从古代到现代广泛看到的普遍的国际政治现象。他根据不同的战略目标和手段把国家经济安全战略分为八种类型。信号（signal）：向对方传递友好或反对的信息、能力、决意等的经济安全战略。强化（strengthening）：为维持、巩固本国或对本国安全相当重要的国家的权力的经济安全战略。遏制（containment）：为防止敌对方的力量增强，使之弱化甚至崩溃的经济安全战略。强制（coercion）：通过利用经济损害或这种损害的威胁，发动国期望对象国采取对自己安全有利行动的经济安全战略。收买（bribe）：通过利益交换使对象国向发动国所期望的方向发展的经济安全战略。抵消（counterbalance）：使对本国或与本国安全具有重要关系的国家的"经济不良影响"得到缓和或无效的经济安全战略。榨取（extraction）：发动国利用对

---

① 長谷川将規：「経済と安全保障の交差点」，『国際問題』，2014 年，第 5—10 頁。

象国对己的经济依存，榨取与安全有关的重要财富和资源的经济安全战略。诱导（entrapment）：利用经济依存，改变对象国的国家利益并使之自发迎合发动国利益的经济安全战略。

这些经济安全类型自古就存在，现在在经济全球化背景下，多数国家也在实施着这些经济安全的做法。例如，俄罗斯为了传达其对亲俄路线的好感以及对亲欧美路线的反感，经常对原苏联加盟国家选择能源供给和进口限制；日本为了寻求在"绑架问题"和核问题上的让步而对朝鲜持续进行经济制裁；美国通过增加发行作为基础货币的美元和发行美国国债，在填补巨额财政赤字的同时支持世界范围的军事展开。

一个国家对另一个国家可以同时采取制衡和追随战略，即国家安全战略的两面性。长谷川将规又指出尽管统称为制衡或追随战略，但制衡可以包括从"活跃的军扩、密切的军事同盟"到"抑制的军扩、松散的军事同盟"的变化；追随也包括从"密切合作、高度迎合"到"松散合作、低度迎合"的变化。这样，制衡和追随战略各自都存在强弱程度的变化。结合日本的实例可以看出，运用各种国家经济安全战略可以对国家安全战略的"两面性"和"强弱程度"产生影响。首先，从"两面性"的角度来看，例如，通过"信号"会使其他国家的对日威胁感冷却，通过"诱导"使对象国产生在经济上亲近日本的势力，使绝对执行对日制衡的国家当中也具有对日追随的层面，进而使之向对日追随处于支配的方向改变。其次，从"强弱程度"的角度来看，通过这些经济手段的作用，在实施对日强制衡的国家中培育对日追随的萌芽，使强制衡向弱制衡转化。进而，使弱制衡转向弱追随，弱追随进一步深化发展为密切追随。

第三章 日本国家经济安全战略的历史考察

国家经济安全战略以国家经济安全观为指导，日本的国家经济安全观蕴含在国家安全观当中。"二战"后日本的国家安全观是历史和现实相结合的产物，它既不能简单地归结为"二战"前军国主义安全观的延续，也不是很多日本学者所赞美的最进步的安全观。"二战"后至20世纪60年代，日本保守主流安全观形成并占据了主导地位，它是在"二战"后历经《和平宪法》的颁布、《旧金山媾和条约》以及《日美安保条约》的签订等重大历史事件后，逐步确立并取得了主导地位。这种安全观倡导以日美安保体制为基轴，重经济轻武装，承认《和平宪法》，当《宪法》与现实发生冲突时，从解释《宪法》的角度出发达到目的，而不进行修改《宪法》的努力。由于这种安全观是在吉田茂担任首相期间提出并形成的，又被称为"吉田路线"。20世纪70年代，日本保守主流安全观调整发展为综合安全观，日本成为较早关注非传统安全的国家。综合安全观不仅把来自军事的传统安全威胁看作是存在性威胁，也把来自能源、环境、粮食等的非传统安全威胁看作是存在性威胁，它强调获取安全除军事手段外还包括经济手段、文化手段等。在综合安全观的指导下，日本在经济外交方面做出了比较大的努力，通过政府开发援助一方面为受援国的经济发展做出了一定贡献，另一方面提高了日本的国际地位，强化与主要国家的政治、经济关系，维持和改善日本的国家安全状况。20世纪80年代以后，日本的综合安全观的发展受阻，新保守主义安全观开始兴起，到90年代逐渐占据上风。新保守主义安全观主张日本要成为普通国家，力图与美国建立对等的合作关系，在政治、军事上成为美国的"责任分担者"，公开提出修宪并大力发展军事力量。虽然日本在"冷战"后提出了人类安全观，但它更大的意义是一种政策用语，不能代表日本国家安全观的真正内涵和发展方向。①

纵观战后的发展历程,日本政府一直非常关心经济与安全的关系以及经济安全的问题。在日本的国家安全理论与政策中,体现出避开军事,以非军事特别是经济方面的安全为中心的特征。尤其是在20世纪70年代以后,从"经济安全"或"综合安全"的名词来看,日本的国家安全越来越围绕经济和其相关领域讨论。日本关于国家安全问题的讨论曾几度兴起,但每次讨论产生的方法、议论的目的都各不相同,国家安全讨论的内容也是多样化的。任何理论和政策的产生与演变都是有其时代背景的,只有把日本经济安全的理论和政策放在当时的历史背景下来考察,才对其有真正的理解。

第一节　20世纪50、60年代日本国家经济安全战略的演变

一、20世纪50年代——作为维持防卫力前提的经济

20世纪50年代是美国对亚洲安全政策的摸索期,这个时期日本的国家安全战略是在日美关系的变化和影响中形成的,军事安全被置于核心地位。在"冷战"的国际结构下,美国的国家安全战略是把当时苏联的军事力、意识形态等视为威胁,以军事为中心的考虑而制定的。因此,在战后不久,美国对日的占领政策转向了促使日本再军备的方针。以朝鲜战争为契机美国提出要求,日本创设了警察预备队,与1951年《旧金山媾和条约》一起签了《日美安保条约》,这两个事件标志着日本的军事安全框架基本形成。《日美安保条约》签订后,日本的国家安全战略围绕日美同盟框架下日本如何分担军事作用这个问题在与《宪法》的关联上专门展开讨论。美国为了减轻在日本防卫上的相关负担,开始要求日本在同盟框架内进行再军备。根据美国再军备的要求,警察预备队变成保安队,1954年自卫队成立,并设置了防卫厅,日本军事安全制度急速地建立起来。

---

① 孙叶青:《第二次世界大战以来日本安全观的形成与演变》,上海:上海世纪出版集团,2014年,第35—36页。

20世纪50年代，日本的国家安全战略是从与美国的同盟关系中分担军事负担（即防卫努力）来考虑的，尚不能说是意识到来自外部的威胁独自决定的。国家安全战略围绕在《宪法》的制约下如何增强防卫力这个极端军事中心的问题展开讨论。

这个时期与国家安全有密切联系的经济处于什么地位呢？日本政府把经济恢复与稳定作为最优先的战略来考虑，始终坚持增强防卫力与发展经济不可分割。面对美国重整军备的要求，日本以经济上的限制为理由进行消极抵抗，其实是吉田茂内阁在重整军备和经济恢复的选择中优先考虑经济恢复的结果。与要求日本作为同盟国要更多分担防卫负担的美国政府的立场相对，日本政府坚持把经济发展与稳定作为防卫力的前提条件，这种立场上的分歧以1953年开始的《日美共同防御援助协定》（MSA协定）谈判以及驻日美军费用负担谈判为代表逐渐显现出来。

美国政府利用MSA协定促进日本的再军备，而与之相对，日本政府寻求在MSA协定中的经济援助，形成经济援助与未来加强防卫力相联系的政策思想。日本政府表现出增强防卫力会受到日本的经济条件和能力制约的看法，对增强防卫力持消极态度，美国政府当然对日本的消极防卫努力不满。以当时的《日美安保条约》和MSA协定为基础关于驻日美军费用负担的防卫分担费谈判每每都会产生纷争，日本分担的费用在整个20世纪50年代都低于美国政府所希望的数额。

在日本政府以经济力制约为由只能做到低于美国要求增强防卫力、支付防卫分担费用的背景下，美国政府对日政策也发生了变化。随着"冷战"的长期化，1954年美国对日政策由要求重整军备向以经济恢复与稳定为重点的方针再次转变。新的对日政策以1955年4月以NSC5516/1号文件为伊始，文件评价了日本经济与防卫的关系。"日本受到直接攻击的可能性极小，因此与增强防卫力相比更应该重视政治稳定与经济发展，要抵抗美国增加防卫费的要求"，还必须要考虑日本的防卫力与政治、经济的稳定是密切联系在一起的，"美国应该避免强加给日本有损于其政治、经济稳定的增加军事力的压力"。增强防卫力的要求不过是美国对日方针之一，如果作为关于经济的方针促进了日本经济的发展与稳定，一定会有助于防卫力的增强。

随着进入高速增长期，利用经济上的约束未满足美国军事分担要求的方针，逐渐失去了理由。1957年和1958年的《NSC5516/1进展状况报告》指出,日本在经济上已经发展到与美国产生了贸易摩擦的程度,在防卫努力上仍低于美国的期待。美国政府开始认识到日本经济已经增长到能够满足美国要求的程度了。

综上,20 世纪 50 年代日本的国家安全战略在日美同盟中以分担军事负担为中心,把经济作为军事分担的前提。为了国家安全,首先要努力实现经济增长的政治思想占支配地位。这种思想成为经济恢复过程中日本以经济发展优先抵抗美国再军备要求的依据,并且在当时的国际环境中美国政府能够容忍、接受这种观点。

二、20 世纪 60 年代——对使用经济手段的国家安全战略的探索

通过《日美安保条约》的修订,日本军事安全框架在日美同盟下再次确认。在整个 20 世纪 60 年代,日本的国家安全政策与 50 年代基本相同,主要围绕日美同盟框架内军事分担问题继续讨论,这期间,在防卫力持续增强的同时,国家安全问题在围绕与安保条约相关联的防卫力概念、拥核的是与非、美军驻留的意义等展开讨论。尽管国家安全的框架没有变化,但美国的经济却开始相对下降,日本经济在 20 世纪 50 年代后半期增长了 8.7%,60 年代达到了 10.7%,实现了持续的增长。[①] 这使日本有能力和机会重新考虑安全和经济的关系。

《日美安保条约》修订后,日美两国政权更迭,日美关系也随之进入一个新的阶段。1961 年设立了日美经济贸易联合委员会,这是从《日美安保条约》第二条的经济合作条款当中产生的,体现出日美同盟关系也开始重视经济方面的内容了,军事安全和经济之间有着更密切的联系了。

日美经济贸易联合委员会设立之时国际收支恶化、日美间贸易不均衡、日本棉纺制品出口导致贸易摩擦等经济问题逐渐成为两国间悬而未决的问题。从委员会讨论的议题来看,日美两国关于经济与安全的想法不同。20 世纪 60 年代前半期,日本政府非常重视改正其对美贸易的赤字,不断要求美国政府放松对日进口的限制。与之相对,美国政府则认为经济援助及海外军事支出

---

① Nobutoshi Akao. *Japan's Economic Security—Resources as a Factor in Foreign Policy*. Gower Publishing Company Limited,1983,p. 3.

是"维护自由世界安全和福利的不可或缺的支出",坚持贸易黑字是必要的,要把军事安全与经济问题联系起来。一方面,当时池田勇人政权提出日本"为了履行自由主义阵营在远东的'桥头堡'的责任和义务,要努力实现经济健康地快速增长,必须要提高国民收入和生活水平",表现为安全和经济是不可分离的。另一方面,实际政策在执行过程中却贯彻把经济问题尽可能地与安全相分离的"政经分离"方针。日本政府没有表现出在经济和安全之间有着稳固关系的政策,这种从安全问题当中把经济问题分离出来的立场与美国政府的立场不相容。20 世纪 60 年代后半期,由于日美贸易收支逆转,以及美国发动越南战争,美国政府对日本在安全责任分担上的要求变得更加强烈了。日本政府失去了经济制约的理由,不得不在安全的成本负担上有所表示。

随着美国在经济上的绝对优势逐渐被撼动,从 20 世纪 50 年代末期,美国政府开始对其西方盟国提出安全分担的要求。1959 年在 IMF 和 GATT 总会上要求西欧各国和日本废除针对美国制造品的进口限制,增加对发展中国家的开发援助。面对国际收支恶化,美国政府一方面实行了利息平衡税等美元保护政策,另一方面开始对日本实实在在地在资本、贸易自由化等经济方面提出要求。

随着美国越来越深入地卷入到越南战争,美国要求日本在亚洲安全上从政治和经济两方面都要分担责任,在日美经济贸易联合委员会上提出的对东南亚援助的要求就是其典型例证。日本一方面接受了美国政府在东南亚合作的要求,另一方面受国内舆论反对参与越南战争以及军事安全上的约束,急迫地需要明确安全政策。在这种情况下,日本政府极力避免东南亚的军事和政治参与,而是通过经济援助为地区的安全做贡献,通过经济援助提高亚洲的经济水平和实现政治上的稳定。

综上所述,日本政府从 20 世纪 60 年代关于经济与安全关系的看法慢慢地发生变化。在前半期日本采取"政经分离"的政策,贯彻把国家安全限定在军事中心的方针;后半期在美国的责任分担要求下,增加了"运用经济手段为安全做贡献"的新视角,从同美国分担安全成本的观点出发,开始表现出在政策上把经济手段看作为安全方面的手段。

第二节 20世纪70、80年代日本国家经济安全战略的演变

一、20世纪70年代——经济安全的提出

20世纪70年代以后，随着美国的国家产业竞争力下降，越南战争的财政负担加重等引起国际收支恶化，石油危机后通货膨胀，西欧和日本的国际竞争力提升，国际经济体制开始动摇。国际环境新变化给日本关于经济与安全关系的想法带来了很大影响。

首先，因为美国的经济力相对进一步下降，美国政府对西方盟国在安全的成本分担上有更强烈的要求。尼克松政权提出的与经济力相对称的安全成本负担方针被其后任政权继承。针对日本也是如此，特别是1979年苏联入侵阿富汗后，美国对日本的防卫分担要求开始变得更加强烈。

其次，在1973年的石油危机、1974年的世界粮食供给的逼迫下，在多数资源、能源和粮食上依赖其他国家的日本认识到了其经济上的脆弱性。

针对美国更多分担安全责任的要求，日本政府相应地增加了防卫费和海外援助费。20世纪70年代日本的防务费增速最快，经济援助额度也大幅提高。受《宪法》第九条、舆论反对增强军事力等制约，日本政府开始更加重视把增加经济援助这样的经济手段作为分担安全作用的手段。但是，在同时增加经济援助和防卫费的方针中，日本政府积极地把援助定位为军事安全手段的替代物，还是它当作是军事手段的补充，在这点上并不明确。

变化的国际环境使日本认识到安全的威胁不只来源于军事方面，特别是美国经济的优越性日益明显地丧失，贸易问题、金融问题、能源问题、南北问题等致使战后国际经济体制发生了重大变革。1976年日本公布的《昭和50年代前期经济计划》采用了从经济观点看待安全问题的视角，提出为形成维护经济安全的长期经济发展基础，归纳资源和能源的确保、粮食供应和农林以及渔业的强化、产业结构转换、地域分散政策、科学技术振兴等五个政策课题。20世纪70年代，在军事威胁以外阻碍日本经济发展的主要是能源、资源供给不稳定。基于此，日本产生了最早的对国家经济安全的认识。

作为战败国日本的军事力受到限制，战后日本在国家安全方面，尽量避开军事以非军事特别是经济为讨论中心。从国家安全的角度考虑，不存在只有军事威胁的情况。20世纪70年代发生两次石油危机为日本的国家安全提供了新的视角。对资源小国来说，军事方面并不是必须要努力维护国家安全的全部内容，经济安全也很必要。

另外，20世纪70年代以后，国际经济体制动摇，安全概念的讨论也从军事中心向经济领域扩大。在对安全的研究中，经济领域威胁和军事威胁同等重要，专门针对非军事威胁、使用非军事力的安全政策研究日益增多，开始讨论在国际关系中行使经济力的有效性。

战后，日本分为左派和右派，反复围绕国家安全展开争论，争论的中心是军事安全。右派主张，要积极地评价《日美安保条约》，在这当中探索日本军事作用的可能性。左派则对军事作用持否定立场。20世纪70年代以后，对经济力在对外政策上或者在国际关系上的重要性在日本基本取得了广泛的认识。

二、20世纪80年代——作为综合安全中心的经济安全

20世纪70年代在美国的要求和国际环境变化的影响下，日本的国家经济安全意识逐渐增强，到了80年代逐渐产生综合安全的理论和战略。综合安全是大平正芳首相设立的私人咨询机关"综合安全小组"提出的咨询方针，后来被铃木善幸政权继承，之后就一直成为指导日本国家安全战略的思想。基于20世纪70年代美国军事和经济的绝对优越性消失、南北问题的重要性提高、"美国霸权下的和平"转向"责任分担下的和平"的时代变化等国际形势的认识，"综合安全小组"发布报告书提出，所谓"综合"是指国家安全战略在对象领域是多样的，所采取的手段和政策水平也是多样的，必须在综合讨论的意义上加以使用。除了军事威胁，还要应对经济威胁，已成为经济大国的日本在实施安全的手段时要同样重视增强防卫力和作为非军事手段的经济手段。

报告书尽管强调非军事的安全特别是经济安全，但是从非军事手段并非军事手段的替代的观点出发提出了军事手段与非军事手段同时并立，那么到底军事、非军事哪方面的手段是重点呢？或者，军事手段和非军事手段如何

相互补充呢？综合安全给人留下了界限模糊的印象。从外部特别是具有责任分担要求的美国的反应来看，综合安全的概念是日本为了实施重视自己国家经济发展的政策而不增加防卫费的"口实"，亚洲各国也认为这是日本采用的为了增强军事力的"伪装"的方针。

　　大平正芳首相本人对综合安全提出了看法。"对资源和市场基本都必须依赖于国外的日本来说，世界上无论发生什么样的冲突都会对其生存产生威胁。况且，在武器开发极度发展的今日，如果日本受到直接的攻击，不可能有能力完全单独保护自身安全，而现在能够正在实施的集体安全体制是不充分的。因此，日本必须建立和维持以和平战略为基础的综合安全体制，坚持现在的集体安全体制（《日美安保条约》）和有节制地发展高质量的自卫能力相结合。作为对前面的补充，在对内努力充实经济、教育、文化等战略、政策的同时，还要强化经济合作、文化外交等必要的外交努力，为实现日本的综合安全而努力。"①

　　在那以后，关于综合安全进行了各种讨论，综合安全、经济安全的各种方针层出不穷。例如，中曾根政权时期关于国家安全的私人咨询恳谈会的报告中提出，作为综合安全战略的政治、经济、军事的三种手段的重要性，但在苏联军扩、美国的责任分担要求提高等背景下应该着力完善军事手段。当时通产省的产业结构审议会则把经济安全定义为"从日本经济受到由国际因素引起的重大威胁出发，主要通过灵活有效地利用经济手段来加以保护"，对军事手段受到制约的日本来说，经济安全在综合安全体系中尤其重要。综合安全这个名词开始作为表现包括军事威胁、经济威胁、军事手段、经济手段的日本的国家安全战略被使用，由此可以看出日本国家安全战略的特征，但也正是由于综合安全包括内容的广泛让其成为一个解释幅度宽泛的暧昧的概念。

　　20世纪80年代中期以后，随着美国经济恶化，日本崛起为经济大国，美国对日本安全责任分担的要求愈发强烈，日本政府以增加防务费使之超过GNP的1％上限的《防卫计划大纲》为基础，进行防卫力修整；通过大幅增加政府开发援助应对对日责任分担的要求。虽然日本政府重视通过增加经济援助对安全的贡献，这个方针也在"使用经济手段来维护安全"的意义上提

---

① 太平正義：『太平正義回想録——伝記編』，太平正義回想録刊行会編集発行，1987年。

出了经济安全，但并没有明确表示目的。

20世纪70年代以后，日本为了在有效利用经济手段的同时能够明确地反映出对经济威胁的认识，提出"为了应对经济威胁的国家安全"的观点。以实现能源安全的石油储备、替代能源的开发、粮食安全等为中心展开的讨论是其典型表现。"把经济手段作为重点的国家安全战略"和"把应对经济威胁作为重点的国家安全战略"作为国家经济安全的主要内容。

综上所述，日本关于经济与安全的思想受20世纪50年代以后在日美安保体制中安全的责任分担要求的变化、70年代以后国际经济体制的不稳定化以及日本经济力的发展等主要原因发生变化。20世纪60年代后半期，日本要应对来自美国的成本负担要求不得不把利用经济手段维护国家经济安全放在重要位置。20世纪70年代，日本开始认识到经济威胁，从维持日本经济这点出发开始重视经济稳定。20世纪80年代，上述两种认识结合，演变成综合安全的设想。总的来说，从上述的历史演变中产生的国家经济安全战略，缺少对经济威胁以外的特别是军事威胁而使用经济手段的内容。

第三节 20世纪90年代的日本国家经济安全战略

一、国际背景

"冷战"结束后各国重新认识自己的安全政策，传统的以军事为主的安全政策已不适应时代的需要，经济安全逐渐取代军事安全成为各国优先考虑的问题。在国际关系中关于经济问题的讨论上升到了更高的层次。以克林顿政权把经济安全作为其政策支柱之一为象征，可以看出"冷战"结束经济问题的重要性更加显现。IT革命进程加速，经济全球化速度加快，这些新情况的出现，使国际关系的框架结构发生变化。日本的安全政策中针对苏联的军事威胁的防卫政策被重新考量，逐渐考虑以经济手段为中心对国际秩序做贡献。

20世纪90年代以后，尤其是进入21世纪，国家安全从面临的威胁、安全的主体以及采取的手段等几个方面明显呈现出多样化的特征。"冷战"结束后，虽然大规模战争的威胁越来越小，但是，地区冲突、局部战争、恐怖袭击、金融危机、大规模人口移动、环境污染、公共卫生等问题此起彼伏，从各个方面"蚕食"着国家安全。安全的主体也发生了很大变化。过去，安全是作为国家机能发展的概念存在的，现在，不只国家，构成国家的集团或组织乃至个人，大至地球，小到个人，安全的主体在发生着变化。安全是指对这些主体有明显威胁的预防和排除而采取的一系列活动，而国际社会、国家或个人从各自的立场对威胁有不同的认识和理解。因此，保护安全的手段也应该是综合的，不仅只有外交和军事，经济、能源、环境、科学技术、文化、人的关系网络等都可以作为手段来考虑。国家安全政策越来越体现综合政策的特点。

二、日本国家经济安全战略的变化

"冷战"结束，促进了世界各国重新审视其国家安全战略，日本的国家安全战略也在发生着变化。关于国家安全的讨论呈现出把"应对军事威胁而使用军事手段的国家安全"与"应对经济威胁而使用经济手段的国家安全"区分开来的倾向，虽然关于"针对军事威胁而使用非军事手段的国家安全政策"在理论上属于经济安全的范畴，但以往的经济安全理论并没有对此进行充分研究。

过往，日本的国家经济安全概念尽管提到了防卫努力，但主要是从为了避免在军事方面的成本负担而把经济手段作为着力点加以解释，或者说，虽然包含了为了国际经济秩序的稳定而做贡献的视角，但却被认为只考虑自己国家的经济稳定而缺少对世界安全做出贡献。为了避免概念上的暧昧和对相关战略的指责，日本在20世纪90年代努力制定更加明确和更加现实的国家经济安全战略，这主要体现在两个方面。对经济大国日本来说，使用经济力的可能性和必然性较高，在国家安全上要明确经济手段（包括与其他非军事手段相结合的情况）能够替代军事手段的情况与不能替代的情况，必须认真地讨论针对能替代的情况而使用经济手段的政策和制度。例如，针对直接侵略经济手段难以对抗，但面对军事威胁通过经济援助、外交斡旋可能会抑制发生直接的军事行动。在以经济稳定为目标的情况下，不仅有20世纪70年代的石油储备和维持出口竞争力等国内目标，还必须把为调整国际环境的安全做贡献作为重点。调整国家环境层次的安全战略可能存在与国内利益未必相一致的情况，但是积极重视，以国际经济秩序的稳定为目标的政策是消除日本为维护本国经济安全的自私印象的第一步。

在上述思想指导下，20世纪90年代，日本国家经济安全战略发生变化，这种变化首先表现在与美国关系上。1985年美国上院一致通过《对日不公正贸易法案》的决议案，在美国掀起了抵制日本的浪潮，很多美国人认为同苏联的军事威胁相比，日本的经济威胁更大。在这种气氛下，1985年签订《广场协议》，日元大幅升值，日本经济泡沫，美国通过这些现象不断地提出日本威胁论。1991年，海湾战争结束，美国胜利，苏联解体，日本泡沫经济破灭等事件接连发生，日本面临的传统威胁随之消失了。在这样的背景下，日美同盟不但没有松动，反而更加紧密。随着日本地位的不断提高，其对日美同盟的政策在悄然地发生变化。日本对美国关系的最大目标是通过同盟关系，借助美国的力量，但同时要避免陷入追随美国。日本正寻求通过同盟向美国的政策行使影响力，在个别的具体问题上要贯彻把本国利益作为重要目标的政策。但是，由于日美同盟中一直存在日本单方面依赖美国军事力的特点，美国曾多次对日美同盟的不平等性表示不满。为了弥补不平等，日本从政治和经济上合作，购买美国武器，分担在日的美军经费，加强防务合作等。

日本国家经济安全战略的另一个变化是日本在寻求在国际安全领域有更大的作用。从日本的防卫力作用来看，以日本为中心有三个同心圆。处于最中心的是日本本土，日本对自己国家防卫的作用；处于第二层区的是协助美国的后方地区支援；最外层区是协助国际安全（国际秩序形成、维持）。现在，日本在充分发挥第一、第二层的作用前提下，正在寻求更多地实现第三层作用。20世纪80年代后半期日本成为世界最大的债权国，日本政府也开始了把维持国际秩序作为重点方针。例如，1988年竹下登首相在联合国的演讲中提到，为了世界和平的合作，增加政府开发援助、促进文化交流。随着东亚形势和日本地位的变化，日本作为同盟国必须发挥更深层次作用的呼声越来越高。日本的实际行动也表现出这个特点，如向海外派兵参与军事行动、修改"有事法案"，甚至要修改《宪法》第九条等。

20世纪90年代开始，随着国际形势变化，人类安全的概念被提出。由日本发起设立的人类安全保障委员会起到了积极的作用，在其发布的报告书中明确提到人类安全与国家安全以及经济安全的关系。

传统来看，经济安全与国家安全保有着非常密切的关系，国家目前仍然是维护经济安全的最主要的主体，这里先探讨人类安全与国家安全的关系。

人类安全是"保护人的生活和生命中不可替代的中枢部分,实现所有人的自由和可能性的活动",即人类安全要保护人类生存基础必不可少的基本自由,并在广泛且深刻的威胁状况下保护人类活动。人类安全是以人本来应该具有的权利和希望为依据,为了使人们享受生存、生活和尊严能够采用的必要的基本手段,包括政治、社会、环境、经济、军事、文化等制度的一体化的含义。

安全正面临着新的课题。以前,从外部产生的威胁考虑安全,国家安全专门针对来自外部的攻击,包括国境、国民、制度、价值观的国家保护。但是,过去的数十年,国家安全和多样性威胁的理解范围已大大被拓宽,除了保护国境、国民、制度、价值观外,环境污染、国际恐怖活动、大规模人口移动、艾滋病传播等成为了新的要素。围绕国家和国际社会环境的变化,现在国内动乱对世界和平和安全的威胁正在超过国家间的战争。随着全球化,国家间的关系和国内的关系都在发生着很大的变化。在信息和社会生活中必要的财产从来没有涉及如此多人,国家间的贫富差距和国家内部人与人之间的贫富差距,从来没有像今天这样巨大。安全概念覆盖面被大大拓展。

在相互依存日益加深的世界中,若要实现和平与稳定,只预防伴随武力的国内动乱和它带来的影响是远远不够的,维护人权、推进人参与下的均衡开发、尊重人的尊严和多样性也很必要。同样重要的还有开发个人和社会的潜在能力、在充分信息的基础上进行选择。从这个方面考虑,人类安全并不是代替国家安全,而是强化国家安全化。人类安全和国家安全是相互补充和依存的关系。如果没有人类安全,也就不可能实现国家安全。[①]

既然人类安全是国家安全的补充,其必然会与经济安全有着密切的联系。现在有一种倾向,在经济安全中融入人类安全的研究方法,无论从威胁的内容还是使用的手段更多从经济安全的角度考虑。

当经济安全面临威胁时,人类安全也会受到损害。例如,经济资源不充足、经济流动不稳定、资产被掠夺这三种典型的经济威胁都涉及人类安全问题。正常情况下,在寻求人类安全的手段中最普遍使用的是经济手段。例如,人为了消除贫困和减少突发事件带来的损失,会进行储蓄和投资(使用物质

[①] 人間の安全保障委員会報告書.『安全保障の今日の課題』,朝日新聞社,2004年,第10—28頁。

的、货币的甚至是人的资产）来确保自己的安全和安定。储蓄能力、投资能力及有效使用资源的能力都是实现人类安全的手段。

如果能够实现在削减贫困和生活水平提高基础上的经济稳定，就能够给社会带来很大的影响。寻求经济的安全、安定和开发社会潜在能力是相互补充的，多数的文献和政策经验正在证明这一点。

第四章 日本在经济领域安全范畴上的战略变化

第一节 日本防卫产业及其战略变化

防卫产业又称国防产业,包括武器装备、国防交通工具、侦察手段设备、军事通讯联络和指挥系统设备、军用纺织品等研发、生产部门。一般耗资巨大,系统复杂,保密性强,技术上处于"高、精、尖"领先地位,对于国家安全具有十分重要的作用,在国家经济体系中占有特殊地位。它的发展取决于国家的安全需要,依赖于国民经济基础。国家经济实力和基础工业的现代化是防卫产业现代化的前提,而防卫产业的发展又在技术、基础材料上带动国家民用工业的发展。在非战争时期,防卫产业转向民用产品生产,会迅速提高工业生产能力、满足工业产品消费市场的需求。防卫产业既是国民经济的重要组成部分,也具有一定的特殊性,其自身的发展以及相关政策、战略既直接影响国家的军事能力和安全状况,也会对国民经济造成一定影响。

一、日本防卫产业的发展与现状

(一)相关概念

防卫装备品是指为了完成防卫省、自卫队的任务而使用的火器、车辆、设施器材、弹药、制导武器、通信电子等装备品、船舶、飞机以及相关军需品等。但是,为了开展行政事务所使用的办公自动化机器等资产、材料等不包含在内。

防卫生产、技术基础指为了与防卫装备品有关的研究、开发、制造(购买）、运用、维持修整、改造、改修等的人力、物力、技术基础。除了企业或者企业的人才、设备、积累的技术情报以外，也包括非营利法人、研究机构等团体或者团体的人才、设备、积累的技术情报。

防卫产业是指从事与防卫装备品有关的研究、开发、制造（购买）、运用、维持修整、改造、改修等的企业和这些企业的经济活动。

防卫相关企业是指与防卫装备品有关的与防卫省有直接契约关系的企业和零部件供给企业（虽然没有直接的契约关系，但从事在防卫装备品上使用的构成品或子系统、零部件开发和制造的企业以及提供与防卫装备品有关服务的企业）。

所谓"日本国产"一般来说是指在日本国内进行最终组装的广义上的"国产"，但从制造形态来看，其中包括使用日本本国独自技术并在国内制造的"纯日本国产"、取得其他国家的技术在日本国内制造的"许可国产"、日本本国的防卫产业作为合作伙伴与其他国家联合开发和制造的"国际联合开发、生产"。

（二）战后日本防卫产业的产生与发展

1945年9月制定的《美国在日本战败当初的对日政策》（U.S. Initial Post-Surrender Policy for Japan）提出占领的主要目的是解除武装和非军事化。日本不能保有军事力，所有的军事资材都要转让给联合国军队。日本军事力的经济基础被破坏，为兵器生产的所有活动、军事力的保持或利用都遭到禁止。为了防止秘密地或伪装地建设军事力，日本的工业生产都处在监视之下。这也反映在1946年11月3日公布的《日本国宪法》当中，明确规定坚决不能使日本国民再次卷入战争的惨祸当中，相信热爱和平的国民的公正和信义，维护国民的安全与生存。广为周知的第九条中规定，"日本国民真诚地祈求以正义和秩序为基础的国际和平，作为解决国际争端的手段永远放弃国权发动的战争、武力威胁或武力行使"，为此，"不拥有海陆空军及其他战力"。但是，现在的日本拥有23万人以上的自卫队军官，国内的防卫产业供给了90%的装备品。《日本国宪法》中当初反映的美国方针由于战后马上发生的一连串事件而不得不被改变。1946年3月，英国首相丘吉尔在美国密苏里州富尔顿城发表著名的"铁幕"演说；1947年，开始实施封锁共产主义势力的"杜鲁门主义"；1948年4月，建柏林墙，开始"柏林封锁"；1949年4

月,成立北大西洋公约组织(NATO);同年10月,中国共产党领导的新中国成立;同年年末,苏联进行核试验;1950年6月,朝鲜战争爆发。美国提议日本为了本国的安全放弃战争、信赖"热爱和平的诸国民的公正和正义",然而世界发生了很大的变化。

1950年朝鲜战争爆发,美国越来越感受到在远东地区生产军需品的必要性,日本就成为了担负供给的选择。1950年美国军队侵入朝鲜半岛,日本依靠本国军事力量对国内犯罪和政权颠覆的必要有了合理的借口。最终麦克阿瑟认可日本建立7.5万人的警察预备队,开启了自卫队建立和发展的历程。1951年《旧金山媾和条约》联合国承认日本主权,认可《联合国宪章》第五十一条所规定的个别的或集体的自卫权。苏联以《旧金山和平条约》没有如何担保防止日本军国主义复燃却保证在日本国内驻留外国军队和保持外国军队的基地为由,没有在该条约上签字。苏联充分认识到美国在这个地区利用日本成为抵抗共产主义的"防波堤"的计划。日本与美国又缔结了《安全保障条约》。日本不拥有军队,要求美国军队"作为为了日本防卫的暂时措施"在日本以及日本附近驻留,形成对局势的抑制。美国一方面同意日本的要求,另一方面在避免日本形成攻击威胁的军备扩张的形式下,期待日本慢慢担负起针对直接间接侵略本国的国家防卫责任和义务。

美国对日本非武装、非军事化的构想转变为日本可以拥有有限自卫目的的武器和武力的构想,驻日美军提供支援。这种转换使在不进行《宪法》修订的状况下所形成的防卫产业地位不稳固。在战后初期日本构筑防卫力的行为受到了经历了20世纪30年代过度军国主义以及国民的强烈反对。尽管"冷战"的现实和对日本特定威胁的存在,针对防卫力的创设和防卫产业的恢复遭到强烈反对。虽然在20世纪50年代以后有了很大的变化,但其影响直到现在还继续存在。在日本政治中关于防卫问题持续存在着"第三条轨道"(回避主题),即呈现出尽可能避免在公开场合商议防卫问题的倾向。与经济、产业问题相比在日本呈现出的防卫问题受到轻视的倾向是这种微妙环境的反映。

战后初期吉田茂首相的经济政策("吉田路线")是战后日本反军国主义的一环,也是在美国保护的基础上最大限度地压制防卫力扩充、集中经济复兴的政策。朝鲜战争时,美国的特需对日本产生非常大的经济利益,为了促进国内经济发展推进装备品国产化的意见增加。尽管存在日本国产化会妨碍与美国的互通，使采购价格高涨，政治冲突等，但防卫产业的生产能力还是得到了推进。日本在武器国产化方面拥有很长的历史，其源头可以追溯到19世纪封建制度下的日本受到与已经开展工业化的欧美各国技术差距巨大冲击。武器国产化作为提高日本在世界中地位的手段，与集中培育技术、保持技术优越性的日本产业政策处于同一轨道，也与把日本和韩国培养成抵抗共产主义的强大"防波堤"的美国意图一致。

但是，因为与"吉田路线"不一致，武器国产化还是遭遇了困境。与对战后日本经济增长有较大贡献的其他产业不同，防卫产业没有被给予特别的地位（也包含相关的补助金）。对日本防卫产业的经济支援以1953年缔结的MSA协定为基础委托给美国。1954—1967年，日本得到5760亿日元的军事援助，占同期装备品购买总额的27%，若只考虑1957年这一比例高达58%。日本国内的防卫产业相应急速增长，在MSA协定基础上的情报交换和训练也支持了日本的防卫产业发展。国产装备品占防卫装备品采购的比率在1950—1957年只有39.6%，1961年为64.6%，1962—1966年为81.6%，1969年达到91.6%，以后基本维持在90%的水平。

（三）日本防卫产业现状

目前，日本的防卫产业规模约为1.8万亿日元，这与飞机产业、造船业、家用电器大体相当，但与汽车等制造业、电子工业还存在很大差距（表4.1）。

表4.1 日本的防卫产业与其他主要产业的市场规模比较（单位：万亿日元）

产业	防卫产业	飞机产业	造船业	家用器	电子工业	汽车等制造业
市场规模	1.8	1.3	1.6	1.8	12	52

资料来源：防衛装備庁装備政策部：「防衛産業に関する取組」，2016年6月15日，第3页。

防卫产业并不是单一产业，它包含车辆、舰船、飞机、弹药、被服、燃料等多种领域，其市场规模见表4.2。

日本从事防卫装备品等生产的企业面向防卫省的销售额（防卫需求）占其全部销售额比例只有约5%，对多数企业来说，防卫事业并不是其主要收入来源，对于规模较小的企业，防卫需求比例可能超过50%。日本的防卫相关企业不仅包括与防卫省缔结直接契约的最主要企业，还包括与这些最主要

表 4.2 日本防卫产业的各种装备品的市场规模（单位：亿日元）

装备品	市场规模	装备品	市场规模
陆上装备	733	弹药	773
需品	1510	诱导武器	1583
舰船	1530	通信电子、指挥系统	3230
飞机	3082	进口、FMS	3286

资料来源：同表 4.1。

企业缔结契约的众多供应商，形成与防卫事业相关的领域广泛、规模各异、多层结构的企业体系。以舰艇为例，在日本，签订护卫舰生产的直接契约企业有 49 家，与之有明确契约关系的一级分包企业有 1202 家，二级分包企业有 5710 家；在这些企业中大型企业占 21%，中小企型业占 79%。[①]

从与防卫产业相关的预算来看，1989 年以后，装备品等的维持修整费用逐年增加，研究开发费逐渐减少。主要装备品等的购入费近些年呈现增加趋势，很大程度受到成批采购和进口的影响（表 4.3）。近些年日本国内防卫产业的规模在相对缩小，对外有偿军事援助（FMS，即美国优先，出售包含重要机密的装备品时，由美国政府出面推进合同的政府间交易）的采购额急剧增加，2016 年度达到 4858 亿日元，约为 10 年前的 5.5 倍。（表 4.4）

表 4.3 日本与防卫产业有关的预算（物件费）情况（单位：亿日元；%）

	2007 年度	2008 年度	2009 年度	2010 年度	2011 年度	2012 年度	2013 年度	2014 年度	2015 年度	2016 年度
物件费预算	26850	27233	26334	25848	25927	27332	26813	29199	32917	30748
进口比率	11.8	9.1	11.0	8.0	7.4	9.8	11.2	13.4	20.9	23.3

注：进口比率＝外汇对象额（FMS、一般进口、国产品中的进口及 R&D）/物件费（合同额）

资料来源：同表 4.1。

[①] 日本造船工业会：平成 26 年度日本造船工业会调查，https://www.sajn.or.jp。

表 4.4 对外有偿军事援助的采购额的变化（单位：亿日元）

年度	FMS 采购额	年度	FMS 采购额
2007	877	2012	1380
2008	637	2013	1179
2009	642	2014	1905
2010	569	2015	4705
2011	431	2016	4858

资料来源：同表 4.1。

（四）日本防卫产业的特点

日本防卫产业的特点主要表现为六个方面，这些特点从各种侧面规定了日本防卫产业维持、发展方向，特别是第四至六点在其他各主要发达国家很少见，属日本自身固有特点。

1. 所谓防卫产业的实态是涉及广范围、多种类的产业领域的集合体，其状况在不同的行业种类上表现各异，包含从生产武器、弹药，大部分产品提供给防卫省的产业到生产通信电子机器，其向防卫省提供的产品占全部生产额比例不足 1% 的产业。每个产业领域的防卫需求依存度差别很大，从整体来看，面向防卫省的生产额每年约为 2 万亿日元，只占日本工业生产总额的不足 1%。[①]

2. 主要防卫装备品是以来自防卫省的订货为基础采取多品种少量生产的形式，因为必须要维持与多品种对应的生产线，所以基本不能期望量产效果。

3. 与防卫省签订直接契约的企业数即使把相关的医疗品、粮食从业者包含进来也只有大约 1500 家，但在这些直接契约企业之下拥有范围广泛的多重结构的层层分包中小企业群。例如，在坦克、护卫舰、战斗机领域都有超过 1000 家企业参与生产，其中有约 70%—80% 是中小企业。

4. 根据《武器出口三原则》等规定，原则上武器不能出口，市场被限定在国内防卫需求。在不能进一步期待量产的背景下，防卫企业会直接受到严峻的财政状况的影响，且呈现出与外国装备品相比采购价格普遍较高的问题。

5. 防卫相关企业的民间部门从事兼业的比率相对较高，例如，世界排名

---

① 経済産業省：「防衛産業基盤について」，2010 年 4 月 8 日。

前10位的企业（全部是欧美企业）的防卫需求依存度为40％多，日本排名前10位的企业的防卫需求依存度还不到5％。在枪炮、坦克、舰艇、飞机、制导武器等主要装备品方面，每个领域在进行着1—4家企业或企业群体的企业集约，但也存在企业撤出会直接关系到日本防卫产业、技术基础缺失的情况。因为防卫领域需要特殊的技术和设备，如果一旦丧失基础，要想恢复需要更长的时间和更高额的费用。

6. 战后，日本的军工厂被迫废止，在防卫技术研究开发上试验品的制造完全委托给民用企业，所以民用企业担负着生产基础和技术基础的两方面，必须要考虑技术基础的维持和生产基础的维持。

二、日本防卫产业与经济发展的关系

在日本，战后除了军工工厂被废止以外，大学等研究机构中与防卫装备品有关的研究开发实际上也中断了，在基础研究方面也只不过进行着部分通用技术的研究。因此，在防卫省技术研究本部中除了基础研究以外，防卫技术是由防卫产业自身所积累的说法并不为过。在防卫技术中加工应用、组装技术方面的优势技术主要是在企业中被积累、继承，与生产活动分离则无法长期存续。从防卫技术基础的维持方面来看，防卫产业基础的维持很重要。

由于防卫装备品必须要承受住在严酷环境下运行以及要追求超越想定对手的能力等，多数防卫技术要广泛地包含最先进的技术。防卫技术的民生转用（spinoff）较多，反过来把民用技术融入防卫装备品的情况（spinon）也在增加，防卫技术与民用技术之间通过相互关联以及乘积效果产生动态循环，会大大促进民用领域更加活跃，提高日本整体的技术水平（图4.1）。例如，盘式刹车器、计算机、互联网、汽车导航装置、夜视照相机、毫米波、高分解能地上观测卫星、部分与IT相关的技术等原本都是从防卫技术中产生的。通过来自最先进技术开发的飞机产业技术而产生的生产诱发额（在该产业上产生的技术向其他产业转移，创造出新产品等诱发其他产业活跃起来，提高其生产额的效果）估计是汽车产业技术产生的诱发额的三倍左右（表4.5）。除了从防卫观点看，研究开发最先进技术和维持、培育防卫技术基础的做法对产业整体发展意义重大。

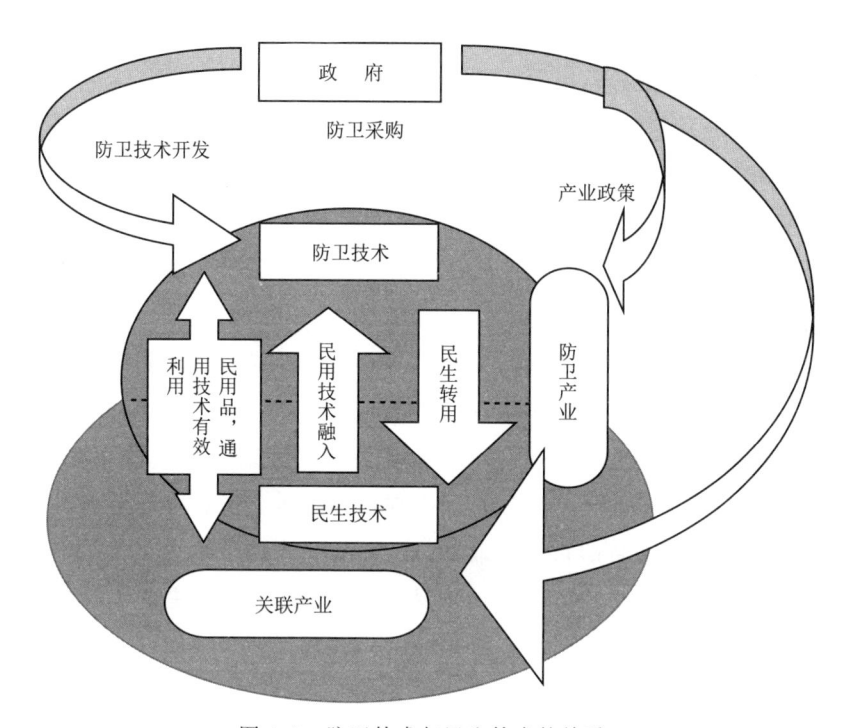

图 4.1　防卫技术与民生技术的关系

表 4.5　飞机产业技术波及效果（单位：万亿日元）

	产业的生产额	技术波及效果（通过技术波及产生的生产诱发额）	产业波及效果（通过产业波及产生的生产诱发额）	波及效果合计
飞机产业	11	103	12	115
汽车产业	320	34	872	906

资料来源：三菱综合研究所による推计结果（平成十二年三月，日本航空宇宙工业会委託調査），http://www.mod.go.jp/j/approach/agenda/meeting/bo-san/houkoku/si-03.html 。

属于制造产业的日本多数大型防卫关系企业为了回避由于防卫关系费使经营受到很大控制的风险，不想成为所谓的"防卫专门制造商"，在努力实现与民用事业（部门）经营资源融通的同时，维持着防卫事业（部门）。另外，除了火炮、弹火药这些有限领域以外，通过灵活运用在民用事业上培育的技术和设备，弥补防卫事业研究开发经费短缺的同时，实现最新防卫装备品的开发、生产、维护、修理。总之，尽管不同企业体现程度不一，日本的防卫产业基本上呈现出在经营资源上依赖于民用事业的事业形态。对日本的主要防卫企业来说，其生产的防卫装备品的投入产出、技术、经营等状况也会影响其民用事业的生产经营。

防卫产业所涉及的产品从坦克到被服范围非常广泛，这里以产品和技术等军民两用的程度为标准划分防卫装备品，从中可以看出，防卫装备品市场和技术对民用企业的影响。

（一）产品和技术都专用于防卫用途

手枪、步枪、火炮等火器的开发、制造虽然一部分是为其他部门或民间的制品，但因为其多数是为防卫省生产的产品，如果防卫省的采购数量缩减，企业内体制维持就会变得愈发困难。火器方面必要的技术被特化在防卫上，不能期待由民间技术或大学等教育、研究机构提供，所以在防卫省内的研究部署实施以外，企业只能自主采取对策。即使属于国外许可生产的情况，在国内相应的技术基础也是必要的，如果生产中断，继承其技术的难度就会增大。

弹药的开发、制造与火器同样，一部分是为了其他部门或民间的制品，但多数是面向防卫省的产品。因为防卫依存度（防卫事业销售额占总销售额的比例）高的企业比较多，若防卫省的采购数量缩减，企业内体制维持就变得困难。弹药方面的必要技术因为被特化在防卫用途，不能期待来自民间技术、大学等教育和研究机构，所以防卫省内的研究部署实施以外，企业只能自主采取对策，这种技术的继承难度很大。

因为弹药会对火器的精度、威力等产生很大的影响，所以弹药与火器的机能、性能有着密切的关系。如果防卫省要实现火器等多样化，就必须开发、制造与各种火器相适合的弹药。受各种法律上的管理规制的限制，弹药种类的多样化也会给其管理业务带来很大影响，管理业务的效率化也成为问题。

制导武器是自卫队根据其任务的特性所使用的的各种武器。制导武器的开发和制造具有多弹种、少产量的倾向，除了从 2004 年开始被纳入预算的弹道导弹防御（BMD）相关事业，制导武器的采购规模在 10 多年间基本没有太大变化。防卫省为了应对严峻的财政情况，正在努力实现根据用途的家族化、共通样式化等开发，维持管理的效率化。制导武器的相关技术大多是民间不需要的，如果其基础一旦丧失，再构筑需要极高的经费和时间成本。近些年，为了迅速应对有所提高的外部威胁等国家安全上的环境变化，从追求短期间上的改良、改善出发，引入海外先进技术，维持提高国内企业的高级技术力，为开展有效率的开发和制造投入经营资源等变得更加重要。

（二）产品专用于防卫，部分技术可与民间共通

车辆。坦克、装甲车、自行火炮等车辆的开发、制造是努力实现家族化的防卫装备品，但因为存在来自防卫省的广泛的多种不同机能、性能的要求，存在多品种、少产量的倾向。因此，对官方和民间来说都有必要为样式的更加共通化做出努力。对开发、制造技术来说，这些装备品的生产大多使用与火器同样，炮身加工技术和为了提高防护性的技术等仅对防卫省是必要的而在民用品上为非必要的特殊技术，但存在有效灵活地运用卡车等民用技术进行开发、制造的防卫装备品。

设施器材。有效利用推土机等民用品制造技术的防卫装备品很常见。但是根据防卫省的防地雷反伏击车和支援桥等要求所开发、制造的防卫装备品，因为采购规模较小，对承担特殊素材加工的小供应商（零部件等供给企业）来说，企业内体制维持困难增大。

近些年，自卫队在海外为维护世界和平、灾害救援活动的期待提高，支持这类活动产生防卫装备需求。日本正在探讨将这些设备部分转向民间使用或向海外出口与联合国维持和平行动等国际贡献相联系的防卫装备品的问题。

舰艇（护卫舰、潜水艇、扫海艇等）。舰艇的新建造数量从长期看呈现逐渐减少趋势。因为长期采购计划不明确，新建造合同的订购机会减少，计划经营管理难度大，舰艇大型化和装备高级化对人才和设备投资风险增大成为现实问题。特别是，新建造数量的减少意味着从事未来舰种和新搭载防卫装备品研究开发机会降低，可能导致企业的技术力下降。

舰艇企业除了具备建造商船的技术、设备以外，还必须有抗冲击和抗弹结构设计、浸水和中弹时等损坏控制技术、防止被探知技术和武装技术等舰艇特有的技术和设备，这些技术在民间应用较少。因此，舰艇采购数量减少很难通过民用需求缓解经营资源的闲置，导致企业有撤出防卫事业的可能。随着舰艇进一步大型化和高级化，日本意在有计划有效率的增加采购。

与制造企业间通过激烈价格竞争的情况相反，舰艇新建造数量减少成为业界整体不得不在提高效率方面采取对策的主要原因。

为维持和提高军舰的出动率，防卫省要保证能够立即应对各种修理需求

的状态。因为军舰或者搭载的防卫装备品需要特定的设备和技术，所以，也要求在日本各地能够应对处于服役中军舰的临时修理需求。定期检查、维修集中在某一特定时期，企业不得不面对人才、设备某一时间过度负担，以及随后的经营资产闲置。因此，日本寻求在检查、维修的平准化和效率化之间进行平衡。

飞机（固定翼飞机、旋转翼飞机）。飞机可以通过国内开发、外国进口和许可生产等几种形式获得，为确保对执行任务和安全飞行，无论何种形式都需要有迅速和稳定的防卫相关企业保证支援。特别是战斗机，担心可能出现因修整时间长和出动率低造成的日本防卫障碍，日本在兼顾国内开发和许可生产。但实际上，防卫省的飞机采购数量年年减少，具有防卫省所使用飞机开发、制造等经验的企业从业人员也在减少，产生对人才、设备等经营资源不足的风险。因此，现在防卫省为维持和提高防卫生产、技术基础，考虑国内企业参与的采购方法，开展未来战斗机的技术研究和研究试做，飞机民间转用等对策。在这个背景下，2011年日本国产战斗机又出现生产供应不足的情况，防卫事业加强投入成为当年急需解决的问题。由此可见，军用飞机的需求控制难以预测。鉴于欧美国家的飞机主要属于联合开发、联合生产的情况，随着防卫装备品日益高科技、高定价的发展，日本需要适当应对国际环境变化。

（三）产品和技术在军用与民用上都能共通

通信电子，C4ISR系统即信息通讯指挥攻击系统，具体包括指挥（Command）、控制（Control）、通信（Communication）、计算机（Computer）、情报（Intelligence）、监视（Surveillance）、侦察（Reconnaissance）。

通信电子的开发、制造多数依存于具有高技术的民间信息通信和基础设施。特别是对愈发高级化、复杂化发展的硬件来说，要有效利用民用品并努力享受先进技术和价格低减效果。对软件来说，在融入技术革新速度快的民间技术的同时，改善最适合防卫省指挥体系的软件，寻求使民用需求和防卫需求在必要适应上的最优化。

传感雷达技术是捕捉高速极小目标的技术，类似这样的只有很少的技术存在大量的民用需求。从国家安全的观点出发，情报通信领域的重要性不断提高，需要能够持续提高建设能力的体制支持。

军需用品，指军需用品器材等、被服、化学器材、卫生器材。军需用品器材、舰艇需用品、航空需用品品种多样，其制造企业涉及广泛，难以一概而论。例如，日本国内有大量的钢盔和防弹衣等企业，这些企业在开发的防弹材料在生产技术方面要领先于国外其他企业。参与防卫装备品制造过程的组装、加工企业防卫依存度也比较高，受近些年民间事业低迷的影响，防卫依存度有进一步提高的倾向。

以制服、作业服为代表的被服企业可分为纤维开发企业和缝制企业，主要是日本国内生产。在多种制品中，基本上每年度都保持部分同等规模稳定生产，以及部分少量生产的现状，日本构建生产据点时注意形成能够同时对应这两方面生产体制。近些年由于被服产业整体受到海外竞争激化的影响，日本国内的产业基础弱化，对日政府部门的生产依存度提高。

以防护器材和除尘器材为代表的化学器材主要在污染环境中保障执行任务人员的安全。设计时不仅要考虑防护性能，还要考虑易穿性、易动性，降低负担。防卫省所提出的要求大大带动了在民间使用的防灾相关器械的研发和生产。

三、日本防卫产业的战略变化

如果把作为需求方的防卫省与作为供给方的防卫产业的关系看作内部环境，那么日本的财政状况、宏观经济变化、国内制造产业现状、其他国家国防卫产业动向相对就是外部环境。处于外部环境的各要素影响防卫生产、技术基础及作为其主体的防卫关系企业的活动，处于内部环境的各要素大多通过防卫省、防卫产业相关管理部门以及防卫关系企业等的行动产生影响。

（一）战略变化背景

（1）政府预算的困境

防卫关系费（防卫省的预算）的动向是预测日本防卫生产、技术基础未来发展趋势的第一指标。从国家预算资源分配看，防卫关系费的现状非常严峻。

日本 2018 年度的一般会计预算约为 97.7 万亿日元。其中，税收约为 59 万亿日元，为 1991 年以来最高，但税收收入和其他收入总合也只占当年度财政支出的 2/3，另外 1/3 必须依赖国债和公债等。2018 年度预算中公债金收入约 33.7 万亿日元（1986 年度约为 10.9 万亿日元）。2018 年度末普通国债余额将达到 883 万亿日元左右（相当于 15 年的税收），如果加上地方债，会达到 1107 万亿日元（占 GDP 比重 196%）。

日本财政收入没有提高，社会保障相关支出却在增加，导致政府不得不更加依赖国债。尽管财政状况严峻，但"如果根据严峻程度日益增强的安全环境，防卫关系费也必须相应增加"。

（2）日本国内经济不景气，制造业疲软

如果在经济增长中民用事业发展良好，防卫事业也能够应对其内部问题，这无疑是非常理想的状况。2008 年秋季雷曼事件后日本陷入进入全球经济危机和日元持续升值过程中，日本的实际 GDP 在 2008、2009、2011 年呈现负增长，2012 年末安倍率领自民党重新执掌政权以来，日本经济虽有所好转，但 GDP 实际增长率也仅维持在 1% 上下，支撑防卫产业的民用事业处于极其严峻的状况。日本经济界把制造产业所处的现状归纳为"六重苦"——日元升值、高法人税、贸易自由化的迟缓、劳动规制、抑制温室气体的规制、电力不足，如果不解决，就不能实现制造产业的飞跃发展，支撑防卫产业的民用事业的困境就难以摆脱。

如果"六重苦"继续恶化，与制造产业相关的企业就会为了在全球市场的生存加速调整经营战略。根据企业经营判断，日本很多制造业理所当然地把防卫事业归结为非营利事业。如果防卫事业不能保证一定的利润，防卫事业相关企业的人才、资金等资源分配在质量和数量上都会降低。

（3）在经济全球化过程中日本的竞争力相对下降

日本的制造产业受全球化潮流和日元升值的影响，企业的海外生产比率年年在增加，增强了产业空洞化的担心。特别是近些年，除传统类型的生产据点海外转移，研究开发类企业海外转移的现象也在增加。

日本制造产业与发达国家相比，同一产业内企业数量多，不得不忍受国内市场同类竞争产生的收益率低的结果，难以保证抢占全球市场的关键的"投资速度和规模"。

新兴工业化国家也通过产业振兴不断促进生产基础升级，日本的国际竞争力相对呈现下降趋势。如果要实现强化国际竞争力的目标，日本就要与其他国家同样进行产业重组。如果重组，企业经营判断的结果无论是主动的

（从防卫事业出发）还是被动的（从民用事业出发）都必须充分地考虑把防卫事业作为重组对象。

（4）发达国家的防卫产业政策及其变化

发达国家的国防预算也在减少，如何用国家的预算维持、培育、升级防卫产业成为重要的课题。在严格的预算框架范围内，发达国家主要通过三种类型的政策组合继续实施防卫产业政策。

扩大国内外需求的产业支援政策。通过本国的防卫装备品采购和出口促进政策措施扩大防卫产业的国内外需求，从而达到产业支援的目的。例如，增加预算（采购额），参加国际联合开发和生产，军民技术结合，两国间达成一致意见（补偿交易等），出口振兴机构和出口基金等的基础设施建设，出口管理规制和手续的缓和等。

旨在提高产业质量的政策。通过提高防卫产业的技术力或提高生产效率，达到被投入的资源产生最大效果的目的。例如，参加国际联合开发和生产，与民用企业和大学以及其他政府研究机构合作，援助军民两用技术的开发，通过许可生产和设立合资企业从海外转移技术，公布中长期的优先技术领域合理间接介入，引入为开展有效果的采购和维持修整的组织和方法等。

旨在实现资源最佳分配的产业结构的政策。实现以有效竞争为基础的健全的产业结构，构筑包含相关支持产业在内的防卫产业有效率的供给链，保证国内生产、技术基础与安全保障环境的整合性。例如，明确优先进行资源投入的开发和生产领域，激励业界的选择与集中，直接介入重组合并和经营再建以及提供行政指导，国营企业民营化等。

海外防卫产业及其政策的变化给日本防卫产业的国际竞争力产生很大影响。发达国家在20世纪90年代后进行了大型防卫产业的集约重组，例如，美国把23家主要防卫装备品企业合并为5家，英国6家合并为1家等。这是各国在面临防卫预算达到极限时，一个并购诱发了其他并购，导致集约重组后的各企业生产率、资产效率、销售额、营业利益、股东红利等在全球市场竞争的指标都得到改善。继基础企业合并，构成品、子系统层次的企业间重组、合并出现新的动向。

在技术和资金上都具有国际竞争力的大型企业的出现给日本防卫产业带来了巨大影响。日本为了防卫产业能够在国际竞争中生存下去，在许可生产的技术转移方法逐年严峻的情况下，需要培养制造出能够与国际大型企业产品有竞争力的防卫装备品，或者保持被国际大型企业关注的技术力。如无法实现这一目标，恐怕就要被迫融入大型企业的全球供给链，或者撤出国际市场。海外大型企业进入日本市场，构建开发，制造据点必然会引起改变当前日本防卫产业的意义的可能性。

(5) 双重恶性循环和防卫产业事业性下降

从 2003 年开始日本连续 10 年保持防卫关系费负增长。日本安全环境的严峻程度进一步增强，东日本大地震影响尚未退却。为了实施效果和效率，《中长期防卫力修整计划》规定从 2014 年开始到 2018 年防卫关系费平均每年增长 0.8%，2018 年度预算为 5.19 万亿日元。

2012 年日本防卫关系费总计 4.65 万亿日元（比上年度减少了 172 亿日元，减少 0.4%），其中，主要防卫装备品的合同额为 6970 亿日元（比上年度增加了 457 亿日元，增加 7%），防卫装备品的修整、维护经费为 7786 亿日元（比上年度减少了 17 亿日元，减少 0.2%）。2017、2018 年度购买主要防卫装备品的合同额分别为 9126 亿日元、9031 亿日元，防卫装备品维修费等合同额分别为 12261 亿日元、12201 亿日元。2005 年以后，主要防卫装备品相关的购入经费与维持修整方面的必要经费逆转，这种现象一直在持续。随着防卫装备品的高性能化、复杂化，单价上升与采购数量减少陷入恶性循环，延长了防卫装备品使用时间，进一步导致维持修整费用增加。这样的双重恶性循环正在深刻化。

双重恶性循环如此发展下去，对防卫省来说会产生减少购入防卫装备品的防卫力修整问题，对防卫产业来说会导致产业利润下降。因此，通用性低的防卫装备品的研究、制造部门继续维持的难度就随之增大。多数防卫装备品在日本国内制造，由于恶性循环，防卫产业事业性下降，最坏的情况是日本可能无法对防卫装备品进行必要的维护修整。从国防必要性角度，无论如何都要采购相关防卫装备品，如果日本防卫关系企业从防卫事业撤出，防卫省从海外进行采购，会波及日本国内就业、经济和技术以及与之对应的税收。

(6) 市场原理难以发挥作用

与其他产相比较，防卫产业受到各种规制的束缚，不能根据经济合理性做出判断。在政策方面，有《武器出口三原则》在采购方面的制约（原则上仅限防卫省购买），有《火药类取缔法》和《武器等制造法》等在安全、管理方面的规制。在预算方面，企业必须遵从预算计划表；在财政状况严峻时，防卫关系费的增加受到约束。在技术方面，除防卫省技术研究本部以及相关企业以外的研究基本无法展开，非相关企业无法加入《武器出口三原则》等个别例外案例以外的国际联合开发；与防卫装备品开发相关的项目全部由政府主导；用途受到限制的特殊技术难以转用到其他产业；防卫企业几乎没有与大学等其他研究机构的合作。在防卫装备品使用方面，因为产品使用期长，必须要保证在维护修整方面的技术人员、零部件、设备等；在灵活运用民用品时，使用期限到一半时，保证零部件供应和替代品交换需特别留意。在采购方式方面，采购受到政府预算的影响；预定价格由防卫省确定。企业在参考已公布的中期修整计划同时，要努力实现部分材料和工作量平准化，以保证有效、稳定地提供防卫装备品。在进入壁垒、产业内转移壁垒方面，受特殊技术以及安全管理方面的规制，新进入和产业内移动不活跃，与发达各国的防卫产业相比企业难以进行集约重组。

日本的防卫产业处于市场机制未充分发挥机能的环境，以市场主义为前提的企业生存存在局限。防卫省和其他部门的政策措施也有可能影响防卫产业，比如可能通过政策组合实现防卫生产、技术基础的维持、培育、高级化。

（7）防卫企业面临问题

防卫企业是防卫装备研发、生产、维修等实施主体，根据日本防卫省的问卷调查，日本防卫企业面临一系列问题，主要集中在与防卫产业有关的现行招标制度、契约制度、监察检查等防卫省的采购制度和契约方式方面。

在采购制度方面，如果没有长期的生产和新的研究开发，就不能实现设备投资、人才确保、技术传承、技术力的维持和提高。特别是在没有长期的预期时，采购数量减少导致企业只依靠自身努力无法维持设备和人才稳定。为此，期望实施采购时期的平准化。在契约方式方面，日本的防卫企业认为，应该准确判断竞争原理是否能发挥的节点，推进鼓励企业努力削减成本的契约。在技术研究开发方面，希望设计防卫省与企业共有需求的结构，希望政府有关部门能够向企业出借公有设施、设备等支持研究开发；扩展研究相关领域的策略。在产业政策方面，撤出防卫事业的企业在增加，寻找替代企业非常困难，在制定防卫生产、技术基础战略时应该听取中小企业的意见。

如果考虑支持自卫队活动的防卫装备品的使用、维护修整、提高日本的科学技术力以及保证国内就业，各方都希望在日本国内开发、生产防卫装备品。如果根据前述的财政状况严峻、防卫装备品高性能化和复杂化以及经济全球化等因素,无论在资金方面还是在技术方面日本举一国之力维持防卫生产、技术基础是非常困难的。

另外,从采购来看,日本防卫省国内采购与进口采购的比率在2010年度为9:1。日本国内采购的防卫装备品中,使用的零部件和技术不都是日本本国生产,主要防卫装备品的约20%的零部件通过外资企业或商社获得,因此,日本要准确把握主要防卫装备品所使用的重要构成品的实际状况。

(二) 战略变化的主要表现

自1996年,日本开始认识到上述原因的存在。为了解决这些问题,日本政府采取各种手段,例如,增加预算、削减经费、放弃国产化政策、缓和出口规制等。

1. 防卫产业政策的变化

过去防卫省所实施的与防卫产业有关的政策以采购改革为中心。政府缓和防卫费占GDP1%的限制在技术上是可能的,但鉴于经济现状和对社会保障制度要求的提高,被实现的可能性非常低。防卫省所能实现的改革只能集中在削减经费上。1996年以时任装备局局长为委员长成立采购改革委员会,1998年提出了报告但缺乏明确和有效果的内容。1998年以时任防卫厅长官为本部长成立防卫采购改革本部。2003年设立以防卫厅长官为委员长的综合采购改革推进委员会,旨在改善采购方法,2004年和2005年提出了中间报告。2007年设置采购改革促进项目团队,2008年3月提出报告书,概括了在缩小防卫费的前提下改善成本—收益的多种手段:到2009年年末大规模引入装备品的生命周期成本管理;通过完善维持修整方法、统一采购、零部件和器材的灵活转用等;制定2009年成本较2006年要削减9%,2011年要削减15%的目标;扩充奖励契约(2002年引入,因为手续繁杂,支付奖励的申请只有2件);扩充民间委托;进一步改善FMS;确立技术研究开发的评价过程,努力削减生产成本;促进技术交流(以军事、民生的两用技术领域为立足点,推进与美国以外的各国的技术交流);进行自卫队(陆海空)共通装备品采购一元化,推进地方采购效率化;关于装备品的计划、采购的业务分担标准化。

以往防卫省的政策以应对关于采购的不良事件和有效率采购防卫装备品为中心,从长远看,不存在真正意义上的防卫政策。尽管提出各种"报告书"，但只停留在对防卫省的政策措施说明方面，没有形成从支持防卫生产、技术基础方面的长期经营指针。这种情况在2015年发生了变化。2015年10月，日本成立了防卫装备厅，是一体承担防卫装备、技术行政管理的组织。成立以来，在"确保技术优越"，"通过项目管理的最佳采购、推进'采购改革'"，"推进防卫装备、技术合作"，"维持和强化防卫生产、技术基础"的方针指引下，开展各项行动。

2. 防卫技术政策的变化

2007年4月，日本防卫省公布《中长期技术估计》，明确防卫省技术研究本部独自实施技术研究的中长期技术领域方向。以《中长期技术估计》为指导，在飞机的系统集成技术、指向性能源兵器技术、综合模拟技术等领域开始新的研究，或促进研究进度，加强重点技术领域的技术研究，从另一方面促进防卫生产、技术基础的维持、培育。

在《中长期技术估计》中提到，融入有助于研究效率化的民用先进技术和与国内各种研究机构合作。但因为《中长期技术估计》对象的范围只限于技术研究本部单独的技术研究，没有达到作为防卫省综合的"技术战略"发挥作用的程度。

日本的高技术力是保证国家安全的重要要素之一。世界主要国家越来越重视国家安全技术，例如，为持续保持优越性，美国通过创新策略推进"第三次抵消战略"[①]。为持续保证日本的技术优越性，防卫装备厅充实研究开发，以其所属的研究所为基础持续地全力开展研究。向与防卫领域有关的研究开发投资的资源有限，防卫装备厅从2015年开始推进为有效利用军民两用先进技术的"安全保障技术研究推进制度"等。这类做法在其他国家也广为使用，例如，欧洲实施对开发军民两用技术的中小企业提供资金支持。日本在向防卫装备厅投入充足资源的同时也把目光投向民用领域，鼓励防卫领域融进创新的民用技术，与相关部门和大学、国家研究机构进行合作。

---

① 自"二战"结束后，美国共提出了三次有"抵消"性质的战略。第一次是面对1953年朝鲜战争后的财政危机的苏联威胁，美国提出以核技术优势抵消苏联军队压到性常规军力优势的"新面貌"战略。第二次是20世纪70年代中后期，针对越南战争后的困境，特别是苏联的常规军力，美国提出以精确打击技术为龙头，以信息技术为核心的"抵消战略"。第三次是2014年推出以"创新驱动"为核心，以发展"改变未来战局"的颠覆性技术群为重点，运用非对称手段抵消对手的相对优势，确保在大国军事竞争中占据绝对优势的"第三次抵消战略"。

(1) 制定《防卫技术战略》

为确保技术优越，创制出优良装备品，日本努力展示出今后中长期的防卫技术政策的发展方向。防卫装备厅在 2016 年夏季制定《防卫技术战略》，明确为"确保技术优越"和"创制优良装备品"在战略上应该全力以赴实施，根据这个方向各研究所必须要切实展开研究活动。

制定《防卫技术战略》后，国家安全保障局、综合科学技术和创新会议、经济产业省、文部科学省等相关部门以及今后要设立的关于防卫技术的有识者委员会（日本版 DSB）[①]。在努力实现充分合作同时在政府层次推进防卫技术政策。

以《防卫技术战略》为基础，推进防卫技术政策时在民间设置分析和研究政策的智库组织。例如，在美国，关于政府不能应对长期研究和开发，为了有效和持续地利用外部资源而设置了联邦资助研究与发展中心（Federally Funded Research and Development Center）。日本在官产学合作下探讨设置和有效利用体现类似机能的组织。

(2) 推进战略性研究开发

日本不仅鼓励防卫领域融入优秀的民用技术，还争取促进民用领域的技术创新。考虑无人装备等未来会成为主要装备品，持续地培育、提高技术基础，日本制定《研究开发愿景》，可以适时、适当地普及防卫装备厅的目标方向，大大提高民用企业的预见可能性，促进有效果、有效率的资源投资。

近些年无人飞机、机器人、AI 等在民用领域的创新发展迅速。在装备品上有效利用新技术在提高自卫队能力的同时也有助于防卫产业活跃。日本正努力尽早构筑在短时间内将最高端技术融入装备品的结构。

(3) 充实防卫装备厅人员、预算

日本认为，防卫装备厅人员及预算特别是与研究开发有关领域的预算，与欧美类似机构相比是不充足的。在人员方面，以与研究开发有关的领域为中心，强化防卫装备厅自身体制，2016 年防卫装备厅开始扩充特别研究官员，2017 年以后进一步促进外部人才的有效利用。在预算方面，为在大学等机构培育将来有望能应用到装备品的萌芽研究，充实包含"安全保障技术研究推

---

① Defense Science Board（DSB）是美国设置的有识者会议，主要是为在战略上培育国防技术，在分析将来的防卫战略和科学技术动向的基础上，为具体的技术战略、课题建言献策。

进制度"在内的研究开发预算。

（4）完善收集防卫技术信息体制

为发掘日本及国外拥有的优秀技术并有效应用在防卫领域，日本努力搜集各种技术信息，不只有包含防卫装备厅各研究所的职员，防卫省、自卫队的观察员，相关部门、在外公馆、政府内部的其他研究机构、包括企业观察员的民间组织也在通力合作，完善能够有效利用技术鉴定人才的体制。

有效利用防卫产业关联团体和日本宇宙航空研究开发机构（Japan Aerospace Exploration Agency，简称JAXA）等研究机构开展的调查结果（例如，防卫技术协会组织实施海外技术信息调查提出增加防卫装备厅的职员），在强化官民共同调查团队的体制基础上收集信息。促进官产学探讨，有效利用像美国联邦资助研究与发展中心那样的机构，在有限的资源中保证日本技术优越性的信息收集和分析。

（5）准确判断关键技术

准确判断将来应该保有的和要进行研发的技术（关键技术），有利于持续保证日本的技术优越性。防卫装备厅在灵活利用外部组织，进行防卫技术、可能应用到防卫的民用技术（军民两用技术）和萌芽状态的最先进技术方面的国内外动向调查，针对关键技术支持援助。

3. 推进与国外的合作

日本防卫产业的迫切要求是增加采购量、保证和改善技术获得的可持续性。只以防卫省为对象的装备品的研究开发预算不足以维持高端技术，在没有增加预算的前提下，实现这些目的的有效政策就是缓和《武器出口三原则》。2014年4月，日本内阁通过《防卫装备转移三原则》，取代以往的《武器出口三原则》，大幅放宽对外输出日本武器装备和军事技术的条件。

日本政府加强推进国际装备、技术合作。防卫装备厅成立后，开展同美国的SM-3 Block ⅡA、同英国关于空对空导弹的联合开发，向菲律宾移送海上自卫队练习机TC-90，与澳大利亚潜水艇合作等活动。日本的防卫装备、技术合作与国外相比尚处于萌芽期，日本在这方面可能还会有进一步的举动，例如，有效利用各种机会提高国外对于日本装备品的优良品质、高级技术力的理解和认识，把关于训练、维护和修整的培训组合起来形成"一揽子"装备品来提供，开展各国类似情况的调查以及达成合作事实基础的信息收集、技术管理和知识财产处理。

这样的政策仅依靠防卫装备厅无法实现。防卫装备厅与关系部门、民间企业、智库机构等进行紧密的意见交换，在考虑民间企业事业性的同时，能够迅速地实施个别的"一揽子"装备品转送。更加关键的是，在实施常规政策宣传明示政府方向性并推动民间企业活动的同时，还完善了提供装备品的企业的事业环境。在日本国内防卫产业中既以保证事业性为前提，也在积极地与政府合作开展关于日本防卫装备、技术的信息发送和产业间对话。另外，在提供装备品时如果考虑日本国内民间企业与海外民间企业最终会变成合作伙伴，会努力构筑从合作事件早期阶段开始的"全日本"（all Japan）体制，并通过官民一体来充分推动双方在当地的合作。

2015年9月，防卫装备厅提出《关于防卫装备、技术转移诸课题研究会》报告书，根据该报告书提出的建议事项，重点政策措施包括：

（1）强化与日本的防卫装备、技术有关的信息发布

日本防卫装备厅通过欧洲（巴黎）国际防务展（Eurosatory）等装备品展览会向世界各国发布进行信息，计划未来要以防卫装备厅为主体定期在日本国内举办国际装备品展示会，更加积极地开展信息发布。日本加大吸引海外技术人才并扩大海外对日本的装备品有深刻的理解，向海外派遣自卫队装备品实物。

在进行以装备品展示会为主的信息发布时必须对日本的装备品进行有效说明。日本政府在考虑装备品的细节时，适当地规定民间企业不需要约束的信息，顺利推进防卫装备、技术合作，采取包含设定具体判断标准的行动。防卫省和自卫队已经灵活运用NATO商品目录制度，促进日本装备品的进出口。

（2）推进"一揽子"防卫装备、技术合作

日本政府认为在防卫装备、技术合作上，不仅有转移装备品的"硬件"方面的合作，还有提供维护、修整培训，以及运用支援等"软件"方面的合作，特别是为了提高东南亚各国的能力的支援，推进双方"一揽子"合作非常重要。

日本与菲律宾已经实施了练习机TC-90的移送，正在探讨在维护、补修和运用方面的支援移送的可行措施。在其他防卫装备、技术合作方面，也在尝试维护、修整培训和主要操作人员训练等"一揽子"的防卫装备、技术

合作。

（3）推进国际装备合作

外国政府和企业具备丰富的防卫装备、防卫技术的海外转移经验。日本政府通过签订协议，收集、分析相关情报，将其作为日后行动的参考。日本正在出口高铁、信息通信系统等各种基础设施，基于这方面的经验和教训对装备品转移也有很强的启示和借鉴意义，正在努力实现各相关部门间的信息共享。

（4）实施情报收集

为了实现防卫装备、防卫技术合作必须要充分把握对象国的需求、采购制度、装备体系、事业可能性等。除了向相关国家派遣防卫装备厅的工作人员收集情报，日本政府还与包含其他部门和驻外公馆、JETRO 等相关团体、民间人才和组织进行合作，建立官民一体的情报收集体制。

（5）探索强化技术管理体制和知识资产管理体制

从切实维护国家安全的角度看，日本防止无意泄露自身拥有的先进技术。防卫装备厅与贸易管理部局紧密合作，在努力提高贸易管理认识的同时，有效利用精通技术管理人员，进一步提高国际出口规定（《关于常规武器和两用物品及技术出口控制的瓦森纳安排》）。在适当实施技术管理时，日本充分考虑与推进防卫装备、技术合作的整合性。

在转移装备品和技术时，增加防卫装备厅职员关于知识财产的教育机会，与各相关部门和企业进一步探讨保证与敏感技术的管理相整合的知识财产管理的做法。

4. 为构筑强韧的供应链的行动

防卫生产、技术基础从根本上支撑日本防卫力，是有效进行研究开发、国际装备、技术合作的基础，其脆弱性是国家安全担忧的部分。构筑强韧的供应链是第一步，防卫装备厅与国内防卫产业交换意见和问卷调查等，这暴露出日本国内防卫产业供给中断和情报泄露风险，也表明了对国际竞争力相对下降的担心。近些年 FMS 装备品采购增加给日本国内防卫产业带来了很大影响，日本政府综合实施针对供应链风险的对策、强化国内防卫产业竞争力的政策措施以及与企业保全有关的政策。日本国内防卫产业也配合政府行动，实施能够提高竞争力、实现官民充分合作的政策，维持强化国内防卫产业。

(1) 供应链的可视化与风险对应

为了适当应对防卫产业应链的各种风险,以防卫装备厅为主体,日本在实现与相关部门和防卫产业进一层合作,努力把握供应链的现状。在此基础上,参考国外供应链风险管理办法的同时,确定日本应对供应链风险的方针,一边实现与相关部门的合作,一边推进包含现有政策措施有效利用的对策。特别是,在情报系统采购时,嵌入不良程序等风险较大,日本积极实施有利于情报安全的对策。

(2) 日本国内企业参与在海外开发的装备品

日本自卫队不仅配有日本国产装备品而且还有其他国家生产的装备品。在引进海外生产的装备品时,从强化日本的防卫生产、技术基础的角度出发,日本树立制造、维护、补修方面国内企业参与的目标,引进国外生产的装备品必须明确日本国内企业参与的方针。

2015年的《日美防卫合作指针》在日美间推进强化共通装备品的修理和修整基础的工作。日本国内企业为参与国外生产的装备品的开发、制造、维护、补修,努力增强与海外企业关系。以防卫装备厅为主体,与相关团体通力合作在日本国内外组织召开国际装备会议。

此外,日本国内企业为了成为国外生产的装备品的修整基地也参与到这些供应链当中,实施能使国外信赖的保全措施,相关部门齐心协力采取行动。

(3) 发掘、有效利用成为装备品采购资源的中小企业等

在美国,存在数量较多的具有创新思想和先进技术的中小企业、风险投资企业,为了把这样的企业融入到防卫领域,美国国防部在2015年设立了国防创新试验单位(Defense Innovation Unit Experimental)。欧盟也制定了"地平线2020计划"(Horizon 2020),旨在促进中小企业创新。在日本存在众多具有优秀技术的中小企业,但是,因为政府缺乏具有长远目光的人才以及企业营业能力有限,能参与防卫领域的企业少之又少。促进与具有这样优秀技术的中小企业合作以及构筑在装备品上有效利用这些技术的制度安排,从高级装备品的创制和防卫产业活跃化的角度来看都是极其重要的。因此,日本政府正在努力尽早地构筑发掘以前与防卫产业没有关系的企业、积极支援有竞争力的企业的制度安排。

(4) 探讨最佳产业组织的应有状态

"冷战"结束后,欧美各国试图扩大规模和强化竞争力,开展了防卫产业

重组。考虑这种状况,充分把握对日本防卫产业的国际地位和企业的防卫事业的认识,在参考各国政策的同时,日本正在构筑探讨在防卫装备品的各个领域防卫产业组织应有状态的官民结构。

(5) 契约制度等的探讨

日本政府在努力提高企业的可预见性和可有效利用长期稳定的民间力,为了体现透明性、公正性,有效利用限制性招标和进一步引入长期契约等适合装备品的采购制度等。

第二节 日本经济民族主义对经济发展的影响

民族主义是近代的产物,它与民族国家的创建和现代民族的形成相伴而生。在国际关系中"民族"的核心含义在于强调它是由公民(区别于被奴役者等)组成的团结与认同的组织形式,其核心在"民",即民族身份意味着将平民提高到精英的尊严地位。民族是一个与国家结合在一起的政治概念,通过国家来表达。现代国与国之间关系的显著特征是民族国家作为政治组织主要的形式出现,今天的世界可以说是由民族国家和非民族国家两类国家组成的,其中民族国家又分为单一族群的民族国家(如日本)和多元族群但单元民族的国家(如中国)。所谓非民族国家就是指多元族群又缺少单元民族的国家(如非洲一些国家)。[①] 在现代,民族主义已经日渐成为内涵模糊的名词,几乎可以从政治、社会、文化、宗教、经济行为等所有可能的方面予以论释。民族主义在国家构建、国家安全和对外关系中都扮演着举足轻重的角色,民族主义的历史演进勾勒出西方乃至世界图景的基本框架,它的起起落落直接影响着国际秩序的变化。在民族主义框架下对国家安全观等相关问题的研究已经越来越受到学术界的重视。

很多有关民族和国家的传统论著都认为,民族特征决定着国家现实,一个民族的身份是国家合法性及其相关实践的前提和基础。然而,相关的历史社会学研究认为国家地位高于民族地位,即民族主义是国家寻求其合法性过程的一个组成部分。本尼迪克特·安德森认为,民族最初来源于观念世界,

---

① 庞中英:"族群、种族和民族",《欧洲》,1996年第6期,第7页。

为统治的正当性和统治利益所服务，最终则转化成了现实。民族主义对国家政治的影响是广泛的：民族主义为民族确立基本的政治价值、对民族成员进行政治动员、促进民族国家的建立、促成民族政治运动、为民族国家进行合法性论证，等等。[①]

国家安全是国家身份构建和塑造中的重中之重，国家安全的观念涉及对国家、利益、敌人、安全、战争、危险、主权等基本概念的认识与判断。具体到民族主义对国家安全观的塑造，主要从以下几个方面展开。首先，民族主义界定、构建和维护国家安全利益。主权是国家对内最高对外不可侵犯的身份，安全需要成为国家的核心利益。国家在与其他行为体的互动中重塑自我，界定新的身份，国家利益也随之改变。[②] 当国家安全利益受到威胁时，民族主义首先对安全风险的来源、性质与程度进行评估，进而试图发动一切力量、不惜付出任何代价消除威胁。其次，民族主义限定和规范了实现国家安全的方式与手段。国外学者将国家如何使用各种力量来实现其对外政策目标的手段进行归纳总结，主要有六种方式：使用武力，如发动侵略战争或武装干涉；以武力相威胁；以非暴力方式加以处罚，如经济制裁；奖赏，如经济援助；劝说，如外交谈判；吸引，如使别国主动接受自己的价值观念。[③] 面临同样的威胁，不同的民族主义会选择不同的应对手段。面对不同程度的威胁，特定的民族主义又会倾向于使用同样或相似的方式来应对。最后，民族主义塑造了国家安全观的风格。民族主义和国家安全观不是一成不变的，在民族主义的不同发展阶段，国家安全观呈现出不同的风格。在民族主义逐渐成熟之后，其价值取向和判断准则深深地印刻在国家安全观之中，国家安全观也趋于稳定发展。[④]

经济民族主义曾经在日本的经济上成功发挥了重要作用，经济成功也更加强化了日本的经济民族主义。随着国内外形势的变化，日本经济民族主义也在不断发生着改变。某种程度来看，日本经济民族主义的发展和变化对其

---

① 周平：《民族政治学导论》，北京：中国社会科学出版社，2001年，第186—191页。
② 俞新天主编：《国际关系中的文化：类型、作用与命运》，上海：上海社会科学院出版社，2005年，第99—101页。
③ 邢悦：《文化如何影响对外政策？以美国为个案的研究》，北京：北京大学出版社，2011年，第101—102页。
④ 陈晔：《美国民族主义对国家安全观的塑造——战争视角的考察》，南京大学硕士学位论文，2015年5月，第10—14页。

经济能否继续取得成功或者持续健康发展会产生很大的影响，这也正是"经济领域的安全范畴"所研究的主要内容。换句话说，在这里尝试从经济民族主义对经济发展的影响的角度，探讨日本"经济领域的安全范畴"问题。

一、日本经济民族主义与经济发展的关系

这里主要依据国际政治经济学对经济民族主义的研究思路和方法，以民族和民族主义为背景把经济民族主义作为民族主义的最基本和最重要的表现形态来考察，重点研究民族利益、民族认同如何塑造和影响经济过程，而不是将其作为一种经济理论。从这个意义来看，经济民族主义主要是指民族国家框架和制度下民族主义的经济方面或者是民族主义的经济形态，是政策制定者、利益或权势集团利用民族主义（如民族利益、民族认同）或者追求经济上的保护主义和其他形式的政府支持的产业政策，或者追求经济自由主义，从而达到他们特定的目标和实现其特定利益。通俗地说，经济民族主义是借助民族主义而把经济问题政治化。[①]

从国际政治经济学的角度来看，民族经济体（national economy）不仅仅是一个地理概念，更是一个社会和政治概念。虽然经济全球化使民族经济体在地理概念上逐渐失去意义，但是包括消费和生产在内的经济活动主要还是集中在特定的民族社会和政治体系之中。因而，跨越民族边界的经济活动的扩张不能等同于民族经济体的终结，以政治、社会和文化为表现形式的民族经济体依然是主要经济活动的基础。[②] 即使是西方发达国家民族主义的经济形态也仍然十分强烈。在发达国家当中，日本的经济民族主义又最具有特色，日本在19世纪明治时期和"二战"后高速增长时期所取得的令人瞩目的经济成功已使自己成为经济民族主义最有效的"形象大使"。1995年1月《经济学家》刊登了题为"日本出色的新民族主义"的文章，指出"出色"是因为"从表现的水平来看，这是一种相当明智的民族主义"。[③] 大家普遍认为日本经济的成功不仅是促进经济增长方面政策的巧妙组合，更为关键的是产业政策、保护幼稚产业、低利率、行政指导等经济民族主义做法。不仅如此，战

---

① 庞中英："经济民族主义的'复兴'"，《世界知识》，2006年第9期，第67页。
② 严荣："国外经济民族主义研究述评"，《国外理论动态》，2009年第1期，第49页。
③ Japan's Nice New Nationalism, *Economist*, January, pp.19-21.

后日本经济的成功也培育了日本人的"骄傲"思想，这种"骄傲"不仅来自于日本已创造出世界最好经济体之一的感觉，而且产生于经济成功直接来源于日本民族特性的感觉。例如，独特的劳资关系和经济组织系列体制等被看作日本的社会关系、集团忠诚和创造长久人际关系能力的基本特性。在20世纪80年代，日本作为一种模式不仅向亚洲其他国家推广，甚至影响到欧美发达国家。在理论层面，国际政治经济学中关于经济民族主义的研究很多都把日本的政策作为范例。

如果说以往日本经济的成功很大程度是与经济民族主义相联系的，那么从经济民族主义角度来寻找20世纪90年代以来日本经济长期不景气的原因也就不足为怪了。日本"失去的10年"，以及导致许多明显效仿日本模式的国家"惨败"的1997年亚洲金融危机，已经被广泛地认为是对经济民族主义的决定性否定。20世纪90年代以来的长期不景气也动摇了日本人在经济上的"骄傲"思想和创造优秀经济的社会关系"独特性"上的认识。实际上，随着苏联解体和亚洲金融危机的爆发，经济民族主义已经受到了世界范围的批判和指责，似乎自由主义得到了普遍的接受和推行。但是，从实践来看，20世纪90年代以来日本并没有放弃曾经给他们带来经济成功的经济民族主义政策，日本并不希望这些政策在经济全球化时代已经过时，他们在日本经济增长与世界经济融合当中巧妙地利用经济民族主义发挥作用。随着20世纪90年代中期以来日本的民族主义思潮再度兴起和高扬，经济民族主义也在"新民族主义"背景下发生嬗变。

自2012年12月安倍带领自民党重掌日本政权以来，在经济领域先后实施了以"三支箭"为代表的一系列政策措施，这些被大家统称为"安倍经济学"。目前来看，安倍经济学确实在日本经济复苏、提振官民信心等方面起到了一定的作用，但是，怀疑之声也从未间断。从世界经济的角度看，尽管安倍经济学在日本国内和欧美一些国家得到了较高的评价，但是，也存在对日本超规模投放的日元流入国际市场可能会加剧一些国家通货膨胀等问题的担心。因此，批判安倍经济学没有考虑世界经济，只是从日本经济出发诱导股价高涨、日元贬值，是"只产生日本国家利益的民族主义"。安倍经济学与经济民族主义之间存在着千丝万缕的关系，某种程度来说，经济民族主义就是安倍经济学的"底色"。

二、维护国家生存、力量和威望的动机推动日本经济改革

一般认为经济民族主义的出发点是民族国家在世界经济体系的相对获益而不是绝对获益，它深切关注民族国家整体在世界政治经济体系中的地位，特别是由民族经济竞争力决定的长期发展趋势。因此，经济民族主义的基本目的、动机一般包括在竞争的国际体系中国家或民族的生存、力量和威望等，例如，罗伯特·吉尔平认为，经济民族主义的"核心思想"是"经济活动是且应该是附属于国家建设和国家利益的目标"。① 同时，梅雷迪思·伍-卡明斯（Meredith Woo-Cumings）认为在日本"经济民族主义要改变其与美国、欧洲国家地位上的不平等"，当在实践中运用干涉主义或"发展型的"政策来实现这个目标时，实际上是为了国家力量和威望的动机而促进经济自由化发展，这是因为某种程度上自由化政策往往不是由个人对财富和权利的渴望或者利己集团的压力所推动的，而是由于这些政策对于提升国家力量和威望是必不可少的。从这种意义上说，经济民族主义的目标恰恰推动了经济自由化发展。②

从日本以往的以及现政权的经济政策和战略来看，经济民族主义一直在为了实现国家或民族的生存、力量和威望发挥作用。

第一，从在全球化中维持国家或民族生存的动机出发采取经济民族主义对策。在日本以往对经济改革的争论当中，经济全球化通常被认为是对日本的一种威胁。最常使用的比喻是"黑船来航"，由美国人马修·佩里（Matthew Perry）指挥的"黑船"迫使日本在19世纪50年代开放贸易，结束了"闭关锁国"时代。现在，对日本来说"黑船"代表着可能任何在某种方式上改变国家的外部力量。对自由主义者来说，为了生存，经济全球化要求日本开放边界，减少经济管制，对日本来说，这是一种机遇，而不是威胁。但是，对多数经济民族主义者来说，经济全球化带来更多的是威胁而不是潜在的好处。

面对外部威胁，为了国家生存的目的而实施经济民族主义政策在日本已

---

① Robert Gilpin. *The Political Economy of International Relations*，Princeton University Press，1987，p. 31.

② Meredith Woo-Cumings. *The Developmental State*，Cornell University Press，1999，p. 6.

不是新奇的事情。例如，理查德·塞缪尔斯（Richard Samuels）认为在 19 世纪 80 年代初松方正义的私有化改革与"自由主义没有任何关系"，而是想通过国内的自由化活动来避免日益增加的外国资本对日本产业的控制。① 安倍经济学中最先见效的政策就是通过超级量化宽松货币政策力促日元贬值，而这正是威廉·格莱姆斯（William Grimes）所指出的从 20 世纪 90 年代后期日元国际化某种程度上是对全球化的一种防卫性反应的具体表现。现在日本政府在对待日元问题上还残留着把全球化视为威胁的想法，日元在国际上尤其在更广的亚洲范围内使用是作为保护日本免受全球金融体系不稳定影响的一种手段而被促进的。甚至格莱姆斯指出日本为促进日元国际化在金融领域实施的多种自由化政策，某种程度上是为了使日本与国际化隔离。②

第二，为了维持或巩固在世界体系中的力量和地位，在主要利害关系国家或组织的政治压力下不得不做出相应的经济政策调整，这是经济民族主义传统上的主要内容。自 20 世纪 60 年代以来，美国几乎持续不断向日本施压，使其自由化和放松对经济的管制。近些年，虽然在对日本自由化过程的研究当中更多人认为"外压"的作用正在减小，外部压力是与日本国内的改革力量相互作用的，但是，日本政府往往还是愿意把"除了迎合美国的要求外别无选择"等外部压力作为排除经济改革阻力的借口（也可能是客观事实）。在日本形成了改革者尽量避免直接提出改革计划的要求，而更多是通过对日本与强有力的国外行动者的关系以及日本在国际体系中的地位等外部压力来表达改革要求的倾向。这在安倍政权决定参加当时由美国主导的跨太平洋伙伴关系协定（TPP）谈判上表现得最为明显，尽管在日本国内以第一产业为代表的利益集团极力反对加入 TPP，但是，在维护大企业利益和政治诉求等方面的考虑下，安倍政权其实是"愿意"加入 TPP 的。安倍政权体现出的是在日美同盟下不得不考虑美国对其参加 TPP 谈判的要求做出的"勉强"选择。

第三，为了提高关键部门或经济全体竞争力的目的而实施经济民族主义政策。利昂·霍勒曼（Leon Hollerman）认为从 20 世纪 60 年代开始日本的"大企业能在民族利益名义下为自由化而努力，这清楚地表明企业为了在与西

---

① Richard J. Samuels. *Machiavelli's Children: Leaders and Their Legacies in Italy and Japan*, Cornell University Press, 2003, p. 85.

② William W. Grimes. Internationalization as Insulation: Dilemmas of the Yen, *The Japanese Economy*, Vol. 28, No. 4, 2000, pp. 46-75.

方的竞争中站稳脚必须不受束缚"。爱德华·林肯（Edward Lincoln）认为当对下降的国家竞争力的担忧促使政府废除一些规制时，日本放松规制可能是"明显地生产者导向"。多尔（Dore）也呼吁关注熊彼特经济学中关于放松规制的"爱国主义或经济需求"的观点，强调日本正在输掉创新竞赛正是因为其过多的规制。①

日本学者也对提高企业和国家全球经济竞争力与经济民族主义的互补关系进行了阐述。面对无法回避的全球经济竞争潮流，在"不能赢得全球竞争，日本就会崩溃"的逻辑下，安倍政权开始把赢得全球竞争诉诸为国民的民族主义感情，营造为了赢得全球竞争而必须不断地支援"日本企业"的舆论氛围。这样，全球主义与民族主义就不再是对立的，是为了赢得全球竞争而动员民族主义意识，用民族主义支持全球竞争。② 安倍经济学非常重视提高大企业乃至经济全体的竞争力，由安倍本人担任会长的"产业竞争力会议"是指挥日本经济改革的"司令部"，另外，安倍非常重视经济产业省，为此，安倍政权被喻为"经济产业省政权"。③ 经济产业省的主要任务就是转换日本产业结构、提高产业竞争力。其实，经济产业省的态度和做法是其前身通产省的延续，在20世纪90年代初，通产省转向促进经济上放松规制和自由化。当时，有人认为日本成功实现追赶目标的经济体制已不适合全球化时代，也有人提出为了维护国家和部门的竞争力必须自由化的想法，通产省把这两种说法较好地结合起来，如此，提高国家、企业的竞争力就上升为主要目标。

总之，目前日本实施经济改革的动机与国际政治经济学中传统理解的经济民族主义目标（国家或民族的生存、力量和威望）具有强烈的共鸣。具有浓厚经济民族主义色彩的动机都在支持着在日本经济中的各种改革，某种程度上说，与政府政令、企业思想和公众想法对日本经济改革的推动相比，对这些动机的作用会更大些。

---

① 转引自 Frank Gibney. *Unlocking the Bureaucrat's Kingdom*: *Deregulation and the Japanese Economy*, Brookings Institution Press, 1998, pp. 265, 67, 75-76.
② 「グローバリズム vs ナショナリズム？ グローバリズム＆ナショナリズム？」, http://d.hatena.ne.jp/hts57/20130514/1368543299, 2013-05-14.
③ 戴晓芙："再论大选大胜后的'安倍经济政策'"，《现代日本经济》, 2013年第6期，第6页。

三、经济民族主义政策使日本各经济主体间的利益矛盾更为突出

从历史来看,劳动者、企业和政府为了国家或民族的利益"万众一心"是日本经济民族主义成功的基础。私人企业家成为"国家推进工业发展的伟大爱国运动的伙伴和支持者",他们更看重"精神奖赏"而非金钱回报,能够为民族经济而做出奉献。由这样企业家所经营的企业大多形成了家庭主义传统,通过终身雇用、年功序列以及福利制度保证了员工稳定和体面的未来,使劳动者对公司有了认同感,将企业家宣称的利益视为自己的利益。既然对企业家而言,经营的目的是为国家服务,劳动者就皈依了民族主义。集体性事业的参与意识也同样反映在企业家之间及企业界和政府之间的关系上。多数企业家认为企业之间的关系应该基于合作之上,有利于和外部世界的竞争。企业家们也认为政府积极参与国民经济事业是天经地义的,是必要的:政府毕竟是国家的组成部分并拥有其他部分所不具备的权力。①

"二战"后,由国民、国家(或民族)和企业的利益关系所体现出的日本经济民族主义基本形态呈现出一定独特性。基于战前国家与国家主义被否定的现实,加之"冷战"的国际环境和依附于美国的状态,战后日本既不可能也基本不需要直接以民族主义或国家主义统合国民。在以经济发展为中心的现代化赶超型发展模式下,国家认同的空白基本上为"企业"所填补。"企业"成为"国家"与"国民"之间的中间环节,在很大程度上取代了本应由国家承担的功能,形成"企业社会",即"企业"成为国民直接效忠的对象。"企业社会"就成为国家对国民进行统合的替代物,形成"企业社会统合模式"。② 在日本经济发展中,企业尤其是大企业是员工以及相关利益者的依托和归属,他们在为企业奉献的同时也从企业发展中获益。但是,随着经济全球化的发展和日本经济社会的变化,日本经济民族主义基本表现形态的"企业社会"受到了严重冲击。这主要表现在三个方面。首先,多数日本跨国企业经过多年的发展和磨练,变得成熟稳定且具有国际竞争力,它们在激烈的

---

① 里亚·格林菲尔德著,张京生、刘新义译:《资本主义精神:民族主义与经济增长》,上海:上海世纪出版集团,2009年,第399—407页。
② 渡辺治:『日本の大国化とネオ・ナショナリズムの形成:天皇制ナショナリズムの模索と隘路』,桜井書店,2001年,第64頁。

国际竞争中能够顺应潮流主动应变，不仅如此，这些企业愈发感到以往政府对其提供的保护和指导反而正在束缚它们的发展，因而要求政府实施包括就业、工资福利、人才流动等各种改革。其次，经济全球化和企业多国籍化，使日本的生产重心向海外转移，致使传统的利益诱导方式难以发挥作用，国内雇佣工人减少也带来了雇佣结构改变，传统的终身雇佣制和年功序列制受到严重冲击。① 最后，由于经济长期不景气，日本企业的生产、经营方式与以往相比出现了较大的变化，大多数企业无法再承担福利分配等强大的社会性功能，保证员工未来稳定和体面生活的能力在下降。

这样，随着"企业社会"功能的逐渐减弱，国民对社会性福利的诉求也就逐渐脱离企业这个中间替代环节直接指向国家。民主党政权正是把握住这种变化带来的时机，通过体现国家承担对国民利益分配的责任的政策主张夺得了日本政权，在执政期间也力求从需求方面通过调整收入再分配等政策手段实现经济增长，但是，并未收到理想效果。随之，安倍晋三率自民党从民主党手中重新夺回政权，再次执政的自民党政权重拾重视供给的路线，为了唤起民间投资，实行企业利益优先的政策，号召全体国民为企业利益做出奉献和牺牲。现在日本经济民族主义的表现形态与以往相比发生了很大的变化，企业利益与国家利益出现了分歧，以往国民通过效忠企业获得的社会性福利现在只能通过国家来实现了，所以，相对来说，日本国民现在更愿意效忠国家而不是企业。在这个时候，安倍经济学仍然复制以往的经济民族主义做法，必然会产生一些矛盾。

经济增长优先与收入再分配的矛盾。20世纪80年代以后，在日本式资本主义与全球资本主义融合当中，日本的经济体制慢慢地发生了动摇。同时，长期经济停滞和国际竞争力下降也导致日本经济民族主义自身发生了危机。从安倍经济学的各种政策来看对根基动摇的经济体制并无多大建树，而是选择了通过进一步放松规制以恢复经济优势为目的的战略，这个做法对建立在经济优势基础上的日本民族主义来说可能是唯一的选择。可是，对日本社会来说，民众在长期失业、工资下降、收入差距拉大等代价下并没有盼来经济复兴，其对经济增长优先而做出牺牲的忍耐度已大大下降，某种程度来说，相对于经济增长而言日本公众更关注收入水平、公平分配、社会保障等问题。

---

① 李寒梅："日本新民族主义的基本形态及其成因"，《外交评论》，2013年第1期，第100页。

这时，安倍经济学推出经济增长优先而忽视收入再分配的政策，难以得到公众的普遍支持。

　　安倍曾多次强调"为了摆脱目前的不利状况，必须大胆地使日本经济再生。为此，就要把政策的基本理念从以往'缩小均衡的分配政策'向'通过增长创造财富的良性循环政策'转换，全力以赴恢复'强经济'。首先要坚持避免景气破底并唤起民间投资来产生持续经济增长的增长战略"。这种政策基本理念的潜在含义是，以往（主要是民主党执政时期）的经济政策重点不是促进支撑经济增长的资本投资的财政支出，而偏重于在福利和社会保障等非生产领域的财政支出。安倍经济学的所谓增长战略意味着在维持日本经济国际竞争力的领域中集中投入国家资金，与福利和社会保障等收入再分配相比刺激经济增长是最优先的课题。

　　关于收入再分配问题，安倍认为"政府无论怎样进行收入的再分配，如果不能通过持续经济增长来产生财富，那么经济全体的'蛋糕'就在变小。这样，不管每个人如何努力，个人手中的收入都会减少，支撑我们安心的社会保障基础也会动摇"。从经济增长停滞中寻找贫困、失业与收入差距的原因，通过进一步经济增长来增加经济全体的财富来解决这些问题的想法被称为"涓滴效应"。但是，这样政策成功的首要条件是在赢得国际竞争和实现增长目标的同时，把增长果实用来解决诸如贫困、失业等问题的收入再分配，特别是在老龄化的日本，必须向不再是经济增长基础的老年非劳动力人口的生存保障进行收入再分配。但是，如果最优先考虑经济增长，与这样非生产性收入再分配相比就必须更重视对资本积累有直接贡献的财政政策。在全球化新自由主义的规制缓和压力下，国内资本不能为对生产"不利"的财政提供支撑，反而会寻求把重视增长战略的财政政策制度化和结构化，这样就会在结构上形成收入不平等，消除贫困、失业、收入差距可能会越来越困难。对福利、社会保障的收入再分配不能通过市场经济的自动调整机制来实现，需要政治对市场经济的介入。而实际上，不仅资本方要想方设法阻止这样的收入再分配，而且与资本方有利害关系的政府也会为了确实保证进一步的增长，消极地对待收入再分配。"涓滴效应"作为政治宣传发挥着效果，但其在现实中并不能约束收入再分配。如果政府认真地把增长的果实向"国民"进行再次分配，那就要对资本方全部获得增长果实的市场机制进行规制，必须在制度上确立对资本方"不利"的收入再分配，当政府的这种行为与同贫困斗争的民众社会运动抵抗力结合在一起时，安倍经济学的经济增长优先战略就可能面临巨大的困难。

企业利益优先与劳动者权益的矛盾。安倍政权曾经描绘出一幅雄心勃勃的国家经济发展蓝图，"运用财税、金融、规制改革等政策工具，唤起先进设备投资和创新的研究开发等民间投资保证持续增长并创造更多财富，在确立'世界上最便于企业活动的国家'和'实现最大限度发挥个人潜能的就业和扩大收入的国家'的目标同时，推进把海外投资收益向国内回流与日本的增长相联系的国际战略，实现'贸易立国'和'产业投资立国'双引擎相乘效果的'混合动力经济立国'的目标"。尽管这些目标针对目前日本经济现状来说具有一定鼓动性和期待性，但是，在其实现过程中会面临一系列矛盾。

实现"世界上最便于企业活动的国家"目标就要贯彻"企业利益优先"的政策理念，这意味着在发展自由贸易的同时要放松日本国内最大"禁区"（劳动力）的规制。这通过安倍政权成立的同时相继设立的产业竞争力会议、经济财政咨询会、规制改革会议等陆续提出放松对解雇正规劳动者规制的要求得到体现。例如，经济财政咨询会议的四名委员提出了题为"实现增加就业和收入"的报告，建议进一步增强就业的流动性，主张为了强化产业竞争力，应该由国家财政支持资本方易于解雇劳动者的制度化和由此产生的社会摩擦费用。经济财政会议中没有一位是与社会保障和福利或者劳动方有利害关系的代表，成员构成极端失衡。日本政府在为企业能够像自由处理"物"那样随意处置曾经最难触犯的"劳动力"创造条件，在这样背景下，为了维持资本主义市场经济无论采取什么样的政策都不能避免劳动者和民众的权利与资本自由之间的对立。

提高企业全球竞争力与国民利益的矛盾。安倍经济学主张向具有国际竞争力的部门集中资源，号召全体国民为了全球化企业在世界市场中获得最大份额必须做出贡献。为了提高企业收益，国民必须做出牺牲，在安倍经济学中变成了天经地义的事情。以内田树为代表的一些日本学者对此提出了质疑，他们认为国民完全没有必要为已经全球化的跨国公司利益承受某种程度的负担。因为全球化的跨国公司已经是"无国籍企业"，不再是"日本企业"了，这从 2006 年 12 月日本议会通过《放松对外资企业政治献金的限制法案》的背景可以得到说明。根据原有的《政治资金规制法》外国投资者持股比例超过 50% 的企业不允许在日本提供政治献金，这项规定原本是为了保证日本的政治家和政党不受制于某些外国政府或组织，但是，这项规定同时也阻止了诸如索尼、佳能等著名"日本企业"提供政治献金，因为这些企业的多数股份被外国人所持有。①"无国籍企业"在劳动力成本最低的地方雇用劳动者，在制造成本最低和公害规制最宽松的地方生产，在法人税率最低的地方纳税。从企业伦理来看，这些做法是极其合理和当然的事情。这些企业可以自由地在全球配置资源，赚取利润，但是，反过来它们却从自己是"日本的企业"出发无理地要求民族国家改变制度使之对企业更为有利，迫使民族国家的国民必须支援它们自利的活动。呼吁国民"应该具有为全球化企业做出牺牲的觉悟"，但对把自己企业利益向民族国家回流却没有任何约束。"无国籍企业"与民族国家现在已经到了"利益相悖"的阶段。日本政府为了迎合众多大企业的利益要求把民族主义作为工具试图模糊这个矛盾，通过进一步煽动与中、韩等国家（地区）的对立情绪，使国民相信这些"无国籍企业"在为了民族的利益同其他国家的企业开展着艰苦的"经济战争"，这样，国民就会甘愿忍受低工资、提高消费税、参加 TPP 重创第一产业等代价。②

四、在经济民族主义与政治民族主义"困境"中的不同选择

鉴于其出现时的特定条件，日本民族主义从问世之日起就以经济为重心并首先发展成为经济民族主义。③ 随着日本跃升为世界第二经济大国，经济赶超任务基本完成以后，日本在世界上的政治诉求开始抬头，"冷战"结束又进一步强化了日本在重建国际新秩序中捞取更多政治资本的动机。例如，海部俊树内阁时期（1988—1991）继续坚持以经济为中心的"国际贡献政策"；宫泽喜一内阁时期（1991—1993）则发展为"新形势下在政治、经济、安全保障各领域全面发挥作用"的"以联合国为中心的综合性国际贡献"。这说明，日本国家战略发生转变，大国意识显著增强，不再满足于经济上的民族优越性，经济民族主义逐渐与政治民族主义相结合。这个方向在以后历届内

---

① Masako Suginohara. The Politics of Economic Nationalism in Japan: Backlash against Inward Foreign Direct Investment?, *Asian Survey*, Vol. 48. No. 5, 2008, p. 858.
② 内田树：「『無国籍企業』のために国民に犠牲強いるのは筋違いです」,「しんぶん赤旗」, http://www.jcp.or.jp/akahata/aik13/2013-05-31/2013053103 _ 02 _ 1. html, 2013-05-31.
③ 里亚·格林菲尔德著，张京生、刘新义译：《资本主义精神：民族主义与经济增长》，上海：上海世纪出版集团，2009 年，第 379 页。

阁都得到了继承，但表现形式有所变化。

20世纪90年代以后，在全球化背景下，日本企业通过海外投资大范围地参与到全球竞争当中，大企业及其资本需要国家保障其海外利益，20世纪90年代中期以后，日本的民族主义中政治色彩逐渐加重。但是，这种政治民族主义主要是以资本的全球化这种新事态为背景和依据，其主要目标是满足资本的需求，所以在这种努力的背后，总能看到财界和大企业的支持和推动。换句话说，20世纪90年代中期以后，日本政治民族主义是伴随着经济民族主义的新发展、新需求而逐渐抬头的。在这样背景下，日本政治民族主义的诉求（政治大国化）与80年代强调日本发挥国际政治作用的"战后政治总决算"、"普通国家论"并非完全相同的概念。它反映了在全球化的背景下，已经完成了现代化赶超任务的日本，在客观上已经无法退回战后初期那种小国、弱国的自我定位，对新的国家发展道路的选择只能是"大国"或者"强国"。

如果说上述日本政治民族主义表现相对于经济民族主义来说是"附属"和"被动"的，那么在日本国内还存在着推动政治民族主义发展的强大的主动力量。"泡沫经济"破灭后，靠"经济增长推动的政治"难以为继，加之"海湾战争"以后，日本人的传统安全观念受到严重冲击，日本周边环境变化、中国崛起等因素，都推动日本重新考虑自身的国际定位和未来国家发展战略的选择，要求国家增强战略制定能力和决策能力，建立国家一元化快速反应决策机制的呼声日益增大，体制变革和结构转型的进程加快。而建立旨在强化国家决策功能的"强有力的政治"就成为体制变革的重要目标。[①]这一点与建设"强国"的国家发展方向选择相吻合，是经济民族主义能够与国家政治形成互动并在政策中得以体现的一个重要原因。进入21世纪后，日本国内的这种力量不断增强，逐渐形成了"民族保守主义"思潮，这时经济民族主义与政治民族主义的结合更多体现的是政治、军事的需求。

如果说20世纪90年代中后期日本政治民族主义是适应经济民族主义的要求而体现二者结合的话，某种程度还存在能够被理解的成分，这在中日关系中保持"政经分离"的状况能够得到证明。但是，"民族保守主义"的做法只能破坏日本与周边国家原有的理解基础，激化矛盾，这从安倍政权的对外经济关系陷入了民族主义困境可以得到证明。

---

① 李寒梅："日本新民族主义的基本形态及其成因"，《外交评论》，2013年第1期，第97页。

安倍政权的高支持率在内政上来源于对经济恢复的期待，在外交上来源于对以中国为主要对象的周边国家在历史、领土等问题上强硬措施的期待，这两种期待之间存在着一定矛盾。对日本经济恢复来说，获得中国乃至亚洲市场是必需条件，而在历史、领土等问题上的强硬态度意味着要减少甚至放弃进入以中国为主的新兴市场的商业机会。换言之，陷入了经济民族主义和政治民族主义①的困境。

安倍经济学出台伊始就饱受争议，尽管从短期来看取得了一定成效，但其长期前景却不甚明朗。如果安倍政权不能有效平衡其经济政策与经济民族主义之间的调和性与矛盾性，安倍经济学就可能受挫，导致两种可能性。

第一，从日本国内来看，安倍经济学坚持经济增长优先的做法可能发生改变。着眼于2013年7月的参议院选举，安倍政权上任之初实施的各项政策给人留下与环境相比最优先考虑资本利益（如重新启动核电站和不负责任地应对气候变化等）和把经济恢复作为最重要课题的速效性印象。2012年12月24日通过发表"基本方针"确立了经济再生、外交和安全再生、教育再生、生活再生四个支柱，其中，把"经济再生"放在最重要位置，重点实施以"大胆的金融政策、机动的财政政策、唤起民间投资的增长战略"经济政策。同时，安倍政权也在修宪、集体自卫权、领土问题上呈现出极度"右倾"和"强硬民族主义"色彩，这样，安倍政权就面临着政治问题与经济问题哪个优先的选择。从参议院选举前的情况来看，如果把以亲美民族主义为核心而敌视亚洲特别是东亚各国的价值观看作为以往传统的日本极右思想的表现，安倍政权的做法似乎与之还有点差别。虽然，与东亚国家领土问题升级并且不断发表强硬的煽动性言论，但与过激言论相比在具体的外交、安全行动上相对"保守"，所以，还是能够看出以经济再生为中心的态度。

在获得了参议院选举的压倒性胜利后，安倍政权具备了长期稳定的条件。如果说安倍经济学的许多政策（即使是好的）某种程度只是为在议会选举中获胜的战术性应对，那么安倍政权的经济战略是什么呢？理想来看应该是应对更为严重的结构性危机，但在现实中安倍政权却呈现出从经济优先向修改

---

① 从民族主义的形态或层次来看，政治民族主义、文化民族主义和经济民族主义是最基本的和最重要的。对于一个已经建立起来的民族国家来说，政治民族主义主要指维护国家在国际体系中的主权、安全与地位。从这个意义上说，目前，提出的日本"领土"民族主义、军事民族主义、安全保障民族主义等都可以归为政治民族主义当中。

《宪法》等政治为中心转移的倾向。安倍经济学的经济措施背后有着深厚的民族主义和爱国主义基础并体现出深远的历史背景，日本一直念念不忘重新成为举世公认的世界第一等国家（正常国家或普通国家），为了实现这个目标，显然日本不满足于单纯依赖经济民族主义（确立经济优势）做一个经济强国，更何况日本的经济优势还面临着严重的挑战。这样，安倍政权就会把经济民主义与政治民族主义相结合，形成综合的手段体系来实现国家战略。安倍公开表明，"我的经济政策，就是我政治意愿的写照"。① 现在基本可以看清安倍政权的本质，它所推行的不过是"高速增长经济观"与"战前实力逻辑"相结合的陈旧的"复古主义"。安倍内阁扭转经济颓势的政策，其实也是其整体战略的一部分，其目的就是要重新恢复日本的国际地位和安全。这些政策很容易让人想到当初明治维新时的一句标准口号"富国强兵"，所以，有人把安倍经济学称为"平成版富国强兵政策"。

第二，从对外关系来看，日本也存在着经济民族主义与政治民族主义更加紧密结合的倾向。安倍政权在国内从经济优先向政治问题为中心转移的同时，其在对外关系上也呈现出经济民族主义与政治民族主义紧密结合的倾向，这两种倾向往往会相互促进。

因此，无论从日本国内关系还是对外关系来看，具有浓厚民族主义色彩的安倍政权不会轻易放弃民族主义思想以及相关政策，但是，与以往日本专门关注经济民族主义或以其为主的做法不同，安倍政权似乎是以政治民族主义为主来寻求经济民族主义与政治民族主义的结合。这种变化的背后是日本国家战略的改变，围绕民族国家的自主与威望问题，日本也曾形成了国家大战略，在"冷战"期间达成的战略共识是日本应该做一个搭便车的贸易国家，即依赖于日美同盟，通过"富国"政策创造财富，实现技术独立，但是同时又避免军事因素，这被称为"吉田路线"。"吉田路线"使日本成为经济大国并获得了一定威望，但在获得自主权方面几乎没有进展。于是，20世纪80年代出现了以中曾根康弘、小泽一郎为代表的新保守主义，提出了"普通（或正常）国家"论。20世纪90年代以来产生了以小泉纯一郎、安倍晋三为代表的民族保守主义，极力推行修宪和扩充军备的路线。现在，"吉田路线"

---

① 安倍晋三：「経済政策に関する講演」，http://www.kantei.go.jp/jp/96_abe/statement/2013/0619speech.html，2013-06-19。

虽然还没有被完全取代，但是，通过强化日本的军事力量和不断削弱对于使用武力的限制，安倍为首的修宪派已经确信该路线已发生了决定性改变。安倍政权通过经济民族主义与政治民族主义相结合，在对侵略的历史没有彻底认识之前，能够在现代日本历史中首次实现同时获得自主与威望吗？对这个问题日本国内外的一些学者已经做出了回答，美国学者塞缪尔斯认为，如果美国是不可或缺的全球警察，日本就应该将自己定位为不可或缺的全球商人，想要把这两个角色结合起来的想法是危险的。① 京都大学教授山室信一认为，日本不能"失去自我控制的能力"，"当日本认为自己是一个小国或者中等国家的时候，它就会在外交过程中极度谨慎，并且会考虑自己的邻国。但是，当它认为自己是个大国的时候，它就会遭遇失败"。② 因此，日本不应该也不能用大国战略取代和平主义的国家认同（吉田共识），日本的国家战略重点应该放在如何重塑吉田共识上，而不是寻求如何替代它。2013 年 8 月日本东京财团发表的政策建议书中明确提出，为了实现国家利益，日本政府及国民在对外关系上必须回避民族主义，彻底寻求一种现实主义的策略。③

---

① 理查德·J. 塞缪尔斯著，刘铁娃译：《日本大战略与东亚的未来》，上海：上海人民出版社，2010 年，第 7，42—43，168，274—275 页。
② 《朝日新闻》，2005 年 8 月 28 日。
③ 東京財団：「安倍外交への15の視点〜ナショナリズムよりもリアリズムの追求を〜」，2013 年 8 月，第 3—4 頁。

第五章 日本在安全领域经济范畴上的战略变化

第一节 "冷战"后日本国家战略转变中经济与安全关系分析

国家战略中经济与安全的关系实际上是指广义国家经济安全所包括的安全领域内的经济范畴。这个范畴内的主要内容涉及在实现国家战略中经济手段与军事手段的相互替代、补充或加强的关系，即关注经济措施和经济政策对国家安全的影响，如何利用经济手段来达到国家安全的目的。事实上，当经济手段被用于国家安全目的时，它就与军事手段有了可比性。[1]

在日本并不存在一般性地广泛浸透于国民当中的国家战略，日本政府也一直没有提出过全面而明确地阐述其国家战略的正式官方文件，但是，这绝非意味着日本政府对于国家战略没有考虑，恰恰相反，自20世纪70年代以来，日本政府十分重视并委托半官方的或民间研究机构开展有关国家战略的研究。国家战略是决定国家方向性的最重要概念，一般指以国家目的和国力为基础，综合判断国内外形势所制定的综合战略，以此为基础规定军事、外交等战略。国家战略包括军事视角的同时也包含进政治、经济、文化等视角，主要内容包括如何考虑本国在国际社会中的位置、以何种姿态面对同盟伙伴和国际机构、判断谁可能成为敌人以及谁会制造问题等。日本国家战略主要体现为生存、繁荣和价值观三大目标。[2]

"二战"后，日本确立了新的国家战略，此后在不同历史时期随形势的变

---

[1] 雷家骕：《国家经济安全理论与方法》，北京：经济科学出版社，2000年，第9页。
[2] 「国家戦略」とは何か日英の専門家2氏に聞く，『朝日新聞』，http://www.asahi.com/strategy/0424c.html。

化而不断调整甚至转变。总体来看,战后 70 年日本国家战略的发展演变经历了三大历史阶段:战败投降至 20 世纪 70 年代的"经济中心"导向型战略阶段;20 世纪 80 年代至 90 年代中期的酝酿转型与新目标确立阶段;20 世纪 90 年代中期直至现在的"大国化"目标导向型战略阶段。① 日本作为战败国,其军事力受到很大限制,但在日美安保体制下,其有机会和能力较早地运用经济力来维护国家安全,进而,在 20 世纪 70 年代正式提出经济安全的概念。所以,无论从理论还是实践上,日本都是在国家战略中把经济与安全因素融合较早的国家之一。因此,对"冷战"后日本国家战略转变进行经济与安全因素分析,有助于我们更加深入、客观地把握日本国家战略的变化。

一、"冷战"后日本国家战略的转变

日本的"正常国家"化战略虽然是在"冷战"后期提出的,但是,战略目标、思想、任务和实现途径的形成和转变是在"冷战"后才真正开始的。

(一) 战略目标由非自主性模糊逐渐变得清晰

20 世纪 80 年代,随着经济实力的迅速增强,日本大国意识复苏并逐渐膨胀,经过长期酝酿,要"在经济大国的基础上成为政治大国"的战略目标在"冷战"后最终确立。"冷战"后,日本首次对国家发展模式的思想论争就主要是涉及经济与安全因素,继小泽一郎倡导"普通国家论"和著名评论家船桥洋一提出"民生大国论"以后,日本战略目标围绕经济立国还是争当政治大国、军事大国展开了论争,最终在 20 世纪 80 年代上半期中曾根首相正式提出的争当"政治大国"的目标得到了掌权者相对广泛的认同。但是,直至 20 世纪 90 年代中期,日本"正常国家"化或"政治大国"化战略的展开还主要停留在战略构想与目标宣示阶段。② 1996 年以后,以《日美安全防卫作指针》为标志,美国强化了美日同盟体制,调整了亚太战略,力图在亚洲地区维持传统的军事存在的同时,加强日本在亚洲基地的作用,从而激活了日本的大国发展的要求,以"入常"为标志,逐步呈现出从地区大国走向世

---

① 杨伯江:"战后 70 年日本国家战略的发展演变",《日本学刊》,2015 年第 5 期,第 12 页。
② 同上,第 21 页。

界大国的明显的战略意图。同时，日本突破了"冷战"时期在美国主导的安全体制下的非自主性模糊战略，国家战略的清晰度加强，[①] 寻求美国许可范围内的自主外交意识也不断增强。

目前，日本国家战略的定位日趋明朗，围绕"正常国家"化战略的具体目标主要体现在三个方面。首先，实现与美欧的平等。作为发动战争且战败的代价，战后日本与美欧国家一直处于不平等地位，总是消极地、被动地适应由它们主导的国际政治经济秩序。日本认为自己"必须参与构筑国际新秩序"，并且要提高自身的国际地位。其次，获得亚洲主导权。经过一段时期的"脱亚入欧"后，日本重新重视亚洲，认为亚洲地区对于其成为世界政治大国具有重要的经济、政治和战略意义，只有主导亚洲，才能走向世界。最后，成为联合国安理会常任理事国。日本认为开展浅层次地开展联合国外交是远远不够的，只有跻身于联合国安理会常任理事国才更有可能实现其所构想的"国际新秩序"，这也是其实现"政治大国"目标的重要标志。

（二）战略思想逐渐形成体系

"冷战"后日本国家战略的总体思想是，在维持与加强经济大国地位的同时，寻求政治大国的地位，实现"正常国家"化的发展目标，寻求国际社会的认同，强调国际贡献与国际地位的吻合。这样，日本国家战略就形成了对内、对外战略思想相配合，政治、经济、军事、文化等战略思想相综合的相对完整的体系。

为了实现"正常国家"化的战略目标，日本首先关注的是本国自身的发展，重振和提升本国的国力。为此，"冷战"后日本历届内阁都在刺激经济、结构改革、行政改革等方面大做文章，尽管如此，日本经济、社会等方面并没有多大起色，"正常国家"化战略目标更主要的还是要通过对外战略来实现。在对外战略上，逐渐形成了坚持和强化日美同盟为基础，以重视联合国外交和抢占亚洲主导权为核心的战略思想。

首先，坚持和强化日美同盟为基础。"冷战"结束之后，随着日美共同"敌人"的消失、经贸摩擦的加剧以及日本综合国力的提升，日美同盟曾一度

[①] 高兰："全面解读'冷战'后日本国家战略的变革与影响——从模糊战略到清晰战略的转型"，《国家观察》，2005年第5期，第63页。

处于"漂流"状态。20世纪90年代中期以后日本经济、政治乃至军事等方面面临的挑战在增大,随着中国的迅速崛起和朝鲜不断实施的军事动作,日本调整了应对挑战的方向和方式,战略制衡的目标逐渐转移到中国和朝鲜,这就奠定了日本重返追随美国路线的战略基础。而以1995年为转折点,日美经济贸易摩擦趋于缓和,又为两国改善关系、深化安全合作创造了契机。以1996年4月17日桥本龙太郎与克林顿签署发表《日美安全保障联合宣言》、"重新定义"日美同盟为标志,日本重新回归追随美国战略。特别是2001年小泉内阁以后,日本开始了对美深度追随、"建设性追随"之旅,即在追随的过程中提出日方的意见、影响美国的决策、实现日本的利益。[①] 2012年底安倍重新执掌日本政权以来,又通过解禁集体自卫权、强推安保法案等一系列行为强化了日美同盟。

其次,重视联合国外交。联合国成立70余年来,一直是维护世界和平与稳定的唯一国际机构,"冷战"以后特别是进入21世纪以来,其作用更加明显。联合国对日本而言具有实质性意义,能将提升话语权和实现国家利益成为可能。因此,日本政府一直致力于提高其在联合国中的地位和作用。凭借其强大的经济实力,近乎"慷慨"地向联合国各部门出资,成为联合国资金的第二大来源国,千方百计选送日本人到联合国任职,近些年又积极地参加联合国各种维和行动。但是,日本政府并不满足于此,其更大的目标是挤进联合国安理会常任理事国行列,在2005年的努力无果而终以后,日本并未死心。2016年是日本加入联合国60周年,为此,安倍晋三将2015年、2016年定位为"具体行动年",希望日本能进入安理会常任理事国,主导联合国改革。

最后,抢占亚洲主导权。随着全球化带来的经济上的相互依存日益深化,亚洲外交对日本来说越来越重要,对构建东亚安全保障和经济合作机制尤为重要。但是,"冷战"后日本对亚洲的态度有过多次变化和调整,"冷战"后初期,日本非常重视同亚洲各国的关系,尤其是急于摆脱泡沫经济破灭的经济不景气状态,日本强化了同亚洲各国的经济关系。但是,进入21世纪,小泉执政时期,由于日本采取"对美一边倒"政策,同亚洲邻国的关系陷入停滞状态,中日关系也陷入"政冷经热"的非正常状态。小泉政权以后,日本

---

① 杨伯江:"战后70年日本国家战略的发展演变",《日本学刊》,2015年第5期,第25页。

又开始重视亚洲外交,积极推进东亚共同体的构筑,并开始修正对华战略,重视中日关系,日本的亚洲外交从改善阶段进入合作阶段。但是,在进入21世纪第二个十年以后,日本的亚洲政策又发生了转向,一方面在历史、领土等问题上同相关国家的矛盾升级,另一方面,通过经济和军事援助、外交等手段又强化了同东亚、南亚、中亚等国家的关系。这说明日本在迎合美国"重返亚太"、"亚太再平衡"战略的同时,通过遏制新兴国家的崛起,实现抢占亚洲主导权的目标。

(三)战略手段逐渐倾向于军事方面

"冷战"后,日本国家战略转型的两大基本任务是实现"正常国家"化以及如何应对新兴国家的崛起。以政治安全战略转型为代表的"总体保守化"趋势加强,政治安全战略的转型可以说是"冷战"后日本国家战略转变过程中的突出表现。总的来说,依靠军事力量成为国际政治大国的方式成为近年来日本国家战略的调整主流方向。[①]

依据西方国际关系理论中"结构压力"的概念,任何国家都会受到来自于它所处的国际体系的压力,而所承受压力的大小直接影响到它对国家战略的选择。就日本而言,20世纪90年代中期以后,它所承受的"结构压力"出现了两点重要变化:一是压力本身未减反增;二是主要压力源出现转移,从美国转向整体国际局势,转向新兴市场国家。在此背景下,日本"正常国家"化战略目标本身不会出现变化,但实现目标的战略手段发生了重要变化。

在"冷战"结束以来的20余年间,日本思考国家战略的视角和重点出现重要变化,即从包括经济、社会、生态等要素在内的综合视角,转变为强调外交、同盟政策特别是国防政策以及价值观的推广、国际权威的获取。[②] 正是在这种变化了的战略思路引领下,日本国家战略调整最突出的表现也是最受争议的方面是安全领域的军事手段强化。在传统安全领域,日本开始着手规划新军事发展计划。随着美日军事同盟体制的加强,特别是"9·11"事件后,由于美国对日本的国际反恐要求加强,加之日本"借船出海"、乘机发展军事力量的国内要求,"追求军事作用"的战略思想逐步成为日本的主流选

[①] 高兰:"全面解读冷战后日本国家战略的变革与影响——从模糊战略到清晰战略的转型",《国家观察》,2005年第5期,第63页。

[②] 杨伯江:"战后70年日本国家战略的发展演变",《日本学刊》,2015年第5期,第23—24页。

择。通过在军事上的一系列行动，日本在"正常国家"化的道路上迈出了实质性的步伐，实现军事大国目标成为日本新世纪国家战略的重要组成部分。在非传统安全领域。日本十分重视能源安全。作为世界第二大石油消费国，所需石油基本上完全依赖进口。因此，进行石油的战略储备，成了日本的一项坚定不移的国策。[①] 为此，日本在经济方面鼓励日本本国公司到境外勘探开发石油，支持日本公司以多种方式参与国外油气合作。保护石油等关键产品的海上运输线安全也理所当然地成为日本加强军事化的借口。

二、国家战略中经济与安全的关系与日本的表现

"冷战"时期受双极结构的严重影响，学术界对国家战略的研究往往限定在狭隘的军事方面，以美国为首的主要国家在国家战略实践当中也大体上把安全因素与经济因素相分离。但是，日本政府从20世纪60年代开始就非常关注国家战略中经济因素与安全因素的相互促进关系，20世纪60年代后半期，在美国方面责任分担的要求下，"运用经济手段为安全做贡献"的新看法开始出现，即从同美国的安全成本分担的观点出发，开始把经济看作战略上保障安全的手段。70年代"把经济手段作为重点的安全保障政策"和"重点对应经济威胁的安全保障政策"成为安全战略讨论的主要内容。80年代在日本产生了综合安全保障的理论和政策，从经济利益与政治战略利益相互强化的前提出发，强调经济和外交手段而不是军事手段来保护日本的国家安全。

"冷战"后，日本国家战略转变中最为突出的是国家安全战略的变化，也就是在日美同盟保护下，以往日本自身在维护国家安全上更多使用非军事手段尤其是经济手段的情况在发生着变化，日本国家战略中安全与经济因素的关系在变化。大体来看，这种变化表现在两个方面，一是改进而不是抛弃"吉田路线"和综合安全路径；二是抛弃"吉田路线"和综合安全观，选择军事安全路线。这两种表现看似矛盾，其实本质上是同一的。

---

① 高兰："全面解读冷战后日本国家战略的变革与影响——从模糊战略到清晰战略的转型"，《国家观察》，2005 年第 5 期，第 61—62 页。

(一) 继续坚持和改进"吉田路线"

从改进而不是抛弃"吉田路线"和综合安全路径方面来看，虽然，有明显的信号显示日本政府正在慢慢地但稳定地拓展其实现安全的路径，但这并不是必然意味着日本在实质上改变其传统的综合安全路线。"冷战"后，日本不仅坚持而且扩展了综合安全的范畴，从20世纪80年代末开始，日益认识到自然资源（如食物、水和能源）的稀缺直接与国家稳定、经济安全和可持续发展相联系，综合安全又把环境因素包括进来。90年代末，日本进一步把所谓"人类安全"的概念增加到其对外和安全政策战略当中，寻求为保证基本人类需求做贡献，重新重视人类安全可以看作是把稳定的生活环境和经济增长作为一体的日本综合安全政策的持续。进入21世纪日本的地区和全球安全内容又进一步扩展到海洋、太空和网络空间安全。因此，琳达·韦斯（Linda Weiss）认为日本正在进行综合安全的"调整、废除和革新"，而不是本质上地改变。理查德·塞缪尔斯也认为这种变化可能是连续的，涉及对"吉田路线"的改进而不是抛弃。

2012年《日本的外交蓝皮书》提出"最小化风险和最大化来自于亚太增长的机会"都是重要的，日本在实施国家战略当中军事安全方面的新积极主义是与政府强化经济安全的态度相伴随的。[①] 这从日本应对亚洲地区可能面临危险的实例中可以得到验证。日本对朝鲜、伊朗、缅甸和阿富汗的政策表明其不是正在偏离长期的综合安全政策。朝鲜是目前根据日本法律和国际规则受到最严厉制裁的国家。虽然在1950年美国就对朝鲜实施了制裁，但直到20世纪90年代初期，日本政府还试图与朝鲜在多种方式上开展经济上的往来。1998年朝鲜发射大浦洞导弹以后，日本才开始了对朝鲜实施制裁的激烈讨论，直到2004年单边制裁的法律才开始生效。虽然，日本通过把朝鲜确定为对其国家安全的最大威胁，从而增强国家防卫，在东京部署反导弹系统，试验导弹拦截系统和强化美日同盟，但是，这不过是日本强化军事的借口。实际上，日本政府很大程度求助于经济手段来对付朝鲜，也就是说，日本对朝鲜的实际政策主要包括经济而不是军事安全手段，本质上是减少朝鲜的经

[①] Maaike Okano-Heijmans. Japan's security posture in Asia: Changing tactics or strategy? ISPI (Istituto Per GliStudi Di PoliticaInternazional) Analysis. 2012. No. 125. p. 3.

济利益，包括贸易、人道主义援助以及能够可能实现外交关系正常化的其他援助。

如果说对朝鲜的经济制裁和消极的经济外交并没有达到减弱威胁的目的，那么日本并不缺少通过积极和消极的经济外交来化解安全挑战的其他的例子。例如，在伊朗和缅甸的例子上表现出日本乐意实施消极的制裁，明确地暂停援助。虽然，日本政府仍然更愿意与这些国家进行经济上的往来，但在进入21世纪后日本越来越愿意实施惩罚措施并与国际制裁保持一致。即使这样制裁与包括促进基础设施建设在内的积极手段一起运用，也有助于可持续发展和地区稳定。尽管西方国家因为伊朗拒绝执行联合国决议而对其实施惩罚，但日本还是相对地保持了与伊朗的亲切关系。作为处理围绕国家核计划的紧张关系，日本承诺为伊朗建设和资助五个核工厂并运送高富铀原料。2004年日本在伊朗投资开阿扎德干（Azadegan）油田，但随着国际紧张关系升级和美国可能对伊朗核行为的制裁，2010年日本撤资。因为伊朗拒绝停止其核计划，在2010年年中，日本与美国及其他盟友一起支持新的联合国制裁，转而持续地减少从伊朗进口石油。但是，在寻求平衡稳定的石油供给和良好的同盟关系时，日本在2012年3月为日本银行在新的美国金融制裁中获得豁免的谈判取得了成功。

从对缅甸的态度来看，2007年日本政府表现出愿意加入国际制裁和取消援助的行动中。但是，从2011年11月日本意图通过经济合作和投资帮助缅甸的经济发展来看，日本对采用更积极的方法（手段）的倾向变得明显。日本对阿富汗的政策旨在强化安全、有助于和解和再统一、促进经济发展。2001年到2010年间日本是阿富汗的第二投资大国。用军事手段保护阿富汗安全似乎越来越被认知，但日本的行动很大程度上仍然以经济安全手段为特征。

所有这些符合这样的评价：尽管日本政府可能对对日本具有重要经济利益的国家采取惩罚措施，但一般来说尽可能恢复对这些国家的援助，这就证明了日本在贯彻综合安全的方法。日本政府在军事安全上采取更加积极主动的立场，越来越愿意选择经济外交的强力手段，也大量地投资于积极的、经济的手段保护亚洲地区的安全稳定与繁荣。政策和行动很大程度强调经济安全因素并呈现出通过合作方式使日本利益最大化的持续倾向。虽然把朝鲜的核问题和导弹计划作为安全问题而提出，日本抓住这个机会强化了其地区姿态并增强了其军事能力。在缅甸和伊朗的例子中虽然日本呈现出日益增强的愿望跟随西方的制裁，并在阿富汗进行军事化参与，但在每个例子中的偏好日本仍然是以合作的方式为主，坚持可持续的经济发展有利于地区稳定的观点。

（二）抛弃"吉田路线"和综合安全观

从抛弃综合安全观重拾军事路线来看，种种迹象表明，日本正在偏离直接把安全与政治、经济、环境和个人安全联系在一起的综合安全政策，从而选择更传统的军事安全路线。从 20 世纪 80 年代以后，处于经济强势的日本对自己的安全环境有深深的顾虑，担心实力相对下降的美国不会再继续为自己提供安全保障，日本经济强盛又给了日本充分的自信，因此在军事上，日本开始逐步增强防卫力量。到了 90 年代中期以后，由于经济泡沫破灭的恶果不断显现，日本经济在低谷中徘徊，日本由目空一切到自信受挫，国家安全目标也从当初"三极"世界中的"一极"随之调整为致力于成为欧亚大陆强国。"如果说 80 年代日本民族主义情绪的高涨来自日本成为世界第二经济强国后带来的民族优越感；那么目前的经济持续衰退所引起的不安心理则是推动日本走向军事大国的社会基础。"① 因此，克里斯托弗·休斯（Christopher Hughes）认为日本政府正在"失去其在综合安全路线上的信念，取而代之，集中于军事安全维度"。林纳斯·哈格斯特朗（Linus Hagstrom）指出当符合日本利益时，日本并不回避采取强硬路线的安全政策。肯尼斯·派尔（Kenneth Pyle）认为日本的对外政策与 20 世纪 50 年代吉田茂首相倡导的"大战略"可能有很大的不同。②

2010 年 12 月日本通过了"新防卫指针"，旨在转向"动态防卫力量"。一年后，长达几十年的武器出口禁令被松动，并计划放宽对日本自卫队在执行联合国维和任务时使用军事力量的限制。在与其他国家的联系中也可以看出日本在军事领域的自信。美国和日本在近些年在多种场合强调美日同盟的重要性，并同意强化在亚洲的防卫合作与安全。日本也在强化与亚太地区其

---

① 孙叶青：《第二次世界大战以来日本安全观的形成和演变》，上海：上海世纪出版集团，2014 年，第 115, 202 页。

② 转引自 Maaike Okano-Heijmans. Japan's security posture in Asia: Changing tactics or strategy? ISPI (Istituto Per GliStudi Di PoliticaInternazional) Analysis. July 2012. No. 125. pp. 3-5.

他国家包括澳大利亚和印度的防卫合作关系。在日本军事安全上增加着的投入是对冲周边新兴国家崛起和美国衰退的实用现实主义者政策的结果。随着日本国内经济以及美日同盟和美国在国际事务中作用的变化，近些年日本的政策已经开始持续的变化并不奇怪。日本政府正在适应新的现实，在这当中美国霸权的存在可能变成一个更加协商的体制，需要一个权力和影响力更加多元的组织。日本的政治家和政策制定者正在从另一个方面来审视联盟的经济和军事利益，并重新思考其政策。

2013年12月17日，日本在战后历史上第一次公布其国家安全战略。新战略是在日本成为正常军事国家的方向上的另一重要步骤。该安全战略把朝鲜的军事建设和新兴国家快速崛起看作是对日本的重要安全威胁，其关键内容是通过发展自己的威慑机制为日本提供一条维护国家安全的"独立"的道路，旨在使日本成为国际社会的"一流"国家。该安全战略的发布是安倍的指导者（前首相小泉纯一郎）在10多年前所采用的"正常国家"化进程的延续。

该安全战略的一项重要内容是安倍政权努力创造日本自己的军事产业综合体，有助于日本成为一个在安全上"独立"的国家。该战略明确提出通过"研究、开发、生产以及防卫设备的操作"来"维持和增强防卫的生产和技术基础"的必要性。日本想要把商业领域的技术创新复制到防卫领域，尤其是为了安全的目标而最有效地利用军民两用技术。

实际上，安倍通过强化"首相办公室"在安全事务上的权力，已经使"正常化"进程恢复了更具有侵略性。安倍参照美国国家安全委员会建立了日本国家安全委员会和国家安全局，这与以往由保守的外交大臣来支配安全事务相比大大提高了决策制定的顺畅性与时效性。

新的国家安全局在2013年12月提出了最新的《防卫计划大纲》，呼吁建设"综合机动防卫力量"阻止或击退直接抵达日本本土的威胁或袭击。根据新《防卫计划大纲》，日本将会在下一个五年中提高防卫支出，增加总额为24.67万亿日元的军事支出。总之，新《防卫计划大纲》和《国家安全保障战略》旨在在长期把日本转变成一个真正的军事大国。[1] 2015年9月安倍政

---

[1] Joshy M. Paul. Japan's National Security Stretagy：A Military Power in the Making? http://www.maritimeindia.org/commentryview.aspx？NMFCID=3353，2014-01-28.

权强行通过实质上解禁日本集体自卫权的《新安保法》,并于 2016 年 3 月 29 日正式实施。《新安保法》标志着日本战后"专守防卫"的安保政策发生重大转变,日本将实质放弃战后坚持多年的和平国家路线。

三、两种表现的同一性

日本实施国家战略中经济与安全因素之间关系的两种不同表现看似矛盾,但本质上却存在内在的同一性。其实,这两种表现都是符合依靠军事力量成为国际政治大国的日本国家战略调整主流方向的。"冷战"后日本在安全手段的选择上不仅没有因为"冷战"结束而在日美军事同盟和发展武装力量上有所弱化,反而进一步加强。

首先,军事手段和经济手段的调整都服务于国家战略,两种手段所涉及的内容和对象既有差别也有联系。在军事方面,日本极力提高军事力量在保障国家安全中的地位,军事战略从专守防卫型调整为主动进攻型。在经济方面,日本曾经保持了很长一段时间的经济繁荣,积累了强大的经济能力,在政治、军事手段受限的情况下,借用经济手段来影响均势一直是日本的最佳选择。信号、强化、遏制、强制、收买、抵消、榨取、诱导等经济手段给军事安全乃至国家安全带来了不能忽视的影响。"强化"有利于维持在经济和安全保障上重要的缓冲国;"收买"可以在获得军事基地和重要武器方面发挥作用;"榨取"可以在筹措战略物资上发挥重要作用;"抵消"会有助于本国减少经济脆弱性,由此缓解对方的经济压力;"遏制"会阻碍对方的势力增大;"强制"会向第三国发出不能与敌对国合作的警告;(积极的)"信号"会使对方的威胁感降低,防止制衡的发生和促进;"诱导"会使强制衡慢慢向弱制衡、弱制衡向弱追随、弱追随向强追随转化。[1] 实践证明,这些经济手段对相对弱小的国家更为有效,这也是日本对东亚、中亚、南亚一些国家偏爱使用经济手段化解对其威胁或挑战的主要原因。日本一方面在历史、领土等问题上同相关国家矛盾升级;另一方面通过经济手段强化同亚洲、非洲以及拉美一些相对弱小国家的关系。日本强调对这些国家使用经济手段的重要性,

---

[1] 長谷川将規:『経済安全保障——経済は安全保障にどのように利用されているのか』,日本経済評論社,2013 年,第 154—162 頁。

并不意味着只用经济手段而不使用重要的军事手段，只不过是经济力具有与军事力不同的独特作用。如果不能在经济上充分抑制对象国家，为了实现国家战略，日本必然利用经济以外的手段（主要军事手段）。

其次，经济力与军事力在维护国家安全中的关系。继续巩固其经济大国地位，企图以经济力量为强大后盾，谋求政治大国地位。20世纪90年代以来，在新旧国际战略格局转换的过程中，日本将经济实力看成是实现"政治大国"战略的最为重要的方面。日本政府认为，"从军事力量控制世界时代进入'冷战'后以经济、技术和信息占据重要地位的时代，日本能够在国际上发挥作用"。基于这种认识，日本不仅将其强大的经济实力运用到各个领域之中发挥强大的后盾作用，而且还为21世纪继续保持、巩固经济大国地位，更好地为"政治大国"战略服务，不断调整其经济发展战略。①

第二节　日本国家经济安全战略的选择

根据传统的均势理论，一般来说均势战略包括制衡、追随、推诿和绥靖等战略，但是以往的均势理论没有很好地阐释这些战略中的经济成分。这种对经济因素的忽视导致均势理论无法更好地认识经济力和军事力上平衡的现状及其预期变化对国家安全战略的影响。近些年，随着国际政治经济形势的变化，一些学者开始对均势理论进行政治经济分析（马克·布劳利、坎贝尔等），阐释维护经济安全的经济手段对均势的影响（长谷川将规等），分析经济相互依存与制衡的关系（陈琪等）。长期以来，经济成就成为日本民族意识的中心价值观念，导致其将国家生存与安全方面的竞争首先视为经济竞争。日本认为经济竞争是另一种形式的战争，是实现国家安全的仅次于战争的最佳手段。所以在"二战"以后日美同盟的特殊安全保障体系下，长时间实行"吉田路线"，通过"富国"政策创造财富，实现技术独立，但同时又避免了军事因素。本章结合日本的实际情况重点分析经济因素在追随和推诿战略中的作用。根据前面的定义，分析经济因素对国家安全战略的影响、经济手段与军事手段的关系、经济力与军事力的关系等内容属于安全领域的经济范畴，

---

① 张卫娣，肖传国：《近代以来日本国家战略的演变》，时事出版社，2013年，第381—382页。

与之相关的战略也应定义为国家经济安全战略。

一、经济因素在日本国家安全战略变化中的作用

传统的国家安全理论首要关注军事因素,传统的国家安全战略以联盟和军备竞赛为特征。随着"冷战"结束、经济全球化快速发展等国际政治经济背景的变化,经济因素对国家安全战略的影响越来越大,尤其对长期以经济力为主维护国家威望与自主的日本来说,更是如此。

传统国家安全理论在分析战略选择时通常把"盟友的可获得性"作为首要考虑的因素,在此基础上,为了更好地分析经济因素对日本国家安全战略的影响,首先增加"财富(经济力)能否顺畅地转换成军事力以及所需要的时间(速度)"这个因素,[1] 来具体分析日本国家安全战略的变化。

在满足"盟友的可获得性"条件下,考虑国际关系均势时,外部制衡应该是首选的战略。但是由于日本处在战败的特殊背景下,在战争刚刚结束的一段时间内,外部的行为主体对日本的影响不仅仅是双方互动的结果,更是外部行为主体发挥关键的决定性作用。当时,以美国为主的盟军占领日本,盟军最高司令部对日本实施着严格的制裁与控制,那时的日本不能希望通过外部或内部制衡使权力分配对自己有利,只好明智地寻求与处于统治地位的国家结成联盟,选择追随战略。把经济因素和时间因素融入到战略逻辑当中有助于更好地理解追随战略。经济联系能够给双方都带来利益,追随的国家希望在短期通过与支配国家之间的联盟来维持生存,同时追随还能增强弱小国家当前的经济基础。如果当前的经济收益能在将来转化成军事力,追随的国家能够增强其权力潜力以至于在将来某一时刻能重新主张其自治权。

"二战"结束后不久就进入"冷战"时期,战后十多年,东西两大阵营在世界上确定了各自的势力范围,世界恢复了势力均衡。当现存的联盟已经积聚了足够力量来阻止或战胜挑战的力量时,某个或某些联盟成员国相信即使没有他们参与,联盟也能发挥作用,这些成员国就可能选择推诿战略,推卸应承担的责任。在1952年《旧金山和约》生效后,美国提出了要求日本重整

---

[1] Mark R. Brawley. The Political Economy of Balance of Power Theory, in T. V. Paul, James J. Wirtz, and Michel Fortmann ed. *Balance of Power: Theory and Practice in the 21st Century*, Stanford University Press, 2004, p.76.

军备的具体数字，即陆军10个师，30万兵力，警察预备队增至15万—18万人。当时的日本首相吉田茂极力反对，他认为与重整军备相比，日本应该谋求经济与国民生活的安定。1955年春，美国制定了新的第NSC5516/1号对日政策基本文件，提出美国不应该以牺牲日本的政治、经济稳定为代价要求日本加强兵力，日本重整军备的规模和结构应该由日本自己决定。[①] 美国认可了日本的推诿战略。很显然，像现实主义者所批判的那样，推诿是一个冒险的战略，那么在什么条件下这个战略合理呢？把经济财富转化为军事力要付出代价，如果国家相信其不是在紧迫的威胁之下或者需要时间投资于自己的经济提高未来军事能力，通过推诿来避免这些代价可能是明智的选择。推诿的经济成分与集体行动的"免费搭车者"相似。

自民党长期执政使吉田茂开始的"吉田路线"延续下来，在很长时间没有太大的调整和转变，日本国家安全上的推诿战略在"冷战"期间没有发生根本变化。"冷战"结束以后尤其进入21世纪，日本国家安全战略发生了一些变化，对此深入分析，还要再增加"对威胁紧迫性的判断"这个因素。在制衡决策上对时间的重视表明政策制定者对威胁的定位及其本质和强烈程度有一定认识。但同时，还要必须对经济资源能转换成军事力量的速度做出估计。[②] 把这两个因素（什么时候来制衡和武装起来要花费多长时间）相结合能使我们更好地认识日本国家安全战略的选择与变化。

经过"冷战"初期的磨砺，日本已经敏锐地感觉到虽然东西方两大阵营依然思想体系相互对立，但在避开全面战争的立场上是一致的，世界处于"不稳定的和平时代"。日本并不面临直接的军事威胁，苏联的威胁是长期的，应该着眼于将来的平衡。日本尽可能把针对苏联威胁的主要防卫负担推诿给美国，自己则把大量财富投资于经济。

而在"冷战"结束以后，随着中国综合国力的提升，日本越来越明显地把中国的崛起看作紧迫的压力。这是因为，从历史研究的角度来看，传统的日本国家认同是从其伴随着在宏观历史上以中国为中心的地缘战略经历演化

---

① 孙叶青：《第二次世界大战以来日本安全观的形成和演变》，上海：上海世纪出版集团，2014年，第104页。

② Mark R. Brawley, The Political Economy of Balance of Power Theory, in T. V. Paul, James J. Wirtz, and Michel Fortmann ed. *Balance of Power: Theory and Practice in the 21st Century*. Stanford University Press, 2004, p. 86.

而来的。这种国家认同是以防止形成以中国为中心的世界秩序为基础的，这是日本制定地缘战略决策的底线。近代以来，日本在西方世界内部秩序下重新定义了国家认同，努力保护其与西方大国同等的根本国家利益。[①] 现代日本的经历证明其需要通常保持与美国共同合作的安全关系，并通过对抗中国来特别保证美国积极地参与东亚安全。

表 5.1 面对现在平衡的战略选择

财富向军事力量转换的速度	盟友的可获得性	
	有	无
快	Ⅰ（外部制衡，军备竞赛）	Ⅱ（内部制衡，军备竞赛）
慢	Ⅲ（外部制衡，向盟友投资）	Ⅳ（内部制衡，在母国投资或跟随）

资料来源：Mark R. Brawley. The Political Economy of Balance of Power Theory in T. V. Paul, James J. Wirtz, and Michel Fortmann ed. *Balance of Power : Theory and Practice in the 21st Century*. Stanford University Press，2004.

表 5.1 说明当一个国家面对平衡时所面临的战略选择。Ⅰ和Ⅱ表示快速把财富转换成军事力的能力驱使国家在短期把资源花费到武器上，不管是否能获得盟友都会出现军备竞赛的结果。但是当不能快速把财富转换成军事力时，经济考虑会专注于更长时期。当国家寻求外部制衡（因为盟友是可获得的）时，在经济上会加强与盟友的国际合作（Ⅲ）。而当国家致力于内部制衡时（因为没有潜在的盟友）时，投资于母国经济可能是使未来潜在权力最大化的最好方法。然而，当假定在短期必须要应对威胁时，跟随也是一个选择（Ⅳ）。

通过长期积累，日本基本具备了把财富快速转换成军事力的能力，再加上有美国这个强大的盟友，所以，目前，日本的安全战略选择首先要巩固美日同盟来寻求外部制衡，然后根据其国内经济状况选择快速或缓慢地把财富转换成军事力，从而导致军备竞赛或加强与盟友经济合作的不同结果（Ⅰ或Ⅲ）。目前日本的战略选择虽然还在Ⅰ和Ⅲ上犹豫不决，但已呈现出选择Ⅰ的倾向。因为美国霸权地位在相对下降，日本在获取军事能力上的主观愿望

[①] Masahiro Matsumura, The Japanese State Identity as a Grand Strategic Imperative, CNAPS Visiting FellowWorking Paper, St. Andrew's University（MomoyamaGakuinDaigaku），Osaka，May 2008. p. 25.

（不仅单纯追求军事能力也可能包含通过军事力提升经济力的想法）和美国客观压力的吻合度逐渐提高。日本在应对美国的压力或自己愿意以及在美国同意下实施重要军事建设，并享有在外交、安全和经济政策行动上明显更高水平的自由。本质来看，美国不仅需要日本成为和平时期的重要互补者，而且也接受日本成为其战争行动中的补充者，这不只局限在后勤和后方上的支持。目前，日本加入军事竞争的态势越发明显，放宽武器出口限制、解禁集体自卫权、修改《宪法》、增加军事投入等做法已经暴露出其军事野心。日本当前在国际关系中受到的约束很多是与他们过去的行为（侵略战争）联系在一起的。随着时间的推移，这种联系被有意无意地淡化，许多学者认为在长期形成的强经济力支持下，日本将来恢复更具有进攻性的可能在增大。日本的经济和核技术能力以及当前的东北亚形势致使许多人相信日本可能为自己重新装备核武器。①

尽管目前日本国家安全战略变化当中呈现出提升军事力的倾向，但是还要对军事力和经济力的关系做出准确判断。对任何一个国家来说，维护自身安全都是最根本的目标，并且对国家安全都设有"红线"，即国家安全不能低于一定水平。这里简单假定国家只用经济力和军事力来维护自身安全，在经济力下降时，为了保证国家安全水平不降低，国家就会选择提升军事力来弥补经济力的下降，或者用军事力来推动经济力上升。这两种选择涉及经济力与军事力相互转化的两个不同方向，前者通过财富快速地转化成军事力体现（经济力是手段，军事力是目的），后者则反映军事力能成功促进和转化成经济力（经济力是目的，军事力是手段）。这两种选择会产生不同的后果，前者会产生持续的军备竞赛，而后者虽然暂时也会出现军备竞赛，但经济力恢复到一定水平后，军备竞赛就会淡化。从目前日本的做法来看，这两种选择都存在，解禁集体自卫权、修改《宪法》、增加军事投入都表明其要提高军事力，而从修改《武器出口三原则》大幅放宽对外输出日本武器装备和军事技术的条件当中，又能看到其寻找新经济增长点的意图。无论从历史还是现实来看，军备竞赛都不是大家想要的结果，虽然日本一定程度具备把财富快速转换成军事力的能力，但是，从其长期习惯于更依赖于经济力来维护国家安

---

① Keck Zachary. US Grows Concerned About Japan's Military Revival，http://thediplomat.com/2013/08/us-grows-concerned-about-japans-military-revival/，2013-08-10.

全的做法来看，在日美同盟仍然稳固的前提下，日本民众不愿意看到国家走上军备竞赛的道路。周边国家也具有把财富快速转换成军事力的能力，日本同周边国家进行军备竞赛未必有赢的把握。这样，从内外压力来看，日本选择重新提升经济力，继续走"吉田路线"才是最佳选择。

二、日本国家经济安全战略的两面性

"冷战"结束后，无论从硬实力还是软实力来看美国都是世界唯一的超级大国，并且在一段时间内美国还奉行单边主义外交政策。按照传统的均势理论，世界上理应形成针对美国的硬均势（如军事联盟），但在现实中为什么没有形成呢？单极体系结构稳定的条件是在该体系中其他国家不能选择与制衡相关的战略，因为他们不具有在有意义的方式上挑战单极国家的能力。在这个前提下，即使一些国家要寻求改变国际结构（具有修正现状意图），也只能采取既增强自身能力而又不至于激起霸权国家强烈反应的战略，坎贝尔（Benjamin W. Campbell）把这种战略称为经济制衡。所谓经济制衡是指希望通过经济增长优先于军事支出来提高增长率，并伴有实现与单极国家经济平等的意图的战略。采取这种战略的国家被称为修正主义的经济制衡者。还有很多国家满意于目前的国际体系（具有维持现状意图），这些国家可能采取既保证自身安全而又不用必须投入必要资源的战略。尽管为了达到这个目的，国家可以采取诸如追随、推诿、绥靖等战略，但总体来看，现实表现还是以追随为主，选择与面对的最强大或最有威胁国家结成联盟的战略。采取这种战略的国家被称为维持现状的追随者，主要包括英国、法国、德国、和日本。①

一般来说，传统的均势理论往往把制衡和追随看作二者选其一，否认一个国家对另一个国家同时采取制衡和追随战略的两面性。但是，在现实中很多国家经常同时对某一个国家采取制衡和追随的战略。作为对均势理论的补充与发展，一些学者对这种现象进行了研究。舒维乐（Randall L. Schweller）的利益均衡理论提出"决定敌和友的选择不是势力而是利益"。国家针对重大

---

① Benjamin W. Campbell. Revisionist Economic Prebalancers and Status Quo Bandwagoners: Understanding the Behavior of Great Powers in Unipolar Systems, Southern Illinois University, honor degree paper, May 2014, p. 17.

威胁采取制衡，但在不是这样的场合下经常采取追求机会主义的追随。根据舒维乐的观点，国家对威胁国会采取各种各样的应对，同时追求制衡和追随的情况也是存在的。日本学者长谷川将规通过对众多事例的分析，认为东亚一些国家对中国同时采取制衡和追随的战略。日本在单极体系下安全战略的选择也具有明显的两面性，兼具修正主义经济制衡者和维持现状的追随者的特征。

目前，日本在国际协定和规则上极其积极主动，这表明其满意现状的秩序，因此，其很容易被分类为维持现状的跟随者。同时，因为中国的崛起，日本也更愿意支持势力均衡的现状，导致其在国际规则的巩固中扮演了重要的角色。① 假定日本是一个没有能力挑战美国单极体系的维持现状国家，他真的会制定战略，决心追随美国吗？日本的安全依赖于美国，其很大程度地把自己交给美日安全同盟。这被"冷战"后日本持续坚持《日美共同合作和安全条约》、维持驻日美军基地和美日军事演习等所证明。但是，日本对待美国盟友并不完全放心，一方面，在"9·11"事件以后，美国陷入伊拉克、阿富汗战争泥潭，全球经济危机雪上加霜，美国的全球统治力大大下降；另一方面，在国际关系博弈当中，日本始终是美国的一个棋子，随时有被抛弃的危险。所以，日本在成功地把握了在"冷战"期间对美国的依赖以后，虽然直到今天还在非常巧妙地继续这项政策，但是，日本对美国实施经济制衡的战略也在同时推进。

这种两面性的突出表现通过两面下注来对冲美国，进而致力于形成"第四种共识"。总的来说，日本围绕国家安全战略的政策偏好是多方面混杂的，在总体强调防御的基础上加强进攻的声音也不绝于耳，在某些情况下想要保持现状，而有的时候又想改变现状。长久以来，日本都在为在这个不确定的世界中减少威胁、增加经济收益而努力。通过两面下注来尽量避免在可能被盟友抛弃与因追随盟友而陷入困境之间做出选择。这种两面下注的典型表现形式是在减少威胁方面依赖日美同盟搭美国"便车"，在增加经济收益、维护经济安全方面则"另起炉灶"，甚至时常不顾与美国的利益相悖来构建有利于自己的国际经济关系，这种做法符合经济制衡的特征。两面下注自然会产生

---

① Dobson Hugo. Japan and the Changing Global Balance of Power：The View from the Summit，*Politics*，Vol. 30，No1，2010，pp. 33-42.

对冲美国的效果。

对冲一直是日本战略箭囊中的一支利箭。"二战"后，排在日本战略第一位的是巩固其与美国的同盟关系，第二位则是使其与美国的关系尽量不刺激苏联（俄罗斯）等周边国家。这种战略考虑导致日本关于安全的官方政策充满矛盾，最主要的就是体现在对待美国的两面性上。担心陷入美国设置的陷阱和被美国所抛弃的恐惧，驱使日本走向一个对其盟国的永久性"对冲怪圈"。日本对于落入陷阱的恐惧时常使其采取针对美国的制衡措施，该行为又总是增加其对于被抛弃的恐惧，于是又开始讨好和追随美国。一直以来，对冲是阻止这种怪圈循环的唯一方法。在日本离"对冲"含义最近的表述应该是由东京大学田中明彦做出的，他提出日本需要"一种能够防止最恶、努力构建最善的战略"。田中解释说，"防止最恶"要求与美国的紧密同盟关系，并要求日本在国际安全事务中发挥更积极的作用；在他看来，一个类似西欧那种稳定、繁荣和经济一体化的东亚共同体与"构建最善"是一致的。日本不仅通过迎合美国的笼络来对冲美国的抛弃，同时还通过迎合贸易保护主义来对冲美国的商业掠夺，即日本磨砺商业利剑的同时造就坚固的军事盾牌。日本的很多政治家和学者相信美国领导的安全共同体能够与亚洲领导的经济共同体共存，他们清楚在亚洲平行构建上述两个框架将给日本安全带来好处。日本能够在平衡美国与欧洲经济力量的同时，平衡亚洲的军事力量。[①]

但是，美日在东亚经济一体化上存在严重分歧。日本与亚洲贸易的份额占全部贸易量的比例几乎是美国的两倍，并且还在不断增长。即使日本贸易量的一部分是与美国密切相关的，中日之间不断增长的相互依赖也提高了日本对区域一体化的关注程度——而不是美国优先原则。实际上，美国不断地表达自己的不满，因为随着东亚经济共同体逐步建立起来，美国被逐渐排除在外。2009年实现政权更替的民主党人鸠山由纪夫成为日本首相后，提出了建立"东亚共同体"的设想，但是，在美国强力阻挠下，这个设想随着鸠山的下台而夭折。日本对美政策的两面性并不是说其准备彻底放弃美国，因为这样做既不是日本所希望的也不符合美国的利益。尽管在军事安全上日本看起来比以往任何时候都要依赖美国，但这种依赖受到新的经济机遇以及更强

[①] 理查德·J.塞缪尔斯著，刘铁娃译：《日本大战略与东亚的未来》，上海：上海人民出版社，2010年，第264—265页。

大的军事实力的制衡。基于这样的考虑，两面下注对日本而言不但是降低风险的方式，同时也能够带来更多的选择。通过熟练使用两面下注来对冲美国的战略，日本在经济与军事威胁之间伺机而动。例如，安倍现政权就改变了以往更强调在经济方面的选择的做法，在国家同时增强自己在经济、军事和外交方面的选择表现得更为强烈。大量的事实表明，日本政治家和战略家们正在酝酿"第四种共识"。如果能够成功，这一共识将使日本能够在既不特别依赖美国，又不容易受到亚洲新兴国家攻击的情况下维持安全。这种"金发姑娘共识"（一种既不太硬又不太软的大战略，既不是亚洲也不是西方）将在国家力量与国家自主之间达成平衡，从而为日本创造新的安全选择。①

日本对美国的两面性为中国加强对日经济合作提供了一定空间。为了稳固日美同盟关系，在美国"重返亚太"、"亚太再平衡"战略框架下，日本对华战略必然受美国的影响而发生改变。但是，在单极体系下，日本对美战略存在两面性，在军事方面追随美国，而在经济方面则追求自己的体系，一定程度对美实施经济制衡。中国作为世界第二大经济国、亚洲最主要国家，在日本实施经济制衡战略中的地位和作用是非常明显的。无论日美同盟多么稳固甚至强化，只要日本对美战略的两面性存在，中国与日本的经济合作就有很大的空间。

---

① 理查德·J. 塞缪尔斯著，刘铁娃译：《日本大战略与东亚的未来》，上海：上海人民出版社，2010年，第8—10页。

第六章　新形势对日本国家经济安全战略的影响

第一节　日本国家经济安全战略转变的原因

一、国际结构的变化

"冷战"结束，东西两大阵营的两极对抗的国际秩序不复存在，随之进入美国单极领导的国际秩序结构。但是，在"9·11"事件后，恐怖袭击频繁发生，美国的领导地位渐渐衰弱，尤其在以美国为"重灾区"的新一轮全球经济危机爆发后，美国单极领导的时代面临挑战，国际社会迎来了多极化时代。随着世界新兴国家和国际集团的崛起，国家间的国力平衡发生变化，国际社会正走向多极化。

不同的国际结构为经济与安全因素的融合或分离提供了不同的诱因。"冷战"时期，双极世界政治体系促使主要国家制定和实施国家战略时在一定程度上把经济与安全因素分离。处于两极上的超级大国倾向于在经济上独立，他们很少依赖于盟友。以军事安全为主要目的的两大阵营的各自联盟结构相对比较稳固，盟友背叛的风险低，与安全因素相比国家战略中经济因素的重要性较低。

单极结构和保持优势的伴生战略为以美国为首的西方国家管理中经济与安全因素的再结合提供了诱因。"冷战"结束后，世界各国感受到其不再受双极斗争的安全规则所约束。在对外政策中，对国家经济利益的追求逐渐成为与安全利益同样重要的事情，甚至某种程度上国家经济利益的追求比对传统安全利益的追求具有更大优先权。"冷战"结束致使以美国为首的发达国家的经济优势暴露在国际挑战之下，这必然促使各国更加重视对国家经济利益的保护和提升。对外经济政策越来越能够补充和增强一个国家与其他国家已经实施的相互保证、再保证和一体化的国家安全政策,在一个相互依存的世界经济中,积极的经济关系是对其他国家做出保证和再保证的一个重要手段。

多极世界政治体系也同样促使国家战略中经济与安全因素的融合。势力大国倾向于在经济上相互依存,他们自己的安全严重依赖于盟友。由于共同面对的威胁逐渐减弱甚至消失,联盟结构缺乏稳定性,盟友背叛的风险相当明显。在这种背景下,经济是国家管理的一个重要手段。[①]

国际体系的结构提供了融合或分离经济与安全的诱因,但其自身并不能决定行为。各国的国家战略都会对国际结构的机会和局限做出反应,其经济和安全因素的融合或分离会呈现不同的表现方式,还要受其他因素影响。

二、战略环境的改变

不同的战略环境能够增强或弱化经济与安全因素融合的诱因。一个国家优先考虑的国家安全的挑战越急迫或直接,其政策制定者就越强烈地感觉到需要将国家管理手段融合。战略环境威胁越少,或者说,国际环境越和睦,政策制定者就越容易在分离的轨道上分别追求经济和安全利益。

在一种特定的战略环境当中,维持国家安全就要努力做到在威胁成为现实的危险体现出来之前防患于未然,所以,必须要事前假定现实或潜在威胁安全的事务。在国家安全当中,所谓的威胁不仅指实际存在的威胁,也包含产生威胁恐惧的事务,根据人们的认识、观点、感性而改变。当执政者证明它们是对国家安全形成的一种威胁时,问题就被"安全化"。因而,安全不是给定的,它由执政者决定。多种因素影响他们的判断,这些包括从国际体系的一般结构到在体系中其他国家的行动、国际市场上的定价、国家精英掌控国内势力的强度。例如,曾经被认为基本没有争议的国际贸易问题可能被"安全化",如果全球势力均衡发生改变,或者一个或更多国家采取可能的行动,破坏了市场进入或策划商品价格大幅度上涨,对国家安全影响都至关重要的。当经济措施与传统的对外政策考虑联系在一起时,对上升为国家间关

[①] Michael Mastanduno. Economics and Security in Statecraft and Scholarship. CNAPS Visiting FellowWorking Paper, St. Andrew's University (MomoyamaGakuinDaigaku), Osaka, 2008. pp827-829.

系的经济事件往往是主观认识和判断的程度远远大于现实的客观描述,这种认识可能甚至更为强烈。

(一) 能源

由于日本的特定国情和经济发展模式,随着战略环境的变化,日本政府逐渐把获得对国家利益至关重要的进口视为安全的重要内容,这也是经济与安全因素相融合的最典型的例子。一般来说,国家专注于在合理价格下获得初级原材料的稳定供给很大程度上是由市场条件所驱动的经济现象。但是,随着 20 世纪 70 年代 OPEC 在提高石油价格上的成功,能源安全上升到日本国家议程的最高位置。

能源市场涉及广泛的地理范围,能源的稳定获得基于稳定和良性的战略规则下。能源安全基本上是一个观念问题,政府相信其能够可靠、合理和持续地获得能源供给是维持一般经济活动的必要条件。战略环境变化会对能源供给安全的国家认识产生很大影响。[1]

一个国家重点考虑其对重要初级原料进口中断的脆弱性并不奇怪,但是目前在东亚地区,把能源供给安全化而呈现出的对抗形势并不正常,这种形势对现存的联盟模式会产生消极的相互影响并导致区域恶性竞争。1972 年以后,东亚地区享受着相对良好的安全环境,中美在这个地区暂停对抗增强了美国最高权威,这顺次又稳定了中国与日本的关系。20 世纪 70 年代,由 OPEC 引发的石油价格震荡推动日本与美国形成了更紧密的战略合作,日本政府为美国在中东的政策提供重要的金融支持。1978 年随《中日友好条约》一起签订的"长期贸易协定"为中国向日本提供原油提供了保证。日本对能源安全的考虑也强化了日本与在这个地区的美国战略盟友尤其是澳大利亚的关系。

在"冷战"后,东亚能源合作上的这种互相巩固的安排逐渐被蚕食。东亚地区的战略对抗由于能源供给的新竞争正在变得复杂。中国迅速增加的能源需求已经快速地从净能源出口国转变成严重依赖进口的国家。印度自身的快速经济增长已经导致其日益依赖能源进口。日本仍然高度依赖能源进口,

---

[1] John Ravenhill. Economics and security in the Asia-Pacific region. *The Pacific Review*, Vol. 26, No. 1, 2013, p. 5.

2011年的核电站事故使日本能源脆弱性更加恶化。这三个国家都已经实施了日益独断的能源外交，都在强化能源供给的安全化。对能源安全的关注已经在亚洲演化成地区冲突，不仅围绕在中国东海而且包括西伯利亚的资源开发。

（二）对外经济战略政治化

近些年来，日本通过进一步开放解决自身经济问题、维护和提高国际地位，加快了区域和跨区域经济合作步伐。在日本对外经济战略却越来越多地包含了安全因素，这与在特定战略环境下日本政府对安全以及面临威胁的认识变化密切联系。

日本对外经济战略中明显体现出安全因素的典型例子就是参加TPP谈判并达成协议。在WTO多边贸易新规则制定难以取得进展的战略环境下，为了适应当前经济合作的新形势，出现了通过其他组织形式制定新国际规则的情况，日本当然要积极参与有利于反映日本利益的新国际规则制定。日本积极参加TPP谈判，将自身利益反映到TPP规则之中，就有望使新国际规则的制定有利于日本利益。[①] 日本参加TPP谈判并达成协议也有安全方面的考虑。首先，是迎合美国亚洲政策的变化。美国"亚太再平衡"战略是双轮驱动，一方面利用军事同盟，强化军事存在，另一方面则推行TPP，强化经济主导。日本为了维护和加强与美国的同盟关系，不得不迎合美国自由贸易协定（FTA）政策的这种变化。其次是为了牵制中国在东亚的经济合作。尽管日本与东盟FTA表面正在推进，但中国经济实力不断增强，日本受国内外各种因素的影响经济实力相对下降，在东盟市场上与中国的竞争显得力不从心。在难以撼动中国与东盟国家牢固的经济关系的情况下，日本不得不从以往的"利用域内FTA"转向"利用美国主导的TPP"，妄图寻求从更广范围在经济上围堵或遏制中国。2011年10月24日日本《产经新闻》发表一篇文章，明确指出参加TPP不仅仅是经济贸易问题，也是安全保障战略问题。《读卖新闻》在10月19日发表社论："参加美国主导的TPP，能深化日美同盟，让亚洲太平洋地区获得稳定。"

---

① 吴昊、姜保中："日本围绕参加TPP谈判的争论"，《现代日本经济》，2014年第3期，第29页。

三、国际经济竞争地位下降

一个国家在国际经济竞争中越具有优势，其政策制定者就越容易把对外经济政策作为国家安全政策的补充来实施；而当一个国家发现国际竞争者对其挑战越大时，其政策制定者也就有越大的国内压力把对外政策运用在特殊目的或国家经济利益的追求上。

（一）日本与美国经济竞争形势的变化

在20世纪70、80年代流行的"霸权衰落"的说法描述了美国受下降的生产力、消失的技术威力和巨额财政赤字所牵制。当其竞争者尤其是日本好像得到了充分的好处并处于领先位置时，美国则深陷与苏联的军备竞赛拖累之中。

到20世纪90年代末期，这种情况发生了巨大变化。美国经历了快10年的稳定经济增长期。其财政赤字已经消失，美国企业广泛地被认为处于国际商业和经济竞争的尖端。从日本自身来看，似乎没有能力摆脱衰退的趋势。日本无所不能的"亚洲发展模式"不足为信，金融部门也陷入严重的危机，大多数强有力的企业似乎没有能力与他们的美国对手在技术前沿竞争。欧盟虽然实现了一体化，但也不能产生持续的经济增长和就业。随着亚洲新兴"四小虎"陷入金融危机，美国和其他经济体之间的差距在扩大。

在这个有利的背景下，美国政府更容易放弃对其他势力大国对抗的经济要求，并把对外经济政策放在国家安全战略上。1989年多数美国人相信崛起的日本经济势力为美国施加了比苏联军事力量更严重威胁。10年以后，美国既不面对苏联的军事威胁也没有日本的经济威胁。实际上，美国政府面对着一个不同的且单一的外交问题：如何保证美国在经济和军事力量上压倒性优势的同时，不引起其他国家不满和强烈反对美国的全球政策，丧失美国优势。

（二）技术民族主义

技术研发与创新对一个国家在国际关系中地位、力量乃至安全都有重要的影响，日本把技术创新和发展看作是对其经济竞争和国家安全至关重要的。

"冷战"期间，日本在经济、安全和技术方面实行的是严格的商业技术民族主义。虽然日本非常渴望并成功地获得了外国先进技术，但其仍然采取严格的保护主义政策，把国外直接投资拒之门外并限制外国企业在其国内市场经营的能力或建立合资合作。这种技术民族主义只是局限在民生部门，难以扩展到国防领域。为了获得美国尖端的国防技术，日本不得不在国防领域与美国共同开展生产和研发。但是，在国防产业和自卫队建设方面日本并不情愿依赖于美国，技术民族主义在国防领域也是暗流涌动。

"冷战"结束后，随着国际秩序的改变，全球化得到迅速发展，技术全球主义逐渐成为世界的主流。技术全球主义虽主要集中在民间活动上，但在一定程度上还是逐渐扩展到军事领域，这在美国和欧洲都有所体现。在技术全球主义大潮中，作为发达国家的日本显得小心谨慎。20 世纪 90 年代，日本做出了一些有限的努力来放宽其技术民族主义政策和鼓励技术全球主义，但是这是一个严格管理和高度选择的过程。日本当时的通产省在 20 世纪 80 年代末向外国合作者开放了诸如智能制造、生物研究和计算机等领域的大规模研究项目，但在研发部门外部参与的整体水平还是有节制的，证明其指导思想是排斥而不是规制。日本通产省和其技术民族主义联盟特别是自民党和经团联，继续控制权力杠杆，千方百计维持日本技术民族主义和经济民族主义政策框架不动摇。

日本在亚洲金融危机中并没有受到严重冲击，也没有受到像韩国那样被要求采取进一步开放市场的强烈外部压力。虽然向外国投资和参与者开放了诸如金融和汽车产业等少量部门，但外国企业只是被允许获得少数股权。多数日本经济及其科学技术领域仍然受到保护。实际上，一些分析者指出日本企业在亚洲金融危机期间通过增加在韩国和东南亚的外国直接投资发动了攻势，"强化和扩展了整个区域的日本技术民族主义和产业政策"。而在最新一轮全球经济危机中，日本企业无法用相同的方式应对，即利用可获得的投资机会进一步增强其海外网络。由于日本经济持久的虚弱状况和激烈的国际竞争，日本企业尤其是那些制造和产业组装部门的企业，几乎无法扩展其海外投资了。

在国防技术领域，日本是否还在努力维持其技术民族主义政策变得越来越不明确（受到怀疑）。这是因为国防预算停滞，军事装备的本土生产与国外相比成本明显过高，导致防卫研发和获得成本猛增、对国际联盟严格限制、长期禁止武器出口。在过去 10 年日本国防产业基础规模稳定下降，越来越多的企业特别是二三级分包商因订单减少退出市场或倒闭。经团联国防生产委员会（国家国防生产者联盟的首要庇护组织）的成员从 1997 年的 84 个减少到 2002 年的 66 个。这导致观察者认为日本的国防技术民族主义模式面临危机且不再持续。克里斯托弗·休斯认为如果没有重大改革，日本国内的国防产业面临着"慢慢死亡"的困境，会"逐渐破坏日本国家的技术和综合实力以及在安全政策上的自主性"。①

第二节 新形势对日本国家经济安全主流思想的影响

日本国家经济安全的思想是随着国家安全的思想变化的，或者说，日本国家安全思想的变化当中自然蕴含着经济安全思想的变化。"冷战"后，日本的安全政策有了很大的发展变化。为了更好地理解日本在安全事务上增长的自信和其与亚洲邻国、美国的关系的含义，要理解日本的国内政治背景。日本在国家安全政策上一直存在争论，这主要反映在如何选择亚洲和美国的政策、怎样发挥更广泛的国际作用、形成何种国家认同等方面存有分歧。

本节主要分析日本的这种思想争论及其对国家安全思想和政策的重要影响，围绕在日本的国家安全争论中存在的关于国家作用和认同的不同解释、谁提升了自己的地位、什么立场是流行的、思想冲突如何影响国家安全政策等方面展开分析。

一、日本国家经济安全主流思想的变化

（一）关于日本国家认同的四种观点

当代的日本国家安全论述产生于"冷战"期间，广泛地说，演化成今天的思想阵营的主要国家安全理念出现在 20 世纪 50 年代末。肯尼斯·派尔把思想阵营划分为四种类型，并解释了他们各自关于日本如何发挥国际作用的观点：

---

① Tai Ming Cheung. Economics, security, and technology in Northeast Asia: Maneuvering between nationalist and globalist forces. Edited by T. J. Pempel. *The Economic-Security Nexus in Northeast Asia*. Routledge, 2013, pp. 70-77.

"进步派"拥护战后的《和平宪法》并提倡非武装中立和不结盟;"重商主义派"提倡日本作为一个贸易国家应该追求经济利益而不是军事力的思想,并主张日本能够通过商业活动为创造和维持世界和平做出贡献;"自由的现实主义派"主张通过增长的军备来寻求国际权力政治;"新民族主义派"追求建立在包括核武器建设在内的侵略性重新装备基础上自治的国家安全政策。从政治范畴来看,"进步派"是最左的,"重商主义派"是温和保守的,"自由的现实主义派"是保守的右倾,"新民族主义"则是最右的。

其他学者也发展了相似的分类。望月(Mike Mochizuki)呼应了肯尼斯·派尔的观点,认同了相同的四个派别,但重新确定了名称:"非武装中立主义派"、"政治现实主义派"、"军事现实主义派"、"日本戴高乐主义派"。

表 6.1　日本国家安全派别的类型

	派尔	望月
"冷战"时期	进步派 重商主义派 自由的现实主义派 新民族主义派	非武装中立主义派 政治现实主义派 军事现实主义派 日本戴高乐主义派
	塞缪尔斯	平田
"冷战"后	和平主义派 中等国家国际主义派 正常国家主义派 新自治主义派	和平主义派 重商主义派 正常国家主义派 民族主义派

资料来源:Keiko Hirata. Who Shapes the National Security Debate? Divergent Interpretations of Japan's Security Role. *Asian Affairs*,Vol. 35,2008,p. 125。

"冷战"后,这四个派别遇到了新的政策问题,例如向海外派遣国民自卫队和对来自周边国家的威胁的反应,但他们对日本的作用和国家认同的核心方向仍然保持着连续性。理查德·塞缪尔斯将其重新命名为"和平主义派"、"中等国家国际主义派"、"正常国家主义派"、"新自治主义派"。塞缪尔斯认为这些派别是根据两个政策方向轴(对日美同盟重要性的定位、在国际事务上使用武力的愿望)来划分的。从塞缪尔斯的观点来看,"中等国家国际主义派"和"正常国家主义派"把美国看作日本最重要的安全来源,而"和平主义派"和"新自治主义派"则希望在安全事务上与美国保持一定距离。塞缪尔斯还认为"正常国家主义派"和"新自治主义派"认为使用武力是可接受的，但"和平主义派"和"中等国家国际主义派"则要避免使用武力。

平田惠子（Keiko Hirata）与塞缪尔斯、派尔、望月的模式相似，把"冷战"后的安全派别划分为四种类型。她的分类中包括要求日本逐渐增加军备和提倡通过允许日本保持和运用与其经济力相称的军事力的保守的右派。她还把国际化看作是认识"冷战"后国家安全讨论的一个关键概念，并认为日本四个安全派别中的两个（温和保守派或中等国家国际主义派和保守右派或正常国家主义派）坚持日美安全同盟，也把国际贡献置于日本对外政策的优先地位。尽管平田惠子对四种类型的划分与塞缪尔斯的非常相似，但因为许多政策上的争论发生在与国际而不只是以美国为中心的问题上，平田惠子更加简洁和明确地划分了四种类型："和平主义派"、"重商主义派"、"正常国家主义派"、"民族主义派"。这四种派别沿着两个持续的维度（国际主义对自治主义、支持军备对反对军备）进行国家安全的争论。

每个派别都对日本应该是什么类型的国家和在国际上应该发挥什么样的作用具有不同的解释。"和平主义派"想要一个遵守国家《和平宪法》的和平国家；"重商主义派"坚信日本应该保持经济而不是军事力量；"正常国家主义派"期望日本符合国际关系理论中的现实主义，日本应该成为经济和军事大国；"民族主义派"认为日本应该在军事上有自己的主张并认真地保护"日本性"的文化本质。这四个派别相互竞争来通过政策使其观点制度化。

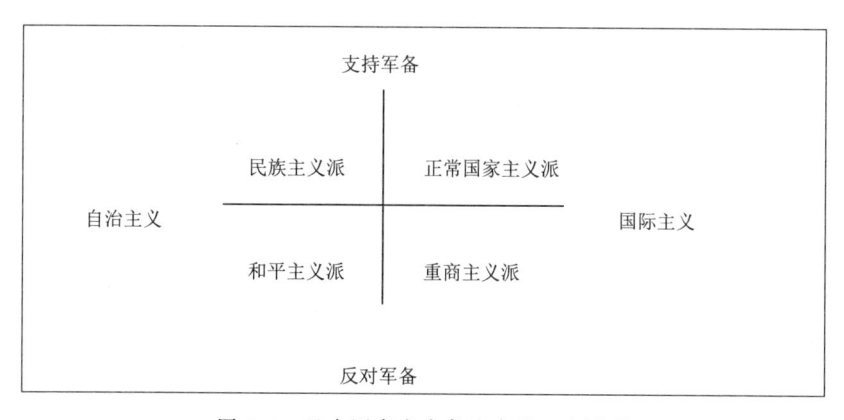

图 6.1　日本国家安全争论中的四个派别

资料来源：同表 6.1。

表 6.2　四种派别的理想的国家认同

	和平主义派	重商主义派	正常国家主义派	民族主义派
国家认同	促进世界和平的和平国家	对国际社会做出非军事贡献的国际经济大国	在国际政治上运用经济力和军事力的一个"正常国家";为国际安全做出贡献的国家	军事强大、坚定自信的国家;在历史、文化和传统上引以为傲的国家

资料来源:同表 6.1,p.128。

(二) 国家经济安全主流思想的变化

和平主义派是战后《和平宪法》(放弃战争)的热心支持者,他们坚信只要日本严格遵守该《宪法》,就能够超然于国际政治之上并避免卷入战争中。

作为对日本战时军国主义及其压迫的反应,20世纪40年代末期出现了战后的和平主义运动。和平主义者反对日本在1951年的《旧金山和约》和《日美安保条约》上签字,认为这样做会使日本置于"美国阵营"当中,招致苏联的怨恨,使日本卷入到美国领导的"冷战"冲突当中。和平主义运动经过10多年的发展在1960年达到顶峰,当时进步的知识分子、学生、工人领导了大规模的游行示威来反对政府更新安保条约的计划。

20世纪60年代,在《日美安保条约》被更新以后,战后的和平主义开始降温。政府和普通民众把其注意力转移到经济增长问题上。虽然20世纪60年代末70年代初在越南战争和反对美国在亚洲的政策背景下,和平主义运动又暂时兴起,但再也没有完全恢复到以前的力量。

战后的和平主义运动是以四个主要交叉的信条为基础的:坚持日本的《宪法》;作为对《日美安保条约》的替代政策而支持非武装的中立;抛弃日本军事上的过去并促进与亚洲邻国的和平关系;促进国际裁军,尤其是核武器。和平主义者坚信日本《宪法》第九条的严格解释,维持和使用军事力来解决国际纠纷不受《宪法》支持。他们谴责国民自卫队和驻日美军基地的存在是违背宪法的,坚决反对《日美安保条约》以及与美国的军事合作。

尽管有强大的智力支持,但和平主义作为一种思想和政治力量都已被实质性地边缘化了。和平主义派的影响在整个20世纪70、80年代持续下降,主要是因为日本的快速经济增长和民众对社会主义的态度变化。和平主义的推动力量是日本社会党（后来演变成日本社会民主党），该党派的势力下降削弱了和平主义运动。尽管20世纪80年代末日本社会党党首土井多贺子的人气使和平主义派重新获得了一些影响，但是在"冷战"结束后，尤其是1994年日本社会党承认了国民自卫队和《日美安保条约》的合宪性后，该党派的影响骤然下降。和平主义派的政治影响通过议会席位的变化可以被佐证：2008年3月国会参众两院中和平主义派的席位只有不到30个，其中，日本社民党12个，日本共产党16个，而在20世纪60年代和平主义派的席位超过150个。

重商主义派与和平主义派倡导严格的《宪法》解释相对，重商主义派支持更广泛的《宪法》解释并承认国民自卫队和《日美安保条约》的合宪性。重商主义者提倡"吉田路线"，以20世纪40、50年代吉田茂首相的观点为基础，特别重视经济快速增长，通过《日美安保条约》依赖于美国的安全保护伞寻求最低限度的防卫支出（维持一支轻度武装的国民自卫队）。

20世纪60年代初期，重商主义派作为一股支配的政治力量开始兴起，平衡着当时的两个对立的思想阵营——和平主义派和保守主义派（今天正常国家主义派的前身）。1960年，在政治上使国家走向极端反对《日美安保条约》的运动之后，重商主义派便开始参与国家政策制定。感觉到条约更新后的国家危机，两个对立阵营跟随重商主义派引导日本对外政策，把国家的注意力转移到日本自身经济恢复与增长上。重商主义派成功地稳定了在20世纪50年代末和60年代初的动荡局势并成为主流政治力量。从1960年到1993年，几乎所有的日本首相都拥护"吉田路线"的对外政策，其中，最著名的是池田勇人和佐藤荣作两位首相，前者在20世纪60年代实施了"收入倍增"计划，后者提出了"无核三原则"（不引进、不拥有、不制造）。

现在的重商主义者继续坚持"吉田路线"，他们强调日本经济增长，最低限度防卫支出，依赖美国的安全网。重商主义者认为日本的优势依然是经济而不是军事，把日美同盟视为日本对外政策的核心，并坚信这种政策可以促进日本经济繁荣。同时，他们继续把安全同盟看作为是单向的，强调美国保护日本的义务而不是反之亦然。

虽然重商主义者坚持着他们原始的信条，但现在的重商主义者还要面对在近些年日益重要的五个新的政策问题：作为经济大国，日本有义务为世界繁荣做出国际贡献；周边国家的崛起；《宪法》修订；美国领导的"反恐战争"；对过去侵略历史的认识。

从20世纪60年代到90年代，重商主义派在日本政治中是最有影响的派别，但随着右倾的正常国家主义派获得权力，"冷战"后重商主义派的影响衰落。

正常国家主义派提倡为了国防而增加军备并接受使用军事力量来维持国际和平与稳定。在战后初期，正常国家主义者的先驱（派尔所指的自由现实主义者和望月所指的军事现实主义者）为保持武装力量的日本的主权权利而呼吁。许多早期的自民党领导者如鸠山一郎、河野一郎、岸信介、三木武吉、大野伴睦等支持撤销《宪法》第九条并重整军备使日本更加独立于美国。但是，在1960年随着《日美安保条约》的更新和右倾的岸信介政府下台以后，该派别的影响力远不及重商主义派。尽管在20世纪80年代随着中曾根康弘首相上台，其政治力量再次占主导地位，但在"冷战"期间不能完全改变以"吉田路线"为基础的对外政策。

正常国家主义派最初关注日本重整军备和防卫问题，但是在20世纪70年代末和80年代初，该派别开始对美国向日本所施加的压力做出反应，作为一个重要的经济大国，要与美国共同分担防卫的军事和经济负担。当时许多美国领导者把日美双边关系看作是对美国不公平的，这种关系使美国在对日贸易中积累了空前的赤字，而日本却依赖于美国的保护。中曾根和正常国家主义者极力想通过为驻日美军基地提供东道国的支持和增加日本的防卫支出来提高国民自卫队能力从而分担更多的防卫负担。

"冷战"后，正常国家主义派提出了与美国和日本的盟友分担防卫负担的更加广泛的见解。"正常国家"的概念表达了日本在国际政治中维持世界秩序的角色（通常以日美安全同盟为基础）。这个名词是由小泽一郎在1990—1991年海湾战争以后针对对日本迟滞和有限反应的批评率提出来的。自民党高级领导者小泽一郎试图向当时美国领导的在海湾的联合国制裁联盟派出日本的军事人员，但因为国内的反对以失败告终。从那时起，小泽就提出日本的政治被动性是不正常的，日本应该承担包括军事在内的更大的国际责任。使日本成为"正常国家"不是必然以成为军事超级大国和侵略者的极端目标为基础，但这与长期主导的轻视日本的军事作用的"吉田路线"相抵触。

根据正常国家主义派，"正常化"的日本对外政策需要分两步走：首先，进行重整军备为其自己的防卫承担更多责任；派遣国民自卫队帮助日本的盟友特别是美国，或者参与联合国领导的安全部署。第二步是"冷战"时期保守派没有提出的特别重要的想法。正常国家主义派认为日本应该通过与美国或其他相似价值观的联合国成员国的军事合作承担更多的维持国际秩序的负担。重商主义与之相对，反对向海外派遣国民自卫队，除非在联合国维和行动的支持下，正常国家主义派则提倡更加积极主动的安全政策和更加广泛地使用国民自卫队。尤其是，正常国家主义者认为日本应该通过《日美安保条约》或联合国参加集体自卫的安排。正常国家主义派在这件事上的态度与传统的重商主义派存在明显的区别，后者认为日本根据联合国宪章虽然理论上具有集体自卫权，但《宪法》却禁止这种权利的使用。

和重商主义派相似，正常国家主义派也把日美同盟看作日本对外政策的核心。正常国家主义派一般比重商主义派在派遣国民自卫队支持日美同盟上有更多的共鸣，但正常国家主义派在关于如何做得更好上分为两派。部分正常国家主义者赞成派遣军队支持美国在伊拉克和阿富汗的行动。"倾向美国"的正常国家主义派，如前外务省官员冈崎久彦、冈本行夫以及自民党町村派（2014年12月改为细川派）的成员，热衷倡导强化与美国的军事关系并通过日本安全同盟发挥日本的国家军事贡献。其他的正常国家主义者如小泽"倾向全球"，尽管承认强化与美国安全关系的重要性，但他们首先提倡日本在联合国下的更加积极的军事角色（作用），倡导日本通过联合国来处理集体安全问题。根据小泽的观点，日本应该参与一些联合国制裁军事行动，从维持和平到全副武装的和平强制执行。

尽管正常国家主义派强调来自周边国家的安全威胁，支持增强日本的防卫能力，但许多正常国家主义者希望改善与日本邻国的关系。小泉纯一郎就任首相时就在2002年尝试与朝鲜建立外交关系。甚至连最保守的正常国家主义者（具有民族主义倾向的正常国家主义者）之一的安倍晋三也在其首相的第一任期通过避免参拜饱受争议的靖国神社来努力修复与日本亚洲邻国的关系。

正常国家主义派呼吁修改《宪法》来正式废除关于拥有军事力量的禁令，在《宪法》中写入国民自卫队的权利。正常国家主义派希望国民自卫队被认可为国家防卫和支持国际安全负责的。"倾向全球"的正常国家主义者和"倾向美国"的正常国家主义者存在不同的动机。前者修改《宪法》希望日本能够参与联合国领导的安全安排,而后者修改《宪法》则是为了日本能够与美国进行军事合作。

正常国家主义者的多样性还可以通过他们对日本历史的态度而确定。一些正常国家主义者明确宣称日本负有战争罪行,支持其领导者不应该参拜靖国神社。小泽就批判小泉参拜靖国神社,因为这是使与中国和韩国关系恶化的主要原因,并认为甲级战犯不应该供奉在靖国神社,因为他们不是牺牲的士兵。与之相对,倾向于民族主义的正常国家主义者与民族主义者则对日本侵略的历史有着相反的认识。在战争结束40周年时,中曾根就成为战后第一位以官方身份参拜靖国神社的日本首相,激起了国内和国际的批评。倾向于民族主义的正常国家主义者安倍晋三在作国会议员时就批评1993年"河野谈话"承认慰安妇问题,认为慰安妇问题是想象出来的,是缺乏事实证据的,在重要的学校历史教科书中不应该包含这个话题。成为日本首相后,安倍重新明确了关于慰安妇问题的看法,拒绝承认日本军队强制绑架慰安妇的事实。

这些倾向于民族主义的正常国家主义者也强调保持日本文化和传统的重要性,并通常在媒体上与民族主义有同样的表现。但是,倾向于民族主义的正常国家主义者与民族主义者之间至少存在以下三个方面的区别。

首先,不像民族主义者,倾向于民族主义的正常国家主义者促进日本国际化和国际合作;他们承认日本与其他国家的相互依存并想要日本承担国际安全责任,建立与美国和亚洲国家的积极关系。一些倾向于民族主义的正常国家主义者如中曾根建议构筑地区安全框架促进国际对话与和平。相似地,对邻国对靖国神社的关心的敏感,一些倾向于民族主义的正常国家主义者倡导把甲级战犯移出靖国神社或者成立一个非宗教团体来供奉没有甲级战犯的牺牲士兵。

其次,倾向于民族主义的正常国家主义者一般承认在战争期间日本把痛苦强加给亚洲人民,并承认战争是个严重的错误,而大多数民族主义者则不这么认为。

最后,即使大多数倾向于民族主义的正常国家主义者支持增强国民自卫队的防卫能力,但他们反对发展进攻能力和核武器,尽管他们当中的一些人公开地全面讨论这些问题的合宪性。

正常国家主义派基本上成功地使"正常国家地位"的观点被日本社会广泛接受。尽管他们坚持的几个具体政策问题包括集体自卫权和《宪法》修订还没有得到广泛的公众支持，但该派别的许多观点已经渗透到社会各方面。

民族主义派是极右的。该派别的最引人注目的特征是完全拒绝由美国占领军所建立的，以及《宪法》所解释的战后政治秩序。民族主义者感觉日本需要维持自己的军事武力并重拾其自信、骄傲和独立，在他们看来日本在战败和随后的美国占领使他们失去了这些特质。正如塞缪尔斯所描述的那样，民族主义派是自治主义者，他们倾向于向内看，关注诸如文化和传统等日本的内部特质，他们支持日本的军事力量延伸到海外。

战后的民族主义派由清水几太郎、江藤淳等知识分子所领导，他们把国家主权集中在天皇手中，维持全面的武装力量的"明治政治秩序"理想。他们对日本历史浪漫化的看法是伴随着他们对战后美国政策的日本支持者（重商主义者和正常国家主义者的先驱）和共产主义与社会主义的支持者（和平主义）的蔑视。

现在的民族主义者比其先辈更加保守、极端和直言不讳。虽然不断在日本人中强调和灌输文化骄傲感，并在军事上坚持日本要变得坚定自信，但战后的民族主义者更重视对侵略战争的解释并通常流露出对邻国的排外态度。"冷战"后的民族主义者宣称侵略战争是防卫的、正义的，并普遍地美化日本的侵略历史。他们认为日本应该马上终止在亚洲的"谢罪外交"，不应该让亚洲国家尤其是中国和韩国为了他们自己的政治利益而"操纵"日本。

正像派尔和望月所指出的那样，"冷战"期间因为支持和平的政治环境，民族主义的看法被边缘化。现在，随着公众对来自周边国家的威胁的关心日益增强，民族主义派遇到了更加有利的政治环境。2012年11月，桥下彻主导的新政党日本维新会与石原慎太郎主导的太阳党合并为新的日本维新会，石原慎太郎任党代表，桥下彻任代理党代表。同年12月的众议院选举，日本维新会获得54个席位，成为日本第三大政党。日本的民族主义派正在进行势力组合与扩张，加速日本政坛"第三极势力"的集结。尽管现在在日本民族主义者比战后以往更为可见，但他们的影响还是有限的。据2008年日本文部科学省统计，新历史教科书编纂会编写的中学历史教科书（扶桑社发行）在整个日本只有15家学校采用，采用率（最高）仅为0.4%。一些分析者认为根据民族主义杂志如《诸君!》、《正论》的销量下降，可以判断出民族主义运动已经开始衰落。

二、正常国家主义派的力量在提升

在"冷战"时期，重商主义是主流的思想和政治力量，和平主义是主要的思想竞争者。在"冷战"结束后，正常国家主义取代重商主义成为最有影响的思想和政治力量，任期较长的两位首相小泉纯一郎和安倍晋三都是正常国家主义者。

尽管关于国家安全思想或国家认同的争论永远不会完全消失，但这种碰撞在国际和国内政治快速变化时显得更为激烈。随着苏联解体，自民党与日本社会党之间的分歧变少了，导致在20世纪90年代中期出现了自民党与日本社会党的联合政府。日本社会党与自民党的联合特别是放弃反对国民自卫队的合宪性和《日美安保条约》，使很多热衷支持该党的拥护者变得疏远了。国际共产主义运动的衰落进一步削弱日本的左翼，政治争论倒向了右翼。美苏政治动态平衡以外的冲突爆发。1990—1991年的海湾战争日本通过"支票外交"援助其盟友130亿美元，但日本的盟友并不感激其经济援助，这件事使日本认识到不能再仅仅依赖于经济力来实现其对外政策目标。

"冷战"后东亚也发生了的巨大变化，一些国家（地区）经济崛起，朝鲜核武器和远程导弹的研发等事件正在改变着东亚地区的势力均衡。作为回应，美国要求日本积极地参与地区和更加强大的日美安保同盟，就像在1997年《日美防卫合作指针》中看到的那样。"9·11"恐怖袭击导致美国对日本的安全合作的要求不断提高。这些事件都对重商主义派的观点提出挑战，并使正常国家主义派对日本要发挥积极的国际安全作用的要求合法化。国内政治背景的变化有利于促进正常国家主义的流行：两个重要的重商主义自民党派系（宏池会和津岛派）同时衰落。宏池会出身于吉田派，是整个"冷战"期间重商主义派对外政策的推动力量。宏池会的问题开始于20世纪90年代末的内部冲突，在这次冲突中由河野洋平领导的派系的次级团体脱离组织并成立了"大勇会"（后来称为"为公会"）。河野洋平的脱离是对反对其对手加藤紘一掌握该派系领导权的不满。2000年宏池会又因为"加藤造反"而进一步被削弱。（加藤紘一加入到对立派，这一举动遭到森喜朗支持者的强烈反对，加藤的努力以失败告终，导致加藤派系的绝大部分与之分离，大大削弱了加藤对那些希望其领导的其他自民党的重商主义者的影响。）加藤脱离该派系后，宏池会被分为两个集团,一个是宏池会"堀内派",反对加藤与提出不信任投票的反对派合作(后来称为"古贺派");另一个是宏池会"谷垣派",支持加藤自己的努力。由于小泉纯一郎当选首相,宏池会的影响被进一步削弱。小泉承诺要终结派系权力政治,拒绝派系领导人进入内阁。小泉还因为反对其邮政民营化计划,在2005年参议院选举期间开除堀内光雄(宏池会"堀内派"领导人)自民党。从20世纪90年代初开始宏池会就没有再产生一位首相。

在小泉从2001—2006年的任期内,津岛派遭受了更严峻的打击。该派系曾经规模最大,成员在2001年有101人。2005年其成员数量降到了73人,2007年进一步减少到69人。小泉努力结束派系政治并削弱津岛派议员,抵制其经济结构改革的其他派系领导者的权力。小泉在2001—2003年拒绝给派系领导人提供高级职位,并且像对待宏池会的堀内光雄一样,2005年小泉将津岛派的两位高层领导者(绵贯民辅、保利耕辅)清除出自民党。该派系在小泉内阁的支持者(如青木干雄等)和反对者(如野中广务等)之间逐渐分裂,最终,反对小泉的阵营被边缘化。著名的重商主义者野中广务的影响减弱及其最终的隐退给重商主义思想的衰落带来重要的影响。

虽然正常国家主义派已经成为指导安全政策的主流思想,但"胜利的果实"并非一劳永逸,结果也可能被反转。2007年安倍突然辞职就大大挫伤了正常国家主义派的势力,随后日本政坛出现了少有的首相频繁更换、执政党更迭的景象,面对难有起色的经济状况、混乱的执政理念、突发的天灾人祸等情况,政府疲于应付眼前问题,公众也对修宪、国民自卫队等问题逐渐冷淡,这时,正常国家主义思想的影响似乎有所下降。另一方面,这个时期在议会里正常国家主义派也面对着重商主义派的进一步挑战。2008年5月,两个宏池会的团体进行了合并,成为紧随正常国家主义派的町村派系和倾向于重商主义派的津岛派系的第三大自民党派系。合并的目标是重新取得在自民党内的权力,掌控政府。2012年末,安倍率领自民党从民主党手中重新"夺回"政权,使正常国家主义派的势力得以巩固并扩展。

当前,重商主义派和正常国家主义派具有强大的政治支持。重商主义派已经被正常国家主义派所挑战,这种挑战已经反映在强化国民自卫队的作用、解禁集体自卫权、强推安保法案等逐渐增多的政策变化上。尽管正常国家主义派现在是政治的主流,但"正常化"过程可能是漫长和艰难的。日本的《宪法》修改是完全使国家的安全事务正常化所需要的最重要的制度变化,但这需要有众参两院多于三分之二票数和国家公民的大多数的投票支持。尽管势力在增强，但正常国家主义派能否得到议会的多数支持还不明确，根据民意调查，多数日本人反对修改《宪法》第九条。

日本未来的安全政策仍然不明确。尽管长期趋势显示出有利于正常国家主义派，毫无疑问还存在许多争议，也许在正常国家主义的道路可能出现一些挫折。2020年8月，安倍晋三再次辞任首相，但其后任菅义伟、岸田文雄并没有从本质上改变安倍时期的安全政策，他们在促进进一步的政策变化，倡导增强军备和修改《宪法》。如果政权发生变化，重商主义派重新取得权力，他们可能会停止或反转正常国家主义派的努力，转而强调日本的经济发展和与亚洲和世界的贸易。如果这两个派别都没能掌控政府，日本的安全政策可能会失去连贯性。

第七章 日本国家经济安全战略转变的国际表现及评价

日本国家经济安全战略的转变可以通过与美国、东亚以及联合国等关系的变化体现出来，这些关系的变化也反映了日本国家经济安全战略转变的国际影响。针对日本国家经济安全战略转变的国际表现和影响，以美国为代表的学者进行了深入的研究和评价。

第一节 日本国家经济安全战略转变的国际表现

日本国家安全的目标是要维持日本的稳定与繁荣、日本周边地区和世界的稳定与繁荣、自由开放的国际体系。为了日本的稳定与繁荣，必须要保障日本经济力的维持与发展、经济活动和移动的自由等。在日本周边地区与世界的稳定与繁荣方面，市场的进入和维持航线的安全是日本和世界共通的利益。关于维持自由开放的世界体系，日本必须为了维持国际秩序和遵守国际规范而深化与世界主要国家的合作。①

为了实现上述目标，鉴于日本在自然环境和地理、经济力和防卫力、历史问题的制约等方面的特性，日本国家经济安全战略除了在关于安全的外交政策、防卫力建设、政府各部门以及官民之间在安全方面的合作等国家自身方面体现出一些变化以外，在与美国、周边国家、欧洲国家、联合国等国际关系上也有相应的转变。

---

① 首相官邸：「新たな時代における日本の安全保障と防衛力の将来構想—『平和創造国家』を目指して—」，『新たな時代の安全保障と防衛力に関する懇談会報告』，https://www.kantei.go.jp/jp/singi/shin-ampobouei2010/houkokusyo.pdf，2010-01-08。

一、日美关系的变化

(一) 变化的本质

在日美两个国家内外政策变化和国际体系转变的背景下,日美之间的关系也在持续经历着变化。"二战"刚结束时,在美国占领、去军事化和重新启动日本经济的一段时期,这种关系已经作为规范标准被逐渐接受。日美双边关系上的变化在经济领域特别显著,日本通过高质量产品的生产提升了其经济超级大国的地位。然而,日本与美国的政治、安全关系上的变化程度仍然非常复杂。日美同盟关系对日本的国家安全来说具有战略意义,虽然自从2001年"9·11"恐怖袭击以来,日本表现出了更加积极主动的政治、军事作用,日本将在中长期强化与美国的合作,在日本不能单独解决和应对的问题上会以得到美国的支援为前提。

(二) 双边主义的持续强化

日本历届政府的政策都表明其政策制定者并不完全是对国际体制结构的变化被动做出反应,有时他们也根据日本国家及其人民的利益而积极地应对这些变化。例如在20世纪50年代中期日本与苏联关系正常化当中,由于国际体制结构的变化和来自美国的压力使日本改变了北方领土的政策,最后没有签署和平协定;而在对1990—1991年的海湾战争的反应中则体现出了代表国家和人民利益的反军事主义思想在制定政策中的持续重要性。前一个例子说明了美国影响日本政策方向性的力量,后一个例子则表明日本国内主流思想对政策制定者发挥着既限制又授予权力的作用。日本最近对"反恐战争"的反应,一方面表明反军事主义思想在弱化,另一方面证实了政策制定者持续偏好通过经济力和国民自卫队来发挥支持美国的有限的作用(不是充分发展的军事作用),由于日本国内长期存在对施展国民自卫队的充分军事能力的反对力量,在伊拉克和阿富汗等地的反恐战争中日本更多的是在发挥经济力的作用。在民主党政权下结束在印度洋的补充油料任务,以及转而强调对阿富汗的人道主义援助,这些都表明日本政府还是强调非军事手段的重要性。

在日本,关于日美关系强调双边主义规则的政策制定者大多来自于制定对外政策的政府机构，来自于保守政党（如自民党、民主党）的政策制定者则较少强调双边主义规则。具体来看，日本外务省更多强调双边主义规则，而自民党和民主党的政策制定者以及经济产业省则有时能够根据实际情况在更广泛的国家利益与自己部门日常工作相联系的更狭隘利益之间做出相应选择。但是，从中曾根、小泉和安倍掌权的日本政府追随美国的态度来看，日本的首相在强化日美国家间安全关系上扮演了特别突出的角色。尽管民主党政权在实现与美国更加平等的关系上做出了努力，但通过把普天间基地迁移到边野古的失败等事件证明，这种努力是徒劳的。总的来说，不论在经济、政治和安全上，双边主义仍然是日本政策制定上保持支配地位的规则，并且这个规则嵌入了不平等的因素。虽然，有一些日本的政策制定者决心追求和真正实现与不平等的双边主义相抵触的利益，但这些有限的例子大多以失败告终，这说明了面对美国方面的压力，日本保持着持续的脆弱性。

产生这种情况的一个原因是日本战后的"重生"在某种程度上是在美国的监护下开始的，在这个意义上，美国的占领以及"和平殖民方式"的特性至少给日本的老一代政策制定者造成了心理依赖和思想上的脆弱性，这种经历有助于产生有益于支持双边主义的心态。日本政策制定者对"美压"的脆弱性在20世纪80年代的贸易摩擦中表现的十分明显。当然，在20世纪90年代的汽车谈判中日本能够说"不"了，但是，日本在经济方面对美国市场、在安全方面对安保条约的持续依赖，意味着日本的一些政策制定者试图在政治上挑战美国的做法仍然受到约束，正像短命的鸠山政权那样。目前，日本在日美双边关系上基本仍然处于附属地位，这说明年轻一代的政策制定者与老一代一样在美国压力面前持续处于弱势。这种脆弱性和附属性维持着"二战"后日本与美国权力关系的主旋律，在这种意义上，日本在"冷战"后的世界中积极主动性日益增强的程度仍然受到其与美国关系的约束。

（三）其他规则的突出性

嵌入民主社会的规则特别是反军事主义和发展主义，为日本的政策制定者提供了即使在面对美国压力下制定政策的其他路径。随着"冷战"结束，日本的政策制定者越来越尝试着补允（如果不是直接挑战）双边主义。国际体制的结构变化和美国追求多边、双边以及单极倡议的愿望已经在这方面创造出新机会，例如，日本在为美国的"反恐战争"提供支持从而强化双边主义的同时，寻求平衡日美双边主义的补充战略。在这种意义上，以亚洲主义、三边主义或国际主义的规则为基础的政策不能理解为双边主义的直接挑战，而是作为在日本持续依赖《日美安保条约》的背景下打开新的政治空间的一种表现方式。

本质上，"冷战"期间日本与美国的政治、经济和安全关系是在来自以日美关系为中心的双边主义的压力和来自国内社会保持高水平生活（经济）而又不卷入美国的战争（反军事主义）的压力之间平衡的结果。按照经济主义和反军事主义的规则，日本国内社会已经愿意支持美国和《日美安保条约》，但是这没有扩展到默许政府按照美国的全球战略而无拘无束地使用军事力。日本国内社会仍然优先选择在一些形式上限制使用国民自卫队来实现国家的目标，即使反恐战争已经导致安全环境更加复杂。

进入 21 世纪，日本在追求其与美国的关系上在扮演着更加积极主动的角色，尤其在安全关系方面紧紧跟随美国的"反恐战争"宣言，尽管民主党政府与以前的自民党政府表现出不太愿意使用国民自卫队来行使国家力量，但是，在安倍率领自民党重新取得政权以后，日本更加紧密追随美国并一再尝试突破行使军事力的一些限制。

二、日本与东亚关系的变化

从地理位置来看日本是个东亚国家，但是，在"脱亚入欧"政策指导下，日本很长一段时间"脱离"亚洲，极力向欧美靠近，为了成为名副其实的西方国家的一员，培养出了很多西方国家的特性。但是，日本的发展离不开东亚，同样东亚的繁荣也离不开日本。尤其是在"冷战"结束后，国际体系发生了结构性的变化，新兴工业化国家（地区）的崛起导致国际政治、经济等权力分配的变化，日本在国际关系中虽然坚持以日美双边关系为中心，但也同样重视提升和改善与东亚地区的关系。

"冷战"时期，日本要克服当时的国际体制结构障碍（双极、殖民主义遗产、国家分裂、断裂的政治经济）才能发挥与中国、朝鲜半岛和东盟国家的相互作用。当时，日本双边主义和反军事主义发挥着明显的作用，而同时发展主义和亚洲主义也在悄然发展，这些思想、规则在日本不断地碰撞、混合，由此激起了日本的政策制定者对东亚地区主义计划的积极性。发展主义和亚洲主义越来越坚实地推动着日本东亚政策的改善，这些作为在"冷战"后日本亚洲政策的主导规则而显露出来。日本所遵循的这些发展主义和亚洲主义规则已经通过长期过程和和平外交（探索美国双极和国际结构的局限性）而被手段化，并在 21 世纪初体现出以更大程度积极性的经济力的运用为特征。

　　大体来看，日本的东亚政策所要达到的结果体现在三个方面：改善与亚洲邻国（地区）的关系已成为日本所依赖的根基；促进所有东亚国家（地区）在"冷战"后走向地区范围的政治、经济和安全的一体化道路；达到被一些国家看作是东亚地区的合适领导者或者领导者之一的这个顶点。因而，在"冷战"后，无论是在幕后还是在更为公开的外交场合，在初期的东亚地区机构创建当中，日本都被假定为一个中心的角色。在政治领域，东亚经济会议（EAEC）概念的提出就是把日本放在了具有排外性的东亚经济乃至政治的区域潜在领导者的地位；在经济领域，亚洲货币基金（AMF）把日本设计为东亚地区的金融公共产品的主要提供者；在安全领域，东盟地区论坛（ARF）等其他多边安全对话机制以及非传统安全领域为日本提供了在日美同盟框架之外的一个潜在的地区安全角色。很明显，无论是中国、美国还是其他的地区行动主体都对日本在东亚地区的领导地位和合法性存有争议，正像事实所表现的那样，EAEC 和 AMF 的提议已经被搁置。

　　日本的东亚政策不仅面对着外部的质疑与挑战，而且在日本内部其政策制定者也存在犹豫不决甚至表现得前后矛盾。例如，日本的一些政策制定者并不情愿在东亚地区公开运用领导权，但却想方设法充分地利用亚洲主义和国际主义带来的机会，既签署了以日本为中心的排外的地区制度安排，也参与了可能产生与美国和东亚地区其他国家（地区）的紧张关系的制度构建。日本在东亚政策上的犹豫和前后矛盾在以非常强烈的自由主义为特征的小泉内阁时期表现的特别明显。小泉支持更彻底的以东亚为中心的地区主义和日本能够发挥潜在领导者的作用的"10＋3"以及东亚峰会（EAS）的想法。但是小泉政权基本没有明确是否把 EAS 看作为在这个地区政治对话的主要机制，或者是否仍然坚持东亚共同体（EAC）包括澳大利亚和新西兰的想法。小泉政权下的日本在主张东亚商业区和东亚自由贸易区（EAFTA）的东亚经济地区主义上仍然犹豫不决，但却首要关注形成日本—东盟集团，不情愿地以中国在东亚地区扮演比日本更加重要的角色为假定前提来应对 EAFTA。在安全领域也存在相似的情况，日本强化地区合作，但却更加牢固地附属于与美国在军事安全上的双边关系，同时又要制衡朝鲜和中国。

相似地，尽管政权从自民党交换到民主党，鸠山政府更倾向于以亚洲为中心的政策，但日本对 EAC 承担完全责任的承诺并没有实现。2009 年末鸠山政权末期日本已经开始从 EAC 的想法后退，在随后的菅直人、野田佳彦两届民主党政权中 EAC 的提法逐渐淡化甚至处于"漂流"状态。2012 年 12 月安倍率领自民党重夺政权以来，EAC 的想法就被束之高阁。反之，日本主张重新拥护美国，用更广的亚太地区来阻挡中国的崛起。目前，日本再次面对着把美国和西方作为一面而亚洲作为另外一面的选择困境。在日本，原本混合在一起的亚洲主义和双边主义规则现在出现分裂，再加上日美安全关系变化等产生的国际结构压力，日本在这个时候已经默认日美同盟这种最安全的选择。

三、日本与联合国关系的变化

1956 年日本正式加入联合国，在 1957 年《外交蓝皮书》中，作为日本外交的基本方针提出联合国中心主义，作为亚洲一员的外交，与自由世界的合作。联合国外交被放在第一位，可见当时日本非常重视联合国。但是，日本的外交并没有实现以联合国为中心的最初想法。从那之后，成为日本外交中心课题的是《日美安保条约》的修订和从 20 世纪 60 年代开始的冲绳返还的谈判。实际上，联合国中心主义这个名词只是在 1957 年和 1958 年的《外交蓝皮书》中有所体现，随后就消失了。这与在"冷战"期间联合国无所作为有很大关系。"冷战"时期美苏严重对立，美国或苏联的否决权阻碍联合国的行动。

如前所述，日本外交的主要课题是日美关系。但是，随着日本经济力的进一步扩大，日本外交的视野也随之拓展。1975 年以后日本开始参加发达国家首脑峰会，这说明了日本已成为经济上的全球重要参与者。1983 年的威廉斯堡峰会上，当时的中曾根首相以"安全是不可分的"为由，提出了中距离核战略问题。这推动了原本以经济问题为课题的峰会向政治、安全领域延伸。但是，在里根、中曾根时代并没有表现出使日本加入国外的维持和平活动的意图，其原因之一是与日本的地理位置有很大关系。在西方阵营针对苏联的战略中，保护日本本身就是非常重要的，所以日本没有必要特别考虑在国外的活动。中曾根在当时的伊朗、伊拉克战争时曾经尝试派遣扫雷艇，但没能实现，就是例证。

日本在加入联合国之前就存在一种担心，成为联合国成员国是否负有行使军事力的义务是否与《宪法》第九条相矛盾。这种担心并没有成气候，因为联合国实施强制行动的可能性由于"冷战"而淡化。随着"冷战"结束联合国的机能也发生了变化，日本也就无法再回避这个问题了。日本的石油供给绝大多数依赖于中东国家，中东地区的秩序对日本来说关系重大，1990年爆发海湾危机，日本为了维持中东的秩序出资130亿美元，结果这种"支票外交"并没有得到西方国家的认可。从这时开始日本外交发生了很大的变化。1991年向海湾地区派遣扫雷艇，1992年颁布《联合国维持和平行动合作法》，同时，参加联合国在柬埔寨的维和行动。虽然与联合国没有直接关系，但在1996年桥本龙太郎与克林顿的会谈中再次确认了日美安保关系，制定了《日美防卫合作指针》，使安保的活动范围更加广泛和深化。

2001年美国遭受"9·11"恐怖袭击以后，日本的活动进一步拓展。2001年针对美国军队的作战行动，日本自卫队的军舰航行在印度洋上为美军补给油料。2003年向伊拉克派遣自卫队。2005年日本派出自卫队参加印度洋海啸的灾害救援工作，并想以此扩大自卫队的海外活动范围。

除了在联合国框架内扩大自卫队行动范围以外，近些年日本还在努力推动联合国改革，致力于加入常任理事国的席位当中，从而进一步提高日本在联合国中的地位和影响力。从1945年成立以来，联合国经历了美苏协调期、"冷战"时期、"冷战"后时期，其作用发生了很大的变化。"冷战"后至今也经过了30多年的时间，国际格局、安全关系和成员国构成等都与联合国成立之初有很大的不同。在联合国成立时对和平的主要威胁主体是国家，但是，现在非国家主体产生的威胁越来越明显，恐怖组织、大规模杀伤性武器的扩散、组织犯罪等新的威胁在增加。另外，联合国的成员国数量也从刚开始的50个增加到现在的193个。在这种情况下，联合国确实需要通过改革来应对变化着的形势。日本正是瞄准了这个时机，趁联合国改革中，试图改变常任理事国的构成。2004年9月开始日本联合巴西、印度、德国致力于改革联合国常任理事国席位，使这四个国家成为常任理事国，最后以失败告终。2015年9月利用第70次联合国大会之机，日本、巴西、德国、印度四国的首脑就联合国安全理事会改革进行了G4首脑会谈，明确表达了改革安全理事会的政治意愿。2016年是日本加入联合国60周年，日本想借此机会进一步发挥领导作用，多国合力，促进联合国改革，从而实现加入常任理事国的目的。

四、其他的国际表现

（一）日本与欧洲的关系

尽管日本与欧盟有着相近的价值观和共同的利益，但是相对于美国的支配地位和地缘关系，日本和欧盟在互相的对外政策安排中都不是优先考虑的。它们的双边关系能够且应该按照实用主义建立在特别的（点对点）基础之上，而不是以构筑战略联盟的形式和维持为基础。目前，在日本与欧洲的关系中需要关注两个关键方面的定义：欧盟自身的高度一体化、超越欧盟的界限在更广阔的"欧洲"的定义上国家的包含性。2009年《里斯本条约》生效是欧盟历史上的里程碑，欧洲一体化进程由此进一步推进。对日本的对外政策制定者和商人来说"欧洲"可能不仅局限于欧盟，尽管其已扩展到了许多中欧和东欧国家，在诸如环境发展和能源安全等问题上，对日本来说俄罗斯及其周边国家也非常重要。

日本和欧盟继续信奉意识形态上的共性、共享价值和战略目标，但实际上，日本则欢迎一个更广泛、更多样化的"欧洲"。一方面，日本和欧盟保持了对话的官方渠道——通过每年的峰会来阐明它们的相互利益；在部长级、专家和非国家层次上提出切实可行的倡议；在联合国（UN）、八国（或七国）集团峰会（G7/G8）、东盟地区论坛（ARF）和亚欧会议（ASEM）等国际论坛上持续交换看法和偶尔形成共同态度。另一方面，在日本与欧盟以及更广泛的欧洲的关系上，日本政府越来越允许其政策源自当前的主题和应对特殊问题。就像在能源安全问题上所表明的那样，日本既有兴趣使欧盟参加其新能源技术开发，也在欧盟疏远无法预测的俄罗斯时为了安全的能源供给与俄罗斯保持更紧密联系。

日本和欧盟正在日益塑造它们在三边（美国、日本、欧盟）框架内的双边关系。但是，进入21世纪，由变化着的全球环境和逐渐弱化的美国支配状况所产生的机会没有被欧洲国家和日本所抓住，日本和欧盟始终没能互相强化它们的双边关系。

(二) 与主要国际机构的关系

日本在全球的政治经济多边管理手段上主要运用其经济力。在多边的国际机构中不仅政策制定过程是多元的，限制或激励日本发挥作用的规则也是复杂的。日本在努力增强其在 IMF、世界银行和经合组织（OECD）中的表现和贡献。日本也是 WTO 的拥护者，当其国家利益受到威胁时日本更希望通过 WTO 论坛来挑战美国。

前文提到，西方主要发达国家接纳日本形成"七国集团"（后来随着俄罗斯的加入成为"八国集团"）并每年举行首脑峰会，当年，日本就曾把峰会的主题从经济延伸到政治、安全领域。现在，日本通过在峰会前后与东亚政策制定者们的磋商在 G8 和 G20 会议上促进地区议题，并努力把峰会的焦点转向东亚地区，增加对亚洲规则的反应。但是，这个角色越来越面临着扩展的 G20 作为"国际经济合作的首要论坛"崛起的威胁。

第二节 对日本国家经济安全战略转变的国际评价

一、关于日本国家经济安全战略基本态度的认识

在把日本作为经济力强大的经济大国来认识时，鉴于当今世界经济力在国际社会具有的影响力，日本可能会强化自己的主张，成为军事大国，从而进一步实现其国际作用。[①] 当一个国家不局限于只是贸易国而强化投资国的特性时，通常会增强与对象国和国际经济社会整体稳定相关的经济利害关系，并在对外政策上刺激积极的行动主义。然而，日本的对外政策直至现在还是有些抑制的，只是被动反应。[②] 日本尽管通过有效利用经济力可能在政治、安全领域发挥了指导力，即使以后还会这样做，但在经济以外的领域可能继

---

① Edward J. Lincoln. Japan: Using Power Narrowly. *The Washington Quarterly*, vol. 27, no. 1, 2003—2004, pp. 111-112; David C. Kang, Getting Asia Wrong. *International Security*, vol. 27, no. 4, 2003, p. 73.

② Kent E. Calder, Japan as a Post-Reactive State? *Orbis*, vol. 47, no. 4, 2003, p. 605.

续会是一个被动的国家。①

有些学者认为，日本在国家安全上采取持续依赖于美国而不体现自己主张的强势的或者独立的安全政策的战略。② 也有些学者将其理解为现实主义的责任转嫁战略。③

"二战"以后，对日本来说中心价值是经济，第一关心的是要实现稳定的经济增长，维持可预见的国际政治环境。美国在东亚优越的地位带来了这种预见的可能性。日本的富裕程度、重视经济的志向以及与美国的同盟关系都是使日本在典型的现状维持国家状态下进行的，这样就产生了在经济能力与被限制的地缘政治上的作用之间明显的非对称性。④

日本也要为了追求自己的国家利益而行使能够改变外部环境的能力。依存于美国确保国家安全，也可以保证从国外得到原材料以及维持了针对商品和资本的外国市场开放的经济稳定。因为满足了眼下的必要性，所以只局限于使用经济力及其他非军事手段可以满足基本需求，对超越这样眼下的必要性的追求以及改变世界环境的行为则较少关心。在对外政策上所设定的课题是有限的，这样有限地行使国力的做法取得了实际上的成功，问题解决的状况也是相对比较满意的，这是抑制对外政策的主要原因之一。⑤

军事和经济哪方面的安全保障都同样应该重视，从实利主义或综合安全的想法出发形成的战略是日本能够在外交政策上保持抑制的根基。⑥ 为了回避军事威胁所导致的风险，在依赖与美国的同盟基础上，要求谨慎地采取不能引起与美国关系恶化的态度（摆脱应该顺应美国的期待的想法，采取象征

---

① リチャード・ソロモン：「日本は東アジアで役割を失う」，『中央公論』，1452号，2005，pp. 217-218.

② Morton Abramowitz, Stephen Bosworth. Adjusting to the New Asia. *Foreign Affairs*, vol. 82, no. 4, 2003, p. 125.

③ Jennifer M. Lind. Pacifism or Passing the Buck?, *International Security*, vol. 29, no. 1, 2004, pp. 92-121.

④ Kent E. Calder. Japan as a Post-Reactive State?, *Orbis*, vol. 47, no. 4, 2003, pp. 607-608.

⑤ Edward J. Lincoln. Japan: Using Power Narrowly, *The Washington Quarterly*, vol. 27, no. 1, 2003—2004, pp. 111-112; David C. Kang. Getting Asia Wrong, *International Security*, vol. 27, no. 4, 2003, pp. 111-127.

⑥ Eric Heginbotham, Richard J. Samuels. Japan's Dual Hedge, *Foreign Affairs*, vol. 81, no. 5, 2002, pp. 110-121；エリック・ヘジンボサム及びリチャード・J・サミュエルス「イラクと北朝鮮に揺れる日本—日本の『二重保険戦略』のその後」，『フォーリン・アフェアーズ日本語版』，2003，pp. 1-5.

性的必要最小限度的军事措施），另一方面，为了回避经济风险也要必须维持与不同对象国（包括成为美国强烈担心对象的伊朗等国家）的合作关系。这样的立场使日本难以在世界上担负领导作用。在反恐斗争中，一边要支持、支援美国的行动，一边要考虑使与经济领域的对象国背离不要给日本的经济利益造成恶劣影响。追求这样微妙的平衡、"细致入微"外交的结果形成了行动拘谨的务实作风，也使影响力受到抑制。

与武力相比喜好外交、与强制相比喜好说服、与一国主义相比喜好多国主义的和平主义的根深蒂固是支持日本的外交姿态的精神土壤或者是外交政策背景。[1] 也存在另外一种看法。战后日本的和平主义是抑制其在国际安全问题上采取行动的主要原因，或理解为如果由于这样的和平主义的束缚有所减弱，日本成为"普通国家"，变成美国的更加积极的军事同盟国。这种看法只从部分来看都不过是正确的神话。[2] 反军国主义虽然在日本广泛普及，但这样的文化或规范并不一定拘束日本的安全政策。[3]

如上所述，受到抑制的对外姿态可以理解为是以作为日本选择的战略和课题设定或者平衡为基础的。同时，除了作为侵略历史的遗产在对亚洲特别是对中国和韩国的关系上所看到的外部制约以外，在日本国内也存在一些抑制因素，这主要反映在四个方面。第一，经历了"二战"而饱受痛苦的日本人厌恶战争和参与地缘政治；第二，战后由美国为首的同盟国对日本实施军事占领时期进行各种改革而埋下的制度遗产，如非军事化、和平宪法等；第三，愿意对外部世界更加开放的倾向；第四，国内制度惯例上的制约因素，如耗费时间和精力的议会流程、条块分割的政府机构、独特的官僚体制等。[4] 根据这样的情况，日本受到抑制的对外姿态在今后可能还要维持下去。日本很难考虑大幅增强军事力，超越自己防卫的在世界或者东亚地区的各种问题上与美国开展积极的军事合作。[5] 当然，也不能否定变化的可能性。预想日

---

[1] Alan Dupont. The Schizophrenic Superpower, *The National Interest*, no. 79, 2005, p. 43.
[2] Eric Heginbotham and Richard J. Samuels. Japan's Dual Hedge, *Foreign Affairs*, vol. 81, no. 5 (2002), p. 112.
[3] Jennifer M. Lind. Pacifism or Passing the Buck?, *International Security*, vol. 29, no. 1, 2004, p. 120.
[4] Kent E. Calder. Japan as a Post-Reactive State?, *Orbis*, vol. 47, no. 4, 2003, pp. 606-615.
[5] Jennifer M. Lind. Pacifism or Passing the Buck?, *International Security*, vol. 29, no. 1, 2004, pp. 120-121.

本在对外姿态上维持抑制的议论多数场合是以日本所处的形势或者美军在亚洲的军事没有较大变化为前提的。特别关注的是与朝鲜的动向所产生的关联，根据朝鲜的核试验、导弹试射计划的进展以及日本对美国应对这个问题的信赖情况，日本的舆论和政策会受到很大的影响。①

二、关于日本国家经济安全战略转变的评价

美国哥伦比亚大学教授杰拉尔德·L.柯蒂斯（Gerald L. Curtis）认为"在国际政治舞台上战后60年间由于持续低姿态而受到抑制的日本外交在终结"。② 关于日本的对外姿态除了预测其会维持抑制的议论以外，另一方面也围绕近些年变化展开议论。这时经常会提到与美国同盟关系的强化、向印度洋和伊拉克的自卫队派遣、修改《宪法》的讨论、对朝鲜和中国的态度、为加入联合国安理会常任理事国而做的外交努力、弹道导弹防卫计划、情报收集卫星的发射等。例如，2001年12月日本海上保安厅向朝鲜武装渔船射击，这是与过去针对侵入日本领海的应对措施相对照的更加坚决的应对，暗示日本关于本国及其防卫的态度发生了较大的变化。③ 日本的对外安全保障姿态在向更加强势的方向转变，其特征是为了支持外交政策和国防上利益而使用自卫队的态度和决心在增强。这种变化是渐进的不是革命性的，但从其势头来看，显示出日本战后安全保障政策正处在转折点的关键时期。④

（一）战略转变因素的分析

在关注日本对外姿态积极化时，经常要考虑国家安全环境的恶化、国内政治结构的变化、国内的期待等因素。

国际形势方面，朝鲜核试验和导弹试射动向、周边国家军事力增强、台湾海峡形势、国际恐怖主义扩大等，日本周边不稳定、不透明、不确定的形

---

① Morton Abramowitz，Stephen Bosworth. Adjusting to the New Asia，*Foreign Affairs*，vol. 82，no. 4，2003，p. 125.
② ジェラルド・カーティス「変わる日本外交」，『東京新聞』，2006.8.6。
③ Eugene A. Matthews. Japan's New Nationalism，*Foreign Affairs*，vol. 82，no. 6，2003，p. 74.
④ Alan Dupont. The Schizophrenic Superpower，*The National Interest*，no. 79，2005，pp. 43-44.

势导致日本对威胁的认识、对外部攻击脆弱性的担忧增强，消除国家安全上的长年存在的禁忌受到观切。①

国内方面，日本政治的"55年体制"已经消失，日本国内在国家安全问题上政治思想的对立得到缓和，政策议论也变得更加现实。② 经历了"二战"的老一代人已经老龄化，经济停滞和国际影响力下降，年青一代对经济动向感到失望，对周边的局势感到不安，国家安全的担心日益增强，政府对在亚洲乃至世界上日美的利害关系的态度不一致，对指责防卫体制改善的各国不甚满意，③ 这些使日本的民族主义逐渐高涨，国内呈现出期待右翼势力政治影响力增大、摆脱消极外交、积极主张自己、发挥日本主导性等动向。日本现行的选举制度强烈地诱导政治家通过倡导积极的对外政策来获取广泛的国民支持，大众媒体的影响力也进一步提高，对国家领导者来说提出大胆的外交政策的政治魅力也日益增强。④ 针对军事上本国《宪法》上的制约的焦虑在增强，信奉日本为保护本国生死攸关的利益，必须要展现出包括必要采取先发制人的军事行动的更加毅然决然态度的政治家数量在增加。⑤

（二）战略转变的积极评价

一些美国学者认为对外姿态的积极化可以理解为解除"二战"后施加给日本的一部分特别制约的过程，体现出日本的"正常化"⑥ 等，可以从具有一般建设性意义上被接受。日本在国家防卫上与外交政策相结合，通过形成符合日本人价值观和利益的制度和规范，在地区和世界问题上发挥更有建设性的作用。⑦

对美国来说日本是最强有力的同盟国之一，美国需要日本在安全问题上

---

① John Swenson-Wright. Maverick Moves on Defence, *The World Today*, vol. 59, no. 11, 2003, p. 19.

② Robert Pekkanen, Ellis S. Krauss. Japan's 'Coalition of the Willing' on Security Policies, *Orbis*, vol. 49, no. 3, 2005, pp. 429-444.

③ Eugene A. Matthews. Japan's New Nationalism, *Foreign Affairs*, vol. 82, no. 6, 2003, pp. 78-83.

④ Kent E. Calder. Japan as a Post-Reactive State?, *Orbis*, vol. 47, no. 4, 2003, pp. 611-615.

⑤ Alan Dupont. The Schizophrenic Superpower, *The National Interest*, no. 79, 2005, p. 43.

⑥ Richard N. Haass. Assessing Geopolitical Risk in the Global Economy, http://www.cfr.org/publication/, 2005-03-10.

⑦ Alan Dupont. The Schizophrenic Superpower, *The National Interest*, no. 79, 2005, p. 46.

进一步发挥作用，因此一定程度认可日本的积极性。特别是，向伊拉克派遣自卫队或为了其他国家的人道主义援助而派遣自卫队的表现表明日本已经开始决定承担作为国际社会一员的责任并已采取行动，这些得到了较高的评价。① 美国小布什政府就曾经鼓励日本增强自己的主张。现在，美国基本上欢迎日本新的姿态，两国关系可能向对等的伙伴间同盟靠近。②

对近些年日本对外姿态的变化的积极评价在美国的对日舆论调查结果中也有所反映。多年的调查结果显示，在良好的对日观、对日信赖、对日美关系的认可方面得分较高，认为日本是与美国共享价值观的国家、发挥与经济力相对称的国际作用的国家、在亚洲最重要的合作伙伴，对日美安保体制也有较高的支持。③

另一方面，在美国也存在对日本对外姿态积极化所涉及的范围、积极化的界限的讨论，关于慎重行使武力的观点就是其中之一。日本在国际安全上可以说在发挥着更加广泛的作用，但军事作用的认可是受限的，应该维持以往那样的重视非军事力的姿态。④ 在军事方面存在《宪法》第九条的制约，在日本体现更加积极的对外姿态时就会形成其取得的具体措施的界限。美国在 2000 年公布的《关于日美友好合作关系的报告》提出，禁止日本行使集体自卫权制约着同盟的合作，解除会使更加紧密有效果的安全合作成为可能，这种解除日本自己就能够决定，美国在必须持续尊重日本国内决定的同时，要在促进日本变化上做出更大的贡献，应该欢迎更加对等的同盟伙伴关系。⑤

美国期待日本作为"普通国家"与其合作为构筑世界新秩序做出贡献，尽管日本实际上也朝这个方向努力着，但是如果日本社会在这种转换上达成必要的共识需要较长的时间，美国对日本的期待可能因为失望而发生改变。⑥ 例如，导弹防卫系统以《宪法》约束为理由，日本方面没有有效率地系统部

---

① リチャード・アーミテージ「憲法九条は日米同盟の邪魔物だ」,『文芸春秋』, 82 卷 4 号, 2004.3, p. 129。

② Francis Fukuyama. Re-Envisioning Asia, *Foreign Affairs*, vol. 84, no. 1, 2005, p. 78.

③ 米国における対日世論調査, http://www.mofa.go.jp/mofaj/area/usa/yoron06/gaiyo.html.

④ Akio Watanabe. A Continuum of Change, *The Washington Quarterly*, vol. 27, no. 4, 2004, p. 146.

⑤ Institute for National Strategic Studies. *The United States and Japan: Advancing Toward a Mature Partnership*, NDU Press, 2000, p. 3.

⑥ Alan Dupont. The Schizophrenic Superpower, *The National Interest*, no. 79, 2005, p. 48.

署或迎击发向美国的导弹，同盟关系就会受到损害。①

（三）对战略变化的担心

虽然对日本对外姿态积极化作为具有上述那些一般的建设性意义而被接受，但是也存在一些担心和戒备。

美国存在讨论和戒备"军国主义的传统"、"军事民族主义"等的日本观。②这种看法与美国人对历史问题的认识相联系，③认为增强自己主张的日本军事政策在亚洲舆论方面让人产生戒备，民族主义高涨可能会导致军事化增强，日本核武装对近邻国家来说无疑是个噩梦。④

也有关于为了克服亚洲各国担心的对策和美国应该发挥作用的讨论，特别强调美国在亚洲承诺的重要性。日本防卫姿态的变化因为引起了亚洲地区的重大关注，为了让日本在东亚安全保障方面承担更多责任，美国研究者认为美国应该帮助日本近邻各国接受这样的历史调整。⑤"二战"以后，日本在国家安全上没有自主权，在美国的核保护和美军在日驻留背景下日本没有进行大规模增强军备的意图使亚洲各国安心，亚洲各国并不欢迎更加强大、更加独立的日本，所以，日本军备增强在努力与亚洲各国的意见沟通的同时必须要慎重地推进。⑥

鉴于日美两国世界观差异、日本军事贡献的有限性等的担心，关于日美同盟关系基础的稳固性一直存在诸多疑问。⑦虽然现在在战略领域还具有迎合美国利益的倾向，但今后强化积极性的日本未必与美国的国家利益相一致，日本国内希望领导者避免过于亲近美国，二者相结合更加强化了对美国的政

---

① Alan Dupont. The Schizophrenic Superpower, *The National Interest*, no. 79, 2005, p. 46.
② One Good Thing About Japan's Election, *New York Times*, September 13, 2005; Koizumi Visits War Shrine, as He Pledged, *New York Times*, October 17, 2005.
③ エズラ・ボーゲル「右派ナショナリズム超えよ」,『朝日新聞』, 2005.7.6。
④ Eugene A. Matthews. Japan's New Nationalism, *Foreign Affairs*, vol. 82, no. 6, 2003, p. 75.
⑤ Robert B. Zoellick. A Republican Foreign Policy, *Foreign Affairs*, vol. 79, no. 1, 2000, p. 74.
⑥ Francis Fukuyama. Re-Envisioning Asia, *Foreign Affairs*, vol. 84, no. 1, 2005, pp. 76, 78.
⑦ ジェラルド・カーティス「日米関係は磐石か?」,『東京新聞』, 2005.2.6。

策的质疑。① 担心安全环境恶化的日本一旦对美国对其安全保障上的保证失去了信赖，就可能取而代之来选择构筑自己的核抑制力。②

不管怎么样，本国在亚洲国家安全上所关心的关键问题，日本可能扩大发言权，与美国的战略关系日本可能也会进行更独立的思考，为了更加成熟且永远的伙伴关系，美国必须要逐渐接受日本这些做法。③

日本在与美国的同盟关系更加紧密和更加自主的强势外交政策的战略选择上，恐怕会强化自己的军事外交姿态并继续加强与美国的同盟关系使之更加紧密。如何处理一边依赖一边更加独立的问题上，英国曾经也面临同样的境遇。在面对苏联问题时，英国一边与美国保持稳固的同盟关系，一边在与欧洲大陆的一体化以及非洲、拉美、亚洲等地区问题上保持自主行动的能力。这或许是日本的借鉴。④

---

① CRS Issue Brief for Congress. Japan-U. S. Relations: Issues for Congress. http://fpc. state. gov/documents/organization/64977. pdf.
② James F. Hoge, Jr.. A Global Power Shift in the Making, *Foreign Affairs*, vol. 83, no. 4, 2004, p. 5.
③ Alan Dupont. The Schizophrenic Superpower, *The National Interest*, no. 79, 2005, p. 48.
④ Bill Emmott. Japan's English Lessons, *Foreign Policy*, (2004), pp. 51-56.

第八章　日本国家经济安全战略转变的趋势与面临的问题

从历史演进来看，尽管日本的国家经济安全战略有一定的特殊性，但其主要内容和做法还遵循着"运用经济手段来应对经济威胁"的传统经济安全思想。但是，近些年尤其从 2019 年开始，日本的经济安全呈现出综合战略化和法制化动向，经济安全与军事、政治、外交安全融合互动的倾向愈发明显。从中可以看出，当前日本的国家经济安全战略已经发生了本质的转变，并且这种转变还将继续得到强化。处于转变当中的日本国家经济安全战略也会面临着各种问题。

第一节　日本国家经济安全战略转变的趋势

从 2019 年开始，面对世界"百年未有之大变局"，尤其是中美战略竞争加剧和新冠疫情的冲击，为了更好地维护国家利益并迎合国家战略的变化，日本的国家经济安全战略正在发生本质性变化。

一、不断强化组织机构建设和制度保障

为了更好地制定和执行国家经济安全战略，日本正在有目的地进行政府机构、部门的调整。经济产业省于 2019 年 6 月在大臣官房设置了"经济安保室"，扩张了"制造产业技术战略室"的功能，在省内设立了"技术调查室"。同时，经济产业省在出口管理等领域也设立了探讨新制度设计的"制度审查室"。防卫省防卫装备厅在 2020 年 4 月新设了"装备保全管理官"，强化国防产业的情报保护和防止向海外技术外泄的政策措施。此外，外务省在 2020 年

7月设置了"经济安保政策室";公安调查厅在2021年4月设置了关于经济安全的信息提供窗口;金融厅在2021年9月确定了将于2022年度设置"经济安保室"。

除了各部门内部机构设置以外,日本的国家经济安全组织化过程也在逐渐实现政策的综合化,经济安全战略的制定和实施正在打破条块分割。国家安全保障局于2020年4月设立了专门的经济安全部门("经济班"),被认为是主导日本制定国家经济安全战略的部门。2021年10月,岸田文雄在新内阁中设置了经济安全担当大臣,统一协调推进国家经济安全战略。

同时,日本也在不断完善经济安全的相关法律、法规等制度。2013年12月日本首次制定《国家安全保障战略》时,岸田文雄作为当时的外交大臣与这个战略的制定工作就有着很深的关系。此后,岸田作为自民党政调会会长在2020年6月组建了"新国际秩序创造战略本部",并亲自担任本部长,主导自民党关于制定经济安全战略的讨论。"新国际秩序创造战略本部"于2020年10月向政府提交了"中期报告",强调在以经济政策为代表的所有国家战略中要重视经济安全,提议制定"经济安全一揽子推进法"。可以预想,岸田政权下所实施的新国家安全战略中经济安全会被置于重要的位置。岸田在就职演说中也表明将制定推进日本经济安全的法案。2021年10月13日,岸田政权成立后的第一次国家安全保障会议召开,讨论了修改国家安全保障战略的议题。11月,岸田在第一次经济安全推进会议上又指出,为了促进制定法案的准备工作,在设置经济安全法制准备室的同时,将成立"有识者会议",听取专家对经济安全法案的建言。2022年2月25日,日本政府在内阁会议上通过了旨在强化经济安全保障的新法案,这是日本第一个关于经济安全保障的系统性法案,谋求在本届国会通过。4月和5月,日本的众议院和参议院已分别通过了《经济安全保障推进法案》。

二、通过提高自主性和优越性促进经济安全和军事安全相融合

在上述组织机构和制度保障下,2019年以来日本的经济安全战略呈现出运用经济手段应对经济威胁以外,重视运用经济手段应对军事威胁的趋势。换句话说,日本的经济安全与军事安全愈加融合,"经济安保"的色彩越来越浓。

首先，应对"对本国经济社会活动产生影响以及从对外经济关系中产生的威胁"仍然是日本国家经济安全战略的重点。这种观点普遍认为经济安全的目标是维护国家的独立和繁荣，主要通过产业基础强韧化来降低与供应链相关的风险。

自民党新国际秩序创造战略本部提出的报告中，把"战略的自主性"和"战略的不可或缺性"作为确立经济安全的标准。所谓"战略的自主性"是指"通过使日本在维持国民生活以及社会经济活动上不可或缺的基础强韧化，无论在什么状况下都不能过度依赖其他国家，实现国民生活和正常经济运营的国家安全"；所谓"战略的不可或缺性"是指"通过战略性地扩大对国际社会全体产业结构来说日本是不可或缺的存在的领域，确保日本的长期、持续的繁荣以及国家安全"。2021年6月在"经济财政运营和改革基本方针"中，作为经济安全的方向，提到了"实现确保日本的自主性和获得优越性"。具体来看，着眼于"在特定重要技术并强化保护、培育对策的同时，使基干产业强韧化"。从2021年6月公布的"增长战略实行计划"中经济安全的观点来看，着眼于日本自身重要生产基础的政策，重点探讨"确保技术优越性"、"减轻与重要基础设施、供应链有关的威胁，提高自主性"、"确保中长期资金来源和投入等制度框架"。具体来看，主要关注与半导体、数据中心、电池、稀土等有关的生产据点多元化，并且吸引其进入日本。①2021年11月19日第一次经济安全推进会议确定了日本国家经济战略大方向的三个目标，其中两项：通过供应链的强韧化和主要基础设施的可靠性保证提高日本经济结构的自主性；以及在培育人工智能、量子技术等重要技术上采取对策，确保日本的技术优越性以及不可或缺性，强化自主性。2022年2月25日，日本内阁通过的《经济安全法案》由四大支柱构成，其中三个与经济领域有关，包括①强化供应链，确保国民生活中不可或缺少的重要产品。规定半导体、医药品、稀土、镍等重要的矿物，以及蓄电池的原材料等产品是否形成稳定的供给体制，由国家进行检查。②确保重要基础设施的安全性。以承担电力、通信、金融等民生基础设施的14个行业的大企业为对象，在引进重要设备时，由国家事先进行审查。这是为了避免受到网络攻击或信息被窃取而采取的对策。

---

① 内閣官房：「成長戦略実行計画」，https://www.cas.go.jp/jp/seisaku/seocho/pdf/ap2021.pdf，2021-06-18。

③致力于官民一体的尖端技术的研究开发。在确定应该优先培养的重要技术的基础上，针对每个研究开发项目设立由政府和民间参与的协议会。在协议会的参与机构之间，通过共享过去的研究数据等必要的信息，促进技术的培养。

其次，在日本国家经济安全战略中，应对"其他国家强化包含军事安全在内的技术、经济能力并对国际和平和稳定产生的威胁"越来越重要。2021年12月3日，岸田在第一次防卫、经济安全研讨会上提到，当前变得重要的是在维护国家安全与经济活动之间出现了越来越密不可分的关系。因此，要形成从国家安全的角度重新思考经济活动的经济安全思想，树立将之重点考虑的问题意识，在对国家安全战略、防卫大纲、中期防卫力量整备计划等文件修订上，要把经济安全思想切实放在一定位置。2022年2月25日，日本内阁通过的《经济安全法案》中的四大支柱有一个直接与军事有关，即专利非公开化。规定在与军事相关的技术中，对于有可能损害国民安全的技术，专利申请可以不公开。日本现在的制度是申请专利后，一年半后原则上要公开。新法案允许申请人专利不公开，由此蒙受的损失，国家将进行补偿。同时也规定了惩罚措施，作为非公开对象的重要技术发明，泄露相关信息的责任人，均处以2年以下有期徒刑或100万日元以下罚款。另外，致力于官民一体的尖端技术的研究开发也与军事存在一定关联。21世纪以来，新一轮科技革命迅猛发展，尤其是伴随着半导体、传感器、新材料、人工智能和大数据等信息技术领域不断创新，军用技术和民用技术的边界日益模糊。[①] 可以说，当前绝大多数尖端技术都具有军民两用的特点。

在日本政府的文件中，充斥着关于调整出口管理、加强对内直接投资审查、强化技术信息出入境管理、明确"视同出口"管理对象、确保研究健全性和公正性、重视对专利保密等内容，这些防止日本已有技术向其他国家外泄的内容都是国家经济安全战略的重要组成部分。"增长战略实行计划"中围绕经济安全问题提到，受高端技术竞争激化等的影响，对在经济增长和国家安全两方面都具有重大意义的诸如半导体、人工智能、量子技术、5G等军民两用技术的关注度在提高。"经济财政运营和改革基本方针"中提出，通过强

---

① 朱启超、王姝："军民融合的日本范式——日本军民两用技术发展策略、经验与启示"，《日本学刊》，2020年第3期，第106页。

化研究开发等提高技术和产业竞争力、防止技术外泄，促进基干产业强韧化。

从 21 世纪初日本就开始了强化军民两用技术开发、出口管理和外资规制等方面的政策措施，这些政策措施更多体现出运用经济手段应对军事威胁的色彩。从 2019 年开始，受中美战略竞争以及以美国为主的相关国家经济安全政策变化的影响，日本运用经济手段应对军事威胁的经济安全政策措施更加强化。日本政府的相关机构也以军民两用技术为重点，制定和实施国家经济安全战略。

（一）与军事直接相关的政府部门政策措施

在日本与军事直接相关的政府部门主要有防卫省和国家安全保障局。在军民两用技术开发方面，日本当时的防卫厅（2007 年升格为防卫省）最先有所行动。2001 年 6 月防卫厅发布了《研究开发的实施方针》，根据该方针，日本的国防技术开发不再局限于以往的防卫厅技术研究本部和防卫产业的框架，可以和外部机构合作，在日本的国防领域开始引入民用技术。[①] 防卫厅从 2002 年开始谋求与新能源产业技术综合开发机构、宇宙航空研究开发机构、信息处理推进机构和大学的研究合作。从 2015 年以后，日本防卫省的军民两用技术开发规模进一步扩大，更加正规化。从 2015 年开始防卫装备厅实施安全保障技术研究推进制度，旨在为了有利于将来国防领域研究开发，公开征集先进的民用技术基础研究。[②] 2017 年防卫省开始实施"快速发展的民用尖端技术短期实用化相关措施"，这是更直接地以军民两用技术为核心的开发计划。

"经济班"侧重从国家安全方面审查海外投资，将着手解决包括网络攻击和外资规制在内的防止日本技术外流问题、5G 等涉及通信安全的课题、作为新冠疫情对策的医疗领域供给链问题等，被认为是主导日本制定经济安全战略的部门。

[①] 大島孝二：「防衛装備品の国際共同研究開発の方向性と我が国の対応—技術集約型共同研究の推進と産学官の連携のあり方を中心として」，《防衛研究所紀要》，2010 年第 12 卷，第 ?·3 合併号，第 171—173 頁。

[②] 防衛装備庁：「安全保障技術研究推進制度成果の概要（平成 30 年度版）」，https://www.mod.go.jp/atla/funding/seika/H30kiyo_b.pdf，2019-03-01。

(二) 与经济直接相关的政府部门政策措施

经济产业省是日本部门中最深入参与经济安全的部门，因为该部门通过经济和安全交叉的两个领域（贸易和投资），实施出口管理和外资规制。

经济产业省根据世界技术环境变化，不断地修改和强化出口管理政策。2002年，增加了对于可能用于大规模杀伤性武器的管制清单品目以外货物和技术的限制，2008年该限制框架扩大到了普通武器。2009年，又不论出口地的属性把限制范围扩大到所有国外从日本引进的敏感技术。2017年大幅强化了对违反事例的行政制裁和惩罚。

与出口管理相比，外资规制方面的政策措施虽然相对迟缓，但也在2007年进行了外资规制的大幅度修改。在这次修改中，加入了大规模杀伤性武器不扩散的要素，将此前没有限制的多数军民两用技术纳入管制对象。根据国际形势变化，为了进一步防止敏感技术外泄，2017年日本再次修订《外汇法》，加强对引进外国直接投资的管理，从经济安全的视角，把与国家安全相关的重要技术作为事前申请对象，更加强化对日本所拥有的敏感技术的控制，例如，把与为了使用核反应炉、核动力涡轮发动机、核动力发电机以及核原料物质或核燃料物质而特别设计项目有关的软件业追加为事前审查对象。虽然2007年的相关政令及告示修改也是基于国家安全的考虑，但是，政令及告示的修改不等同于法律本身的修改，所以，严格意义来说，日本是通过2017年《外汇法》的修改才真正把从经济安全视角加强外国直接管理在法律上固定下来。

在2017年修订的《外汇法》中，新设了以下两项制度，强化了对外国投资者行为的管理以及对违反事例的行政制裁和惩罚。

第一，将有可能危害国家安全的外国投资者之间取得非上市公司股份的行为列入事前申请对象。在修改前，非上市股票一旦归外国投资者所有，之后即使转让给其他外国投资者，不属于事前申请对象，也不属于审查对象。但是，在这次修改中，将之前不需要事先申请的外国投资者从其他外国投资者取得的非上市股份的行为（简称"特定取得"），追加为事前申请对象，也就是说，特定取得被定位为需要审查的交易。

第二，在未经申请进行的对日直接投资或特定取得有可能危害国家安全的情况下，赋予相关部门命令外国投资者出售股票等必要措施的权限。

在2017年修改《外汇法》后，国际形势又发生了很大变化，在美国大力推行单边主义和本国优先主义下，2018年爆发了中美贸易摩擦，美国、欧洲等国家更加强化对外国直接投资的规制和管理。以日韩半导体贸易摩擦为代表，日本国内的贸易保护主义有所抬头，经济安全也愈发受到重视。在此背景下，仅仅两年，日本又开始了新一轮《外汇法》修改。2019年5月，日本财务省发表声明，近年来保护网络安全的重要性日益提高，为防止重要技术外泄，避免发生损害国防工业生产、基础技术等影响日本国家安全的事件，要拓宽限制外国直接投资的行业。2019年10月《外汇法》修改案提交国会，同年11月通过。从2020年5月政府相关部门开始依据该法律修改相关规定，同年6月开始适用。

这次《外汇法》修改主要聚焦两个问题，一是切实地应对存在损害国家安全等担心的外国直接投资；二是进一步促进风险较小的外国直接投资。针对前一个问题，这次修改更加突出了防止敏感技术外泄并加强网络安全的目的。具体表现在两个方面。一是不断增加受限制的外国直接投资行业范围。传统上须纳入政府审查的特定行业范围相对狭窄，仅限于与国家安全相关（包括飞机、核能和武器等）、公共基础设施和农业等领域。通过本次修改，日本政府在引进外国直接投资中作为事前审查对象的原有与国家安全有关行业的基础上，追加了受限制行业的种类。2019年8月追加与网络安全有关的行业，2020年7月又增加医药品和医疗机器行业。二是大幅调低接受审查的外国投资者所持股份比例的下限。之前外国投资者如想取得日本国家安全相关行业企业10%以上的股份，需事先申报，接受有关方面审查。修订后，这一门槛降至1%，扩大限制的范围。这样，导致2019年度对日直接投资接受事前审查数达到1946件，几乎是2018年度594件的3倍。2020年度对日直接投资接受事前审查数又进一步增加到2171件。[①]

（三）与"安全、安心"社会直接有关的政府部门政策措施

日本的文部科学省、综合科学技术会议和内阁府把民用技术与"安全、安心"社会的结合作为切入点着手军民两用技术的研发。文部科学省于2003

---

① 財務省国際局調査課投資企画審査室：「対内直接投資等に関する 事前届出件数等について」, https://www.mof.go.jp/policy/international_policy/gaitame_kawase/press_release/20210707-2.pdf, 2021-03-24。

年 4 月成立了"有助于构建安全、安心社会的科学技术政策恳谈会"，并于 2004 年 4 月发表报告，提出"强化实现安全、安心社会的技术基础，为增强国际安全、安心做出贡献，这是以经济力、技术力为背景的日本国家安全上的重要对策"。在推进研究开发时，还明确提出"不仅以开发尖端科学技术为目标，还要把现有技术转用到安全、安心领域"的军民两用技术的观点。①

综合科学技术会议在 2004 年设立了"有助于安全的科学技术推进项目小组"，并于 2006 年 6 月发表了报告，提出有效利用有助于安全的科学技术，强化国家安全的思想。②

内阁府"综合创新战略推进会议"把"安全、安心"领域作为创新政策的重要组成部分，2018 年 12 月设立了"强化创新政策有识者会议的'安全、安心'会议"，并于 2020 年 1 月发表报告，提出必须保护的对象包括"国家、国土、国民及其生命和财产以及各种活动、社会体系等广泛的范围"，涉及范围不仅局限于通常的"安全、安心"社会领域，也包括恐怖袭击和网络攻击等安全领域。③

2021 年 3 月日本内阁会议决定了未来五年的《第六期科学技术、创新基本计划》，强调从国家安全的视角确保军民两用技术的技术优势的重要性。

三、通过争夺制定国际规则的主导权实现经济安全与政治、外交安全的互动

国际规则不仅与一个国家的经济利益密切相关，制定国际规则的话语权也是一个国家政治、外交安全的重要体现，因此日本把争夺制定国际规制的主导权作为国家经济安全战略目标之一。自民党"新国际秩序创造战略本部"报告提出，作为国家经济安全战略的基本思想要具备"战略的自主性"和"战略的不可或缺性"，还强调通过与同盟国、志同道合国的合作主导国际秩序形成的必要性。《经济财政运营和改革基本方针》中关于经济安全问题也制

---

① 文部科学省：「安全・安心な社会の構築に資する科学技術政策に関する懇談会報告書」，https://www.mext.go.jp/a_menu/kagaku/anzen/houkoku/04042302.htm。
② 総合科学技術会議安全に資する科学技術推進プロジェクトチーム：「安全に資する科学技術推進戦略」，https://www8.cao.go.jp/cstp/project/anzen/honbun.pdf。
③ 統合イノベーション戦略推進会議：「『安全・安心』の実現に向けた科学技術・イノベーションの方向性」，https://www.kantei.go.jp/jp/singi/anshin_anzen/pdf/anzen_2.pdf。

定了维持、强化以基本价值和规则为基础的国际秩序的方针,包括:通过形成经济安全问题的共通认识,加强与国际社会合作;通过增加在国际机构工作的日本人数扩大在国际机构中的力量;维持、强化、构筑在贸易、投资、数字、技术标准等方面的国际规则。在第一次经济安全推进会议上,岸田再次强调把维持和强化以基本价值和规则为基础的国际秩序作为日本国家经济安全战略的目标之一。

当前,在国际规则制定上呈现出经济力与国家安全扭结在一起,国际规则作为维护本国安全、经济繁荣重要手段并优先考虑本国利益的倾向。为此,要使规则不损害日本国家利益且成为在国际社会中的现实解决方案,日本正在根据实际形势积极主动地参与策划国际规则的制定。日本主导了具有高度自由化且高质量规则的《全面与进步跨太平洋伙伴关系协定》(CPTPP),认为诸如此类持有制定国际规则权力的做法是实现经济安全的最有效手段。对日本来说,重要的不仅仅是提高自主性和优越性,还要促进国际社会稳定,使以国际规则为基础的贸易和投资得以继续。日本并不满足把其持有的自主性和优越性仅仅用来抑制他国,还要寻求把之转化成制定国际规则的权力,试图发挥日本在稳定国际秩序上的领导作用。

日本为了维护自身经济安全,还积极主动策划或参与已经展开激烈竞争的数字、环保等领域的规则制定。在当今世界大国战略竞争日趋激烈的背景下,日本也在努力寻找自己的战略定位。一方面,积极参与构建规则制定框架;另一方面,以日本提出的"可信赖的数据自由流通"为代表,构建日本主导的世界主要国家对话平台和相应规则框架。另外,作为解决世界问题的典型而被经常提起的气候变化的规则制定,日本也呈现出将环境优势作为提高本国国际竞争力手段的倾向。在欧盟所主导的《欧盟可持续金融分类方案》和边境调整措施、碳定价的做法上,都可以看出这种动向。为此,日本正在对气候变化领域投入战略资源,积极参与到关于核能和化石燃料处理和使用的规则制定当中。

第二节 日本国家经济安全战略转变中面临的问题

鉴于日本的社会经济问题和严重依赖国际市场的独特国情,日本在当前的国家经济安全战略转变当中要面临一系列问题，其中，最为主要的是实施经济安全与军事安全愈发融合的国家经济安全战略，使日本又回到了曾经面对的经济增长和军事安全哪个优先的问题，同时也面临着如何解决与国际秩序之间矛盾的问题。

一、"战略的自主性"可能会承担更大成本和更多财政负担

就战略性基础产业具有的脆弱性来说，不仅指成为他国有意的攻击对象，也包括由于自然灾害和在全球市场上供需平衡变化等而受到巨大影响。为此，减少脆弱性并尽可能不依赖他国、提高自主性是有效的解决手段。但是，在所有产业领域都这样做是不可能的，必须弄清楚在什么领域能够承受多大程度的风险、要降低什么领域的脆弱性并付出多大成本等问题。确保"战略的自主性"主要是通过补助金或规制来努力维持和强化战略性基础产业，但反过来看，这也意味着在政府的规制和权限下诱导用国内的采购来代替以往进行的廉价的国际采购。如果在产品和服务上急速地推进国产化、内部生产化，廉价的进口产品、服务被高价格的国内产品、服务所替代，可能会产生高成本，会对经济活动产生负面影响，也与日本推行自由贸易的国家宗旨背道而驰。

自民党新国际秩序创造战略本部的报告中提出了能源、信息通信、交通和运输、医疗、金融等五个领域作为战略性基础产业。在资源和财力有限的情况下，日本一方面面临着在这五个领域进行选择和集中的问题；另一方面，每个领域的内部也存在如何排序的问题，例如对能源领域来说，存在着从核能到可再生能源的多样性。

"经济安保"战略中强化抗自然灾害基础设施建设的思想虽然与国土强韧化政策相吻合，但是如果出现了由于推进"经济安保"战略而造成由政府进行巨额基础设施投资的情况，可能会使日本的财政状况进一步恶化。

二、"战略的不可或缺性"可能会阻碍技术发展

面临老龄化、投资不足等社会问题，日本的经济增长需要更多地引进外国直接投资。但是，出于经济安全的考虑来培育和利用"战略的不可或缺性"

技术,防止这些技术外泄,要不断强化管控措施又一定程度限制了对外国直接的进入。如何在二者之间寻求平衡是日本面临的主要问题。

一方面,在美国、欧洲加强外国直接投资管理的情况下,如果弱化对外国直接投资的管理,那么以获取敏感技术为目的,与日本敏感技术相关的外国直接投资有可能会增加。日本也存在一些敏感技术落后其他国家的情况,在国民生活和正常经济运营中不可或缺的技术领域依赖其他国家的事例也在增加。例如,在包含数据流通的通信领域,日本的全球竞争力就较弱,即使在家电和半导体席卷世界的20世纪80年代,日本产通信机器所占世界份额也处于较低水平。这种状况现在仍在持续,手机基站的日本制造商世界份额还不到2%。[1] 加强这些领域的对内和对外直接投资无疑是日本获得技术的最有效办法,而这些领域恰恰是当前各国家外国直接投资管控的重要对象。外国直接投资管理与出口管理不同,因为缺少国际框架,关于具体管理引进外国直接投资的范围和程度等细节还是取决于各国家各自判断,因此,日本为了引进更多的外国直接投资和获取相关技术可能会在一些领域的外资管理政策上有所松动。

另一方面,如果日本弱化了对引进外国直接投资的管理,就可能出现敏感技术外泄的"漏洞"。敏感技术外泄不仅会带来国家安全上的担忧,还会对外国企业与日本企业建立的包括敏感技术交换在内的业务关系带来负面影响。为了避免这样的事态,日本可能会不断地修改和强化外国直接投资管理政策。随着经济全球化和技术革新的发展,敏感技术的外延和令人担忧的外国投资者行为类型也会发生变化。日本会通过学术界、产业界的敏感技术专家和与敏感技术相关部门的人员之间不断沟通,适时地重新考虑:外国直接投资管理对象的行业范围、审查时需要考虑的因素、可以免除事前申报义务的外国直接投资范围、关于外国投资者的定义等。

三、国家经济安全战略与以规则为基础的国际秩序存在矛盾

以往以自由贸易原则为基础,在全世界广泛存在不断扩大的生产网络和供应链,结果导致一些国家在战略上受到威胁,经济安全要以减少对这样的

---

[1] 村山裕三:「日本の技術経済安全保障政策」,『PHP総研特別レポート』,2020年,第14頁。

供应链的依赖为目标。换言之，为了战略的自主性，可能会采取违反自由贸易原则的措施。这样，以规则为基础的国际秩序与日本国家经济安全战略可能存在很多矛盾的地方。

经济安全意味着以往通过全球化而得到好处的产业和业务发生变化，根据自由贸易原则和资本自由移动，最优化的生产体制和供应链要从安全的角度被修正和限制，这是不得不进行的与经济合理性相违背的选择。国家经济安全战略一方面要警戒他国的单方面贸易限制措施和制裁，另一方面要利用与同盟国、友好国的关系形成经济稳定的基础。但是，日本的国家经济安全战略强烈地体现出针对以中国为代表的一些国家（地区）的战略意识，如果在这点上日本继续与美国完全步调一致，一方面会导致霸权主义规则与公平、公正国际规则之间的矛盾进一步激化，另一方面也会导致与中国在内的一些国家（地区）的政治关系更加恶化。这必然会影响到日本的双边和多边经贸关系，从而给日本经济带来沉重打击。

四、维护经济安全的技术政策与坚持自由贸易原则之间存在矛盾

确保日本的"战略的自主性"和"战略的不可或缺性"，并使之在外交、安全上有效体现，至少需要三种技术政策并使之有效组合：①基于自由贸易原则的国家间技术流动政策；②通过技术转移和合作来提高政治影响力的政策；③通过出口管理和外国直接投资管理等来实施技术管理的政策。

到现在为止，日本所采取的技术政策是上述的①和③的组合，这是在全球化发展中经济机会不断增加的环境下适当的政策，但是这种政策组合在使技术在外交、安全上发挥影响力方面效果有限。于是，在当前形势下，日本很可能在更加强化技术管理政策（上述③）的同时，制定通过技术转移和合作来提高政治影响力的政策（上述②），通过②和③的技术政策组合来使技术在外交、安全上更有效地发挥作用。

这里重点分析通过外国直接投资管理的技术管理政策。从外国直接投资管理来看，如前所述，目前日本正在逐渐强化从国家安全视角下对引进外国直接投资涉及到的技术和产业领域的审查管理。其主要目的是全面防止具有"战略的不可或缺性"的敏感技术外泄，为此，日本一方面会以在国际规则所规定的种类上进行追加的形式来保护重要的技术，单方面强化管理体制；另

一方面，寻求在多国间框架下进行技术管理。如果只是在日本实施这种技术管理，就可能会被定位于保护主义，所以，日本会努力与同盟国或其他主要国家进行意见交换，共享出口管理和外国直接投资管理的技术管理政策。

日本在实施维护经济安全的技术政策组合的同时，还要避免由此导致全球供应链分裂和丧失国际开放创新机会，阻碍经济增长和技术革新，要在技术管理政策与自由贸易原则之间寻求平衡。作为享受了自由资本主义经济恩惠的日本，不应该忘记全球化和开放创新对经济增长和技术革新的作用。作为通商国家的日本必须坚持自由贸易原则，从技术层面理解就是确保技术的自由流动和转移。但是，在当前形势下，为了坚守自由竞争，适当的技术转移、合作和技术管理都不可缺少。在实施经济安全政策时，必须考虑基于自由贸易原则下的技术自由流动、转移和通过外国直接投资管控的技术管理之间的平衡。

一般来说，一个国家在引进外国直接投资时都或多或少地存在本国经济可能会受外资控制的担心，但是，20世纪90年代以后对外国直接投资在经济增长和就业上所发挥的作用还是得到了广泛的认可，世界范围的投资自由化得到了很大发展。但是，随着国际形势的变化，对外国直接投资除了通常所担心的对经济的控制以外，国家安全角度的担心又逐渐抬头，越来越多的国家重视从国家安全视角来看待外国直接投资问题，这属于典型的经济安全范畴。经济安全一方面，意味着能够稳定食物、能源、医药品等与生命有关的产品供给。这不仅需要有稳定的供给链，还要保证从事在社会经济中不可缺少的基础建设经济主体稳定经营，抵制外国的介入。另一方面，意味着防止与军事安全有关的技术转移和信息泄露，维护国际和平与安全。因为经济安全的定义着眼于广泛的、各种各样的经济活动都与人们的生命和财产相关，所以，经济安全往往被扩大解释并且寻求政府介入民间经济活动。但也可能会由于政府的过度介入而制约自由的经济活动，导致经济活动的可能预见性降低。在经济安全的考虑必须要慎重和适当。

参考文献

中文参考文献

[1] 巴瑞·布赞、奥利·维夫、迪·怀尔德：《新安全论》，杭州：浙江人民出版社，2003年。

[2] 曹鉴燎：《制度冲突与国家经济安全》，北京：经济科学出版社，2002年。

[3] 陈晔：《美国民族主义对国家安全观的塑造——战争视角的考察》，南京大学（硕士学位论文），2015年。

[4] 崔健，"日本经济民族主义新论——兼论'安倍经济学'的民族主义特征"，《日本学刊》2014年第2期。

[5] 崔健："从经济视角剖析日本对华战略转变"，《中国社会科学报》（国际月刊），2016年3月。

[6] 崔健："冷战后日本国家战略转变中经济与安全关系分析"，《日本学刊》，2016年第4期。

[7] 崔健："日本国家安全战略选择的政治经济分析——以均势理论为基础"，《日本学刊》2015年第2期。

[8] 崔健："日本区域合作战略新动向与东北亚区域合作"，《东亚论坛》，2014年第5期。

[9] 崔健：《外国直接投资影响下的发展中国家经济安全研究》，长春：吉林大学出版社，2008年。

[10] 崔健、黎纯阳："日本对东南亚FTA战略的经济安全考量"，《日本经济与中日经贸关系研究报告》（日本经济蓝皮书），北京：社会科学文献出版社，2017年。

[11] 崔健、黎纯阳："日本北极战略的经济安全考量"，《东北师大学报》，2019年第4期。

[12] 戴晓芙："再论大选大胜后的'安倍经济政'"，《现代日本经济》，2013年第6期。

[13] 高兰："全面解读冷战后日本国家战略的变革与影响——从模糊战略到清晰战略的转型"，《国际观察》，2005年第5期。

[14] 赫尔南多·德·索托著，于海生译：《资本的秘密》，北京：华夏出版社，2007年。

[15] 经济安全论坛组：《中国国家经济安全态势、观察与研究报告》，北京：经济科学出版社，2002年。

[16] 卡尔·博兰尼著，黄树民等译：《巨变：当代政治、经济的起源》，台北：远流出版

事业股份有限公司，1989 年。
[17] 雷家骕等：《国家经济安全理论与方法》，北京：经济科学出版社，2000 年。
[18] 黎纯阳、崔健："经济安全主导下的日本东南亚自由贸易协定战略及其启示"，《山东社会科学》，2019 年第 7 期。
[19] 李寒梅："日本新民族主义的基本形态及其成因"，《外交评论》，2013 年第 1 期。
[20] 李秀石：《日本国家安全保障战略研究》，北京：时事出版社，2015 年。
[21] 里亚·格林菲尔德著，张京生，刘新义译：《资本主义精神：民族主义与经济增长》，上海：上海世纪出版集团，2009 年。
[22] 理查德·J. 塞缪尔斯著，刘铁娃译：《日本大战略与东亚的未来》，上海：上海人民出版社，2010 年。
[23] 陆忠伟：《非传统安全论》，北京：时事出版社，2003 年。
[24] 罗伯特·基欧汉、约瑟夫·奈著，门洪华译：《权力与相互依赖》，北京：北京大学出版社，2012 年。
[25] 罗伯特·吉尔平著，杨宇光、杨炯译：《全球政治经济学》，上海：上海世纪出版集团，2003 年。
[26] 尼尔·弗雷格斯坦著，甄志宏译：《市场的结构：21 世纪资本主义社会的经济社会学》，上海：上海人民出版社，2008 年。
[27] 庞中英："经济民族主义的'复兴'"，《世界知识》2006 年第 9 期。
[28] 庞中英："族群、种族和民族"，《欧洲》，1996 年第 6 期。
[29] 邵冰、崔健："'一带一路'战略合作与日本对外经济合作比较研究"，《社会科学战线》，2016 年第 5 期。
[30] 孙叶：《第二次世界大战以来日本安全观的形成与演变》，上海：上海世纪出版集团，2014 年。
[31] 王永县：《国外的国家经济安全研究与战略》，北京：经济科学出版社，2000 年。
[32] 吴昊、姜保中："日本围绕参加 TPP 谈判的争论"，《现代日本经济》，2014 年第 3 期。
[33] 邢悦：《文化如何影响对外政策？以美国为个案的研究》，北京：北京大学出版社，2011 年。
[34] 严荣："国外经济民族主义研究述评"，《国外理论动态》，2009 年第 1 期。
[35] 杨伯江："战后 70 年日本国家战略的发展演变"，《日本学刊》，2015 年第 5 期。
[36] 俞新天主编：《国际关系中的文化：类型、作用与命运》，上海：上海社会科学院出版社，2005 年。
[37] 张卫娣、肖传国：《近代以来日本国家战略的演变》，北京：时事出版社，2013 年。
[38] 周平：《民族政治学导论》，北京：中国社会科学出版社，2001 年。
[39] 朱启超、王姝："军民融合的日本范式——日本军民两用技术发展策略、经验与启示"，《日本学刊》，2020 年第 3 期。
[40] 崔健："经济安全视角下日本外贸管理政策变化分析"，《日本学刊》，2022 年第 1 期。
[41] 崔健："日本经济安全理论与政策变化动向"，《日本研究》，2021 年第 4 期。
[42] B.K. 先恰戈夫：《经济安全：生产、财政、银行》，北京：中国税务出版社，2003 年。

英文参考文献

[1] Aaron L. Friedberg. The Changing Relationship between Economics and National Security, *Political Science Quarterly*, Vol. 106, No. 2, 1991.

[2] Akio Watanabe. A Continuum of Change, *The Washington Quarterly*, Vol. 27, No. 4, 2004.

[3] Alan Dupont. The Schizophrenic Superpower, *The National Interest*, No. 79, 2005.

[4] Alastair Iain Johnston. Beijing's Security Behavior in the Asia-Pacific: Is China a Dissatisfied Power?, in J. J. Suh, Peter J. Katzenstein, and Allen Carlson, ed. *Rethinking Security in East Asia: Identity, Power and Efficiency*, Stanford University Press, 2004.

[5] Albert O. Hirschman. *National Power and the Structure of Foreign Trade*, University of California Press, 1945.

[6] Arne Martin Fevolden, Kari Tvetbråten. Defence industrial policy—a sound security strategy or an economic fallacy? *Defence Studies*, http://dx.doi.org/10.1080/14702436.2016.1169893 11, 2016.

[7] Barry Posen, Stephen Van Evera. Reagan Administration Defense Policy: Departure From Containments. In K. A. Oye, R. J. Lieber and D. Rothchild eds. *Eagle Resurgent: The Reagan Era in American Foreign Policy*, Little Brown, 1987.

[8] Benjamin W. Campbell. Revisionist Economic Prebalancers and Status Quo Bandwagoners: Understanding the Behavior of Great Powers in Unipolar Systems. Southern Illinois University Carbondale, honor degree paper, 2014.

[9] Bill Emmott. Japan's English Lessons, *Foreign Policy*, 2004.

[10] Bjom Moller. The Concept of Security: The Pros and Cons of Expansion and Contraction, Paper for joint sessions of the Peace Theories Commission and the Security and Disarmament Commission at the 18th General Conference of the International Peace Research Association (IPRA), Tampere, Finland, 2000.

[11] David A. Baldwin. *Economic Statecraft*, Princeton University Press, 1985.

[12] David A. Baldwin. The Concept of Security, *Review of International Studies*. Vol. 23, No. 1, 1997.

[13] David A. Baldwin. The Sanction Debate and the Logic of Choice, *International Security*, Vol. 24, 2000.

[14] David C. Kang. Getting Asia Wrong, *International Security*, Vol. 27, No. 4, 2003.

[15] Dobson Hugo. Japan and the Changing Global Balance of Power: The View from the Summit. *Politics*, Vol. 30, No1, 2010.

[16] Edward D. Mansfield, Jack Snyder. Democratic Transitions, Institutional Strength, and War, *International Organization*, Vol. 56, No. 2, 2002.

[17] Edward J. Lincoln. Japan: Using Power Narrowly, *The Washington Quarterly*,

Vol. 27, No. 1, 2004.
[18] Eric Heginbotham, Richard J. Samuels. Japan's Dual Hedge, *Foreign Affairs*, Vol. 81, No. 5, 2002.
[19] Etel Solingen. The Political Economy of Nuclear Restraint, *International Security*. Vol. 19, 1994.
[20] Eugene A. Matthews. Japan's New Nationalism, *Foreign Affairs*, Vol. 82, No. 6, 2003.
[21] E. H. Carr. *The Twenty Years Crisis, 1919-1939: An Introduction to Study of International Relations*, Macmillan, 1939.
[22] Francis Fukuyama. Re-Envisioning Asia, *Foreign Affairs*, Vol. 84, No. 1, 2005.
[23] Frank Gibney. *Unlocking the Bureaucrat's Kingdom: Deregulation and the Japanese Economy*, Brookings Institution Press, 1998.
[24] Hans J. Morgenthau. *Politics Among Nations: The Struggle for Power and Peace*, 4th ed. Knopf, 1967.
[25] Helen E. S. Nesadurai. Conceptualising Economic Security in an Era of Globalisation: What Does the East Asian Experience Reveal? Center for the Study of Globalisation and Regionalisation (CSGR) Working Paper No. 157/05, 2005.
[26] Institute for National Strategic Studies. *The United States and Japan: Advancing Toward a Mature Partnership*, NDU Press, 2000.
[27] Jennifer M. Lind. Pacifism or Passing the Buck?, *International Security*, Vol. 29, No. 1, 2004.
[28] John J. Mearsheimer. The Future of the American Pacifier, *Foreign Affairs*, Vol. 80, No. 5, 2001.
[29] John Ravenhill. Economics and Security in the Asia-Pacific Region. *The Pacific Review*, Vol. 26, No. 1, 2013.
[30] John Swenson-Wright. Maverick Moves on Defence, *The World Today*, Vol. 59, No. 11, 2003.
[31] Jonathan Kirshner. Political Economy in Security Studies after the Cold War. Cornell University Peace Studies Program Occasional Paper, 20, 1997.
[32] Jonathan Kirshner. *Currency and Coercion: The Political Economy of International Monetary*, Princeton University Press, 1995.
[33] Kamo Takehiko. The Internationalization of the State: The Case of Japan. In Yoshikazu Sakamoto eds. *Global Transformation, Challenges to the States System*, United Nation University, 1994.
[34] Keck Zachary. US Grows Concerned About Japan's Military Revival. http://thediplomat.com/2013/08/us-grows-concerned-about-japans-military-revival/, 2013.
[35] Kent E. Calder. Japan as a Post-Reactive State?, *Orbis*, Vol. 47, No. 4, 2003.
[36] Klause Knorr. Economics and International Relations: A Problem in Teaching, *Political Science Quarterly*. Vol. 62, NO. 4. 1947.
[37] Klauss Knorr. *Power and Wealth: The Political Economy of International Power*,

Macmillan. 1973.
[38] Klause Knorr. The *Power of Nations: The Political Economy of International Relations*, Basic Books, 1975.
[39] Lars S. Skalnes. *Politics, Markets, and Grand Strategy: Foreign Economic Policies as Strategic Instruments*, The University of Michigan Press, 2000.
[40] Maaike Okano-Heijmans. Japan's Security Posture in Asia: Changing tactics or strategy? ISPI (Istituto Per GliStudi Di Politica Internazional) Analysis. No. 125. 2012.
[41] Mark R. Brawley. The Political Economy of Balance of Power Theory, in T. V. Paul, James J. Wirtz, and Michel Fortmann ed. *Balance of Power: Theory and Practice in the 21st Century*, Stanford University Press, 2004.
[42] Masahiro Matsumura. The Japanese State Identity as a Grand Strategic Imperative, CNAPS Visiting Fellow Working Paper, St. Andrew's University, 2008.
[43] Masako Suginohara. The Politics of Economic Nationalism in Japan: Backlash against Inward Foreign Direct Investment?, *Asian Survey*, Vol. 48, No. 5, 2008.
[44] Meredith Woo-Cumings. *The Developmental State*, Cornell University Press, 1999.
[45] Michael Mastanduno. Economic Statecraft, Interdependence, and National Security: Agendas for Research. In Blanchard Mansfield and Ripsman eds. *Power and the Purse*, 2000.
[46] Mike Mochizuki. Japan's Changing International Role. In Tomas V. Berger, Mike Mochizuki, and Jitsuo Tsuchiyama eds. *Japan in International Politics: The Foreign Policy of An Adaptive State*, Lynne Roenner, 2006.
[47] Morton Abramowitz, Stephen Bosworth. Adjusting to the New Asia, *Foreign Affairs*, Vol. 82, No. 4, 2003.
[48] Paul B. Stares, Micah Ienko. How International Institutions Prevent Conflict. In *Partners in Preventive: The United States and International Institutions*, Council on Foreign Relations, 2011.
[49] Paul R. Krugman. The Myth of Asia's Miracle, *Foreign Affairs*. NOV/DEC, 1994.
[50] Randall E. Newnham. *Deutsche Mark Diplomacy: Positive Economic Sanctions in German-Russian Relations*, The Pennsylvania State University Press, 2002.
[51] Randall L. Schweller. Unanswered Threat: A Neoclassical Realist Theory of Underbalancing, *International Security*, Vol. 29, 2004.
[52] Richard J. Samuels. *Machiavelli's Children: Leaders and Their Legacies in Italy and Japan*, Cornell University Press, 2003.
[53] Robert A. Pape. Why Economic Sanctions Do Not Work?, *International Security*. Vol. 22, No. 2, 1997.
[54] Robert B. Zoellick. A Republican Foreign Policy, *Foreign Affairs*, Vol. 79, No. 1, 2000.
[55] Robert Gilpin. *The Political Economy of International Relations*, Princeton University Press, 1987.
[56] Robert Pekkanen, Ellis S. Krauss. Japan's Coalition of the Willing' on Security Poli-

cies, *Orbis*, Vol. 49, No. 3, 2005.
[57] Scott Snyder. Economic Instruments to Achieve Security Objectives: Incentives, Sanctions, and Non-Proliferation, CGP-SSRC SEMINAR SERIES, 2000.
[58] Stephen M. Walt. The Renaissance of Security Studies, *International Studies Quarterly*. VOL. 35, 1991.
[59] Susan Strange. Rethinking Structural Change in the International Political Economy: States, Firms and Diplomacy. In R. Stubbs and G. Underhill eds. *Political Economy and the Changing Global Order*, McClelland and Stewart, 1994.
[60] Tai Ming Cheung. Economics, Security, and Technology in Northeast Asia: Maneuvering between Nationalist and Globalist Forces, in T. J. Pempel ed. *The Economic-Security Nexus in Northeast Asia*. Routledge, 2013.
[61] William J. Long. *Economic Incentive and Bilateral Cooperation*, The University of Michigan Press, 1996.
[62] William W. Grimes. Internationalization as Insulation: Dilemmas of the Yen, *The Japanese Economy*, Vol. 28, No. 4, 2000.
[63] Yuan-li Wu. *Economic Warfare*, Prentice-Hall, 1952.

日文参考文献

[1] 村上薫:『日本生存の条件―経済安全保障の提言』, サイマル出版会, 1977年。
[2] 船橋洋一:『経済安全保障論』, 東洋経済新報社, 1978年。
[3] 通商産業省産業構造審議会:『経済安全保障の確立を目指して』, 1982年。
[4] 関井裕二:『市場化時代の経済と安全保障』, 内外出版, 2008年。
[5] 長谷川将規:『経済安全保障――経済は安全保障にどのように利用されているのか』, 日本経済評論社, 2013年。
[6] 人間の安全保障委員会報告書:『安全保障の今日的課題』, 朝日新聞社, 2004年。
[7] 渡辺治:『日本の大国化とネオ・ナショナリズムの形成：天皇制ナショナリズムの模索と隘路』, 桜井書店, 2001年。
[8] 山本武彦:『安全保障政策――経世済民・新地政学・安全保障共同体』, 日本経済評論社, 2009年。
[9] 古城佳子:「『経済安全保障』再考――概念と歴史的考察」,『外交時報』, 1991年。
[10] 村山裕三:「経済安全保障を考える――技術政策の視点から」, http://www.rieti.go.jp/jo/papers/journal/0404/bs01.html, 2004-04。
[11] 長谷川将規:「経済と安全保障の交差点」,『国際問題』, 2014年。
[12] 首相官邸:「新たな時代における日本の安全保障と防衛力の将来構想―『平和創造国家』を目指して―」,『新たな時代の安全保障と防衛力に関する懇談会報告』, 2010年8月, https://www.kantei.go.jp/jp/singi/shin-ampobouei2010/houkokusyo.pdf。
[13] リチャード・ソロモン:「日本は東アジアで役割を失う」,『中央公論』, 1452号, 2005年。
[14] 新国際秩序創造戦略本部:「経済安全保障戦略」の策定に向けて、https://

jimin. jp-east-2. storage. api. nifcloud. com/pdf/news/policy/201021_1. pdf . 2020-12-16.
［15］村山裕三：「日本の技術経済安全保障政策」，『PHP総研特別レポート』，2020年。
［16］PHP Geo-Technology 戦略研究会：「ハイテク覇権競争時代の日本の針路—『戦略的不可欠性』を確保し、自由で開かれた一流国を目指す」，『PHP総研特別レポート』，2020年。

高坂正堯：「経済安全保障の意義と課題」，『国際問題』，1978年。